海軍大将 井上成美

工藤美知尋

潮書房光人新社

海軍兵学校長時代の井上成美中将。第一種軍装に勲二等瑞宝章を佩用している

明治34年12月、家族とともに撮影。前列左より、敏功、美暢、成美。中央左より、たま（秀二の妻）、嘉矩、欽哉、多助。後列左より、秀二、達三、義比

大正４年４月、父の病気見舞いに集まった兄弟たち。後列左より、成美、多助、敏功、美暢、秀二、達三。前列左より、たま、夏子（多助の妻）、トメ（達三の妻）

大正6年1月19日、原喜久代（20歳）と結婚した井上成美（27歳）。海軍大尉の正装を着用している

昭和2年12月5日、イタリアへの出発前に妻・喜久代、娘・靚子とともに撮影

御召艦「比叡」。昭和10年４月24日、供奉駆逐艦「白雪」と手旗交信中

昭和９年２月25日、「比叡」艦上にて撮影。前列右から、豊田文、豊田晴（豊田副武の娘）。後列右から、豊田和子、井上靚子

礼装した「比叡」艦長の井上

横須賀鎮守府司令長官米内光政を囲む正装した要員たち。
井上参謀長は前列左から２番目。昭和11年11月３日の撮影

昭和17年８月12日、トラック島・夏島の第四艦隊司令部要員。前列左より、福本正栄、赤松嘉一郎、矢野志賀三、井上成美、杉町義正、高馬正義、飯田秀雄。後列左より、山口盛義、山上実、大松勝蔵、山田正、立崎英

横須賀・長井の自宅の暖炉前でくつろぐ井上

井上邸の外観。ベランダの前に自慢の蘇鉄が見える。赤い２本の煙突も洒落ている

ギターを弾く提督。昭和26年12月10日付「東京タイムズ」掲載のこの写真と記事が多くの反響を呼んだ

黒板に向かう英語塾の井上。几帳面な文字に人柄がにじむ。昭和27年６月21日の撮影

口絵写真提供・井上成美伝記刊行会

海軍大将　井上成美——目次

海軍大将　井上成美

第1章　生い立ち

日本海軍にあって井上成美《いのうえしげよし》ほど、日本が対米英戦争に突入すれば必ず敗北すると確信していた提督はいなかった。このことを井上は、昭和十六年一月、及川古志郎海相に対して提出した「新軍備計画論」の中で明らかにしている。

緒戦の真珠湾奇襲作戦の勝利にもかかわらず日米戦争の敗北を確信する井上は、昭和十七年十月に海軍兵学校の校長に補されるや、在学中の兵学校の生徒を、戦後の日本の再建の礎にすべく、その本心を秘めたままリベラルアーツを基本とする教育を貫くことにした。

その後、井上は昭和十九年八月、米内海相に乞《こ》われて海軍次官に就任する。就任するや否や井上は、一日も早くこの戦を終結に持ち込むべく、高木惣吉海軍少将に命じて密かに終戦工作に着手した。

戦後、井上は横須賀市郊外の荒崎岬にある自宅で、近所の子供たちに英語を教えて糊口《ここう》を凌《しの》ぎながら、昭和五十年十二月、八十六歳で他界するまで生きる意味を問い続けた。

戦前・戦中・戦後を通して、日本のリーダーの中で井上成美ほど自らの生き方に厳しく、高潔であった人間はいなかった。

一生を通して井上成美は、井上家が代々直参であったことに対する誇り、理性、聖書に依拠した生き方、さらに教え子に対する限りない恩愛を貫き通した。

井上成美の誕生

日本海軍で最後の海軍大将となった井上成美は、大日本帝国憲法が発布された年の明治二十二年（一八八九年）十二月九日、井上嘉矩《よしのり》と元《もと》の八男として、宮城県仙台市東二番町三十七番地（現在の町名表示は仙台市青葉区北目町一―一、仙台市中央郵便局辺り）で誕生した。

旧幕府体制下の仙台城下では、町人の住む「町」と、侍の住む「丁」とに区別されていたが、かつてこの辺りは侍屋敷だった。

維新前、父の嘉矩（弘化四年、一八四七年生まれ）は幕府直参（勘定奉行普請方）だった。数理に長《た》けていた嘉矩は、出島にいたオランダ人技師から土木技術を学ぶため、幕命によって長崎へ遊学した。

嘉矩の主務は、灌漑用の水路や橋、堤などの修築の諸費を調査し、請願を受け付けて費用を点検することだった。

慶応元年（一八六五年）、嘉矩は江戸において、静岡藩士磯貝喜馬太の四女花子と婚約した。その後、花子は榎本和光の養女となったため、榎本家の長女として嘉矩の所に嫁いで来て、大太郎、三郎、静夫、照子の三男一女を産んだ。

明治維新後、嘉矩は大蔵省通商大令吏に任ぜられた。名県令と謳《うた》われた松平正直が宮城県令になるや、権大属に抜擢されて、江戸から仙台へ、地方ながらも上級官吏となって赴任することになった。

ところが、県庁勤めから間もない明治八年（一八七五年）一月二日、病弱な花子は二十七歳の若さで他界した。嘉矩はその亡骸《なきがら》を仙台市の北山光明寺に葬ったものの、四人の子供たちを抱えて途方に暮れた。

　このため花子の病没からわずか一ヵ月半後の二月十七日、嘉矩は東北の名門である石川家から、やがて成美の母となる二十歳の元《もと》を後妻に迎えることにした。井上家は神道であったが、四十九日も過ぎぬ間の非常に慌ただしい再婚であった。

　元は、安政二年九月三日、宮城県南部の角田《かくだ》で生まれた。どっしりした構えの土蔵造りの商家が建ち並ぶ角田の町は、かつて養蚕で大いに栄えた。

　元の実家である石川家は、角田に本拠地を持つ一万二千石の元大名で、伊達一門に連なる名家だった。しかしこの時はすでに徳川幕府は倒れており、武門の格式を誇る環境にはなかった。

　ちなみにこの角田市からは、太平洋戦争を終結に持ち込むために、当時の米内海相と海軍次官の井上成美の下で奔走した海軍軍務局次長（その後、軍務局長）の保科善四郎中将が出ている。

　保科善四郎海軍中将は、明治二十四年（一八九一年）三月生まれで、角田中学を卒業後、海軍兵学校に入学した（四十一期）。大正十二年には海軍大学校甲種に入学し、大正十四年十一月にここを卒業した。卒業席次は二十二名中二位ときわめて優秀である。

　海軍の中枢に座るためには、海兵を上位で卒業するか、あるいは海大を優秀な成績で卒業する必要があった。海兵と海大の成績優秀者（恩賜組）は、その後、英米仏独などへ語学勉強のため派遣され、帰国してからは海軍省や軍令部の主要部署に配属された。

　保科善四郎の場合も同様で、昭和二年に海軍省人事局員、昭和五年には米国駐在、イェール大学留学の後、昭和六年に在米日本大使館付海軍駐在武官補佐官になった。

　帰朝後、保科は昭和八年に海大教官となり、九年に海軍大佐に進級し、翌十年十月に海軍省軍務局第一課長になった。昭和十五年十一月十五日、海軍少将に昇進するや、海軍省兵備局長に就任した。

昭和十八年十一月に保科は海軍中将に昇進し、二十年三月一日に軍務局次長に就任し、密かに高木惣吉海軍少将らと連携して終戦工作のために奔走することになった。

平成三年（一九九一年）十二月、保科は長寿を全うして百歳で逝去したが、私はこの保科氏と生前、高木惣吉海軍少将の功績を偲ぶ「高木会」の席で二度ほどお目にかかり、終戦工作について詳しく伺うことが出来た。

「高木会」で保科氏は、終戦工作について次のように話された。

「昭和二十年、私は軍務局次長に就《つ》いていたが、どういう訳か、陸軍側は私を戦争継続派と見做《みな》していたため、本音を語ってくれた。終戦の間際には、鈴木首相や米内海相の暗殺計画について話してくれたが、その事を聞いた私は、米内大臣の警護を厳重にするように、秘書官や副官に命じた」

保科にはかなり強い東北訛《なま》りがあった。国際法顧問として海軍に就職した杉田主馬が海軍省に初めて出仕した時、案内したのがこの保科だった。

保科は、「ズンズ（人事）局でズンズを担当スているホスナゼンスロウだす」と東北訛りで挨拶した。

保科は、同郷の井上成美に、冗談や愚痴を言う際には、わざと仙台方言で話したそうだ。二人の会話を聞いていた大西新蔵（四十二期、海兵入校時は百二十名中首席、教育局長を経て兵学校副校長）は、「何を話しているのか、さっぱりわからなかった」と回想している。

話を本題に戻そう。元の父は石川義光と言った。元の兄の光顕《みつあき》が一関藩の田村家を相続し、その長男の丕顕《ひろあき》は海軍兵学校に進み（二十七期）、のちに海軍少将になった。

嘉矩と元は九人の男子をもうけたが、子供たちの名前は、父の嘉矩が漢籍から引用して名付けた。成美の名前は、『論語』の「君子は美を成す。人は悪を成さず。小人は此れに反す」に由来している。この意味するところは、「立派な人間は良いことをする」である。

この名前には、世の中のために役立つ仕事をする人間になって欲しいとする、父の嘉矩の願いが込められていた。成美は一生を通して、この名前に誇りを持ち、自分は文字通りこの名前通りの人生を送ろうと決心した。

明治十一年十二月、嘉矩は県庁を辞めた。彼が提出した解職願いに、次のように記されている。

「眼質薄弱の処、曾て眼結膜を患い候已来、視力一層減を加え、殊に時々疼痛或は羞明等之に即し、何分劇務に堪え難く、枉辞《まげて》何卒解職成し下被し度　此の段願い奉る」

嘉矩の在職中の官位は一等属、この一等属は現在の出納長に相当するが、県令・大書記官に次ぐナンバースリーの地位にあった。しかしながら、かつて徳川家直参として禄《ろく》を食《は》んでいた身としては、新政府に仕えることを必ずしも潔とはしなかった。

このため嘉矩の県庁勤めは六年余で終わりとなり、その後はブドウ園の経営に当たることになった。ブドウ園の所在地は、仙台市坊主町の一帯である。

ところが、嘉矩のブドウ園経営には武士の商法的趣があった。このためブドウ園からは期待したほどの収穫は上がらず、反対に借金ばかりがかさみ、土地を切り売りせざるを得なくなった。

しかし、妻の元の実家は名門であり、持参金代わりにかなりの土地を所有していたため、かろうじて井上家の家計を賄《まかな》うことが出来た。

元は箏《そう》に堪能だった。成美がピアノを弾いたり、箏やギターを弾いたりする才能は、この母の血に依《よ》っている。

成美の記憶によれば、母の元はつねに上品で「あそばせ言葉」を遣っていたという。成美は、元が手枕する姿というものを、ついぞ見たことがなかった。

このため成美の理想とする女性像には、つねに母の影がつきまとうことになった。

井上家の日常生活は万事につけて武士風だった。子供たちが、夏の暑さに耐えきれず肌脱ぎをして将棋を指していると、嘉矩から、「こら！　武士の子が何という事だ。お前たちは車引きか！」と叱責された。

あぐらをかいて笑おうものなら、「そのざまは何だ！　お前たちは百姓か！」と叱り飛ばされた。

成美の家は仙台市坊主町の大崎八幡の裏手にあったが、日暮れともなると、毎日その家からカーン、カーンと、鐘が鳴った。この鐘の音を聞くと、井上家の子供たちは一斉に帰宅しなければならなかった。

嘉矩は子供たちに対して、武士の子としての誇りを過剰なまでに持たせようとした。

成美の潔癖主義と誇り高さは、こうした嘉矩のしつけに依っている。

生活時間も几帳面に組まれていて、子供たちは早朝の五時に起床し、朝食を五時半に摂《と》り、登校時間までは、元の家事を手助けするために、それぞれ割り当てられた仕事をこなさなければならなかった。成美の担当は薪割りだった。

また嘉矩は子供たちに、「早く行きて待つことあらば潔し。遅れて急ぐ道は危うし」と教えた。たとえ子供同士の約束であっても、けっして時間に遅れる事ないように躾《しつけ》られた。

このため成美は、海軍で言うところの「五分前の精神」を、子供の頃から体に染み込まされることになった。

躾にはことのほか厳しい嘉矩だったが、勉強のことにはまったく干渉しなかった。

それでも成美は、「字が下手だと大人になってから苦労するぞ」と言われたことが刺激となって、兄弟たちよりも三十分早い午前四時半には起きて、習字に励んだ。

成美は嘉矩の「苦労する」という言葉の意味を、「恥」と捉えていた。

こうした嘉矩の教育理念は、後年、井上が兵学校長に就任した際の教育観に大きな影響をあたえた。

井上家の子供たちは成美も含めて皆、厳格な父を恐れた。父親にものを言うのは、「半紙を下さい」と言う時ぐらいなものであった。

勉強には不干渉な嘉矩だったが、食事の際に気が向くと、「今日は何を習ったか？」と質問することがあった。そんな時、子供たちは異口同音に、「英語を習いました」と答えた。

それは、成美たちが「英語」と答えると、嘉矩はそれ以上追及しないことを知っていたからである。

「算術を習いました」と答えようものならば、数学に強い嘉矩から、根掘り葉掘り質問攻めに遭うことになった。

元は、成美が中学に進む前年の明治三十四年十二月十六日、享年四十六歳で他界した。元は最期に際して、惨めな姿を晒《さら》したくないとして自害したと言われている。

成美の兄弟は、嘉矩の先妻の花子の子供を合わせると合計十三人にもなったが、花子の子供の四人はすべて早死にしたため、成美とはまったくかかわりを持たなかった。

元の子供は、上から秀二、達三、欽哉、其介、多助、義比《よしちか》、義暢《よしのぶ》、成美、敏功《としなり》の九人だったが、花子の子供がすべて逝去にしたため、秀二が嫡子となった。したがって成美の学籍簿には、秀二が「長兄」と記されている。

成美の兄弟たちは揃《そろ》って秀才だった。成美は、とくに秀二と達三の二人の兄の影響を強く受けた。

秀二は明治九年生まれで、旧制第二高等学校を経て京都帝国大学に進み、理工科で土木学を学び、母校の助教授になった。その後、全国各地の水道事業に携わり、戦前土木会長に就任した。

次兄の達三は明治十年生まれで、小学校時代は山梨勝之進（海兵二十五期、のちに海軍大将）と同級生で、仙台の東北学院に学んだ後、陸軍士官学校（十一期）を経て砲兵少尉になった。

陸軍大学校には行かなかったものの、重砲兵学校長や輜重兵監を務め、陸軍中将まで昇進した。とくに日露戦争の際は、重砲の権威として臼砲や要塞砲の開発に貢献した。

三男の欽哉は明治十二年生まれで、幼い時に仙台の味噌屋の養子になったが、二十七歳の若さで他界した。四男の其介は、わずか二歳で早世した。

五男の多助は明治十七年生まれで、二高から京都大学電気学科に入り、のちに九州配電や日本ガスなどの重役や社長を務めた。

六男の義比は二高に通ったが、十七歳で病死した。

七男の義暢は明治二十年生まれで、仙台幼年学校、陸軍士官学校（二十期）を経て陸軍少尉になった。豪放磊落な性格で正義感が強く、中尉の時代、無理難題を押し通そうとする連隊長に対して部下に代わって制裁を加えたため、陸軍大学校を受験することが出来ず、陸軍大佐止まりになった。しかし人望が厚く、大典の際には近衛歩兵第三大隊長として供奉将校を務めた。

末子の九男の敏功は明治二十四年生まれで、二高から東大法学部にトップで合格し、卒業後は三菱商事に入社したが課長とぶつかって退社し、その後検事になったが、大正九年、二十八歳の若さで亡くなった。

海軍兵学校に合格

元が他界して三年過ぎた中学三年生の時のある日のこと、成美は父嘉矩から呼ばれた。

嘉矩は成美に向かって、「兄たちのように、高等学校へ進学させることは出来ない」と言った。成美も井上家の苦しい家計のことはよく分かっていたので、この言葉には素直にうなずいて、「私は海軍兵学校へ行こうと思っています。四年生と五年生の本だけは買ってください。今日から勉強を始めます」と返事した。

宮城県立仙台第一中学校（のちの旧制第一中）に入学した井上成美の中学四年当時の通知表は、次のようなものであった。

順位　六十人中一番
優科　数学
劣科　漢文
運動　不足
性向　性質　鋭敏にして慎重
操行　謹直
嗜好　音楽と細工（工作）
志望　海軍軍人
備考　精勤
父母の認めたる性格　短気

仙台周辺の秀才がこぞって集まる仙台一中にあって首席の成績を修めていることから見ても、井上の頭脳明晰ぶりはよくわかる。

周囲の者は、成美を「神童」と言って誉《ほ》めそやした。

数学が得意で、鋭敏な性格と潔癖主義は、井上成美という人間の基本をなす最大の特徴である。

井上は、明治三十九年（一九〇六年）十一月二十四日、海軍兵学校第三十七期生として入校した。

海軍兵学校は、言うまでもなく日本海軍の将校を養成するための学校である。

明治新政府は、近代海軍を創建するために士官の養成を急いだ。明治三年（一八七〇年）五月の兵部省建議書「大イニ海軍を創立スベキ議」では、「海士の教育」について一章を設けて、その重要性を次のように述べている。

「軍艦ハ士官ヲ以テ精神トス。士官ナクレバ水夫其用ヲ為ス能ハズ。……而シテ海軍士官トナルノ学術深奥ニシテ容易ニ熟達スル能ハズ。故ニ速カニ学校を創立シ広ク良師ヲ選挙シテ能ク海士ヲ教育スルコト亦海軍創立ノ一大緊要ナリ」

明治二年九月、東京築地の幕府の海軍操練所が再開され、翌三年一月十一日に海軍操練所で始業式が行なわれた。

明治三年に海軍操練所が兵学寮と改称され、明治六年七月に英国海軍少佐アーチボルト・ルシアス・ダグラスを長とする士官六名、下士官十二名、水兵十六名の合計三十四名の教官団が来日した。その際、海軍兵学寮の規則は大幅に改定され、ここに日本海軍の士官教育が軌道に乗ることになった。

ダグラス少佐は、「士官である前にまず紳士であれ！」とする英国海軍士官流の紳士教育を実施した。そこでダグラス少佐は、その教育の原型を、自分の出身校であるウィンチェスター・パブリック・スクールに求めた。学科ではとくに英語と数学に重点を置いた。

ダグラス少佐は明治八年七月に帰国したが、英国流の士官教育の伝統は、昭和二十年の太平洋戦争敗北によって、日本海軍が解体されるまで続くことになった。

明治九年（一八七六年）九月一日に海軍兵学寮は海軍兵学校改称とされ、名実ともに海軍初級士官養成機関である海軍兵学校となった。

海軍兵学寮からは、明治六年十一月に二名、明治七年十一月に十七名が卒業して士官になった。彼らは、のちに海軍兵学校の第一期、そして第二期の卒業生となった。

明治十一年六月、海軍兵学校横須賀分校が海軍兵学校付属機関学校と改称され、本校機関科生徒全員に対して同校移転が命ぜられた。

さらに明治十四年七月には、同校は海軍兵学校から分離独立して、海軍機関学校となった。

こうした経緯を知っていれば、昭和十一年に井上（当時海軍少将・横須賀鎮守府参謀長、軍令部出仕兼海軍省出仕）が取り組むことになる、いわゆる「一系問題」（海軍兵学校と海軍機関学校の合併問題）についての難しさを理解することが出来よう。

明治十五年五月、瀬戸内海に面した広島県安芸郡江田島に海軍兵学校を新たに建設して、東京の築地から移転させる計画が起こった。

明治十九年一月、海軍兵学校次長に任ぜられた伊地知弘一中佐は、米国に留学してアナポリスの海軍兵学校を見聞した経験から、「兵学校を僻地に移転する理由」と題して、次の一文を起草した。
（一）、生徒の薄弱なる思想を振作せしめ、海軍の志操を堅実ならしむるに在り。
（二）、生徒及び教官のことたるに務めて世事の外聞を避けしめ精神勉励の一途に赴かしむるに在り。
（三）、生徒の志操を堅確ならしむるに当たっては……繁華輻輳の都会に校を置きて生徒を教育せば自ら世情に接し……之を良策とせざればなり。
海軍兵学校が喧騒な東京の築地から広島湾の風光明媚な江田島に移転したのは、明治二十一年八月のことである。軍港呉に近いこの小島について、昭和七年から三年間、江田島で英語を教えたセシル・ブロックは次のように書いている。

「この島の大部分を占める古鷹山の麓に近い傾斜には、沢山の段々畑やミカン畑がある、古鷹山の頂上から見下ろした兵学校の景色や、ここから眺めた瀬戸内海の姿はこよなく美しい。……みすぼらしい町の外観と校庭内の秩序と規律を象徴する雰囲気とは、著しく対照的である」

江田島は、日本海軍の揺籃の地に相応《ふさわ》しい島であった。古鷹山は三百三十七メートルの高さゆえになだらかでどこまでも美しく、英国から一個一個銀紙に包んで運ばれて来たという赤レンガで造られた生徒館は秀麗だった。

　ところが生徒の一日の生活は、「自分の時間が一日に合計五十数分しかない」と言われるほどタイトなものだった。

　昭和十九年に海兵（七十三期）を卒業して、「摩耶」「武蔵」「伊四七号潜水艦」に乗り組みを経たのち、戦後、東大に入学した池田清氏（元東北大学名誉教授、西洋史専攻）は、兵学校での日々を次のように述懐している。

「生徒館の一日は、暁闇をついて鳴り渡る起床ラッパで開始される。平日の日課は、夏期〇六〇〇起床、寝具整頓、洗面、体操、日課手入れと、ほとんど駆け足の連続、うっかり歩こうものなら『待て！』の罵声がかかり、運の悪い者には鉄拳が飛ぶ。

『早飯、早グソ』の朝食を経て、〇七五五に定期点検、次いで課業整列から各教室に向かって行進する。午前は各四十五分の授業が四回、午後は訓練・体育が中心となり、一七三〇の夕食前に一時間ほどの随意時間があたえられていたが、分隊の雑務や短艇手入れに費やされた。一九三〇から二一〇〇まで自習だったが、昼間の疲れからついうとうとすると、最後列の一号生徒から叱声が飛んだ。自習止メ五分前に「G一声」のラッパで生徒たちは書物・ノートを机の中に収め、当番の生徒が自習室正面に掲げられている東郷元帥謹書の「勅諭五箇条」を奉読。続いて生徒たちは、（一）、至誠に悖《もと》るなかりしか、（二）、言行に恥ずるなかりしか、（三）、気力に欠くるなかりしか、（四）、努力に憾《うら》みなかりしか、（五）、不精に亘るなかりしか、の「五省」を問いかけた。

　こうして狂瀾怒濤の三号生徒の一日は終わりを告げる。二号生徒は無風地帯、一号生徒はオールマイティであった。堅いベッドの中で聞く、二一三〇間の延びた消灯ラッパは物悲しく『三号サンハカワイソウダネー。マタ寝テ泣クノカヨー』と聞こえた」

海兵の最末期は七十八期であるが、その一期前の七十七期の鎌田芳朗も、日々「鉄拳制裁」が乱れ飛んだ兵学校の生活ぶりを次のように書き留めている。

「兵学校の入学生は天下の秀才で、常識も豊富、人間も確乎たる者で、生徒として一人前になった者と認めて、ここに入校後の半月の十五日、簡にして厳なる宣言式が施行される。其の日の夕食に先任の上級生が、『総員練兵場に集まれ！』と号を下した。日はとっぷり暮るる前、人の顔は白く見別けのつく黄昏時、新入生の前に、二年級迄整列して、寒風払ふ練兵場の草の上に据えられた号令台を目標とし、古参上級の百五十人は、われわれの四囲を取り巻いて腕を組み手を握って、威風堂々、何だか恐ろしい位である。

号令台には一分隊の伍長が突っ立って、『気を付けい！』の大喝を露払いとして、左腰に左手を曲げて、右手は下げて握ったまま、反身になった姿は青書生の放談とは異なり、颯爽たる好箇の将軍である。音声朗々、声張り上げて、『新入生徒、入校式を宣せられてよりこのかた既に半閲月、懇篤なる教官・教員の手によって軍人精神と軍隊的態度はついた。また熱心摯実なる上級生の手によって、海軍兵学校生徒たる基礎は出来上がった。もはや今後は、自ら独行するの時である。二年級の者、お前たちは弟と思って愛撫教導の労をとれ。新入生、汝らは、而今中正の気によって判断して、何でも思った通りにやれ。明日より我々上級生は、口舌ばかりでは、汝らを教導しないであろう。終わり！』

百雷一時に落ちて、ピサの斜塔が脳天に倒れかかったようだ。二週間は全く叱言も食らわずに、優しく教えて世話を焼く上級生が、どうして聞くが如く鉄拳などをやるものかと怪しんでいた位安心していたが、俄かに起こった小夜嵐、いよいよ百聞一見の日は明日からだ。なに将校生徒だ。懸念の要はないと思っても、宣言式の済んだあとは、練兵場に黒線動く無数の同県人の散歩に、先輩を捉えて何かと聞きこむ愁眉恐怖の念。

宣言式の翌朝、起床ラッパを合図に、鉄拳制裁の音が連発せられる。完全を期する兵学校では、二週間の兵学校生活で、戦々恐々たる新入生の欠点を探せば、消極的にいくらでもある。憐れな者だと云うかも知れないが、結果から見ても経験上から云っても、効果が頗《すこぶ》るよろしいから仕方がなく、海軍将校は誰でもその時代を経ているのである」

兵学校では「鉄拳制裁」とは言わず「修正」と言ったが、起床から就寝の間に、相次いで「修正」が行なわれた。

鎌田自身はその著の中で、一ヵ月の間に何と三百回を超える「修正」を受けたと書いている。とにかく凄い。ひと月三十日として、一日平均で十発ずつの「修正」（鉄拳制裁）を受けた勘定になる。今日の「植物系男子」がもしこの海兵に入ったとしたら、二、三日でギブアップするか、もしくは「いじめ」によって自殺してしまうであろう。

事実、筆者も井上が兵学校の校長をしている時期に在学していた海兵七十五期の奥田四郎氏と小倉成美氏に話を伺ったが、両氏とも毎日平均すれば、二十発ほどの「修正」を受けたという。

また鎌田は、江田島の自然環境が日常の訓練以上に厳しかったという事も、「当地の気候の不順なことには、実に困却しています。日中にて午前と午後とは、二十度内外の差があります。ある人の言葉に『当江田島では温と涼はなく、ただ熱と寒のみ』とは、うまく云ったものだと思います。病人にはあの忌むべき肋膜炎が多く発生しています」と、広瀬武夫の手紙を引いて記している。「大将になりたい者は手を上げろ」と言われて、手を上げたばっかりに「修正」された生徒さえいた。

ふたたび池田清氏の言である。

「江田島教育を語る時、壮烈な集団教育にも一言なければ、片手落ちになろう。厳冬下の短艇訓練では指が凍えた。腰の皮がスリ剝ける十マイルの宮島遠漕や弥山《みせん》登山は、分隊対抗の競技であった。

酷暑訓練では十メートルの高さから飛び込まされ、技量に応じての遠泳は、山国育ちの生徒にも海への馴れと自信をつけさせた。秋には広島県原村での野外演習、退却戦の苦しさは忘れられない。せっかく寝入った頃に、突如として鳴り響く『総短艇用意』のラッパ、『ボヤボヤスルナ！』の罵声が飛ぶ。

しかし、男の中の男の教育を象徴する訓練は、毎土曜日の午後に行なわれた『棒倒し』ではなかったろうか。全校生徒が白旗の奇数分隊と赤旗の偶数分隊に、さらにそれぞれが攻撃軍と防御軍に分かれる。当直幹事の『進メ』の号令で、攻撃軍は指揮官の一号生徒を先頭に二・三号の順で、敵防御陣に喊声を上げて突入する。この時ばかりは、上級・下級生の区別はなく、殴り、蹴り、引きずり落として、ガムシャラに棒に肉薄する。乱闘につぐ乱闘で、勝敗はたいてい一、二分で決まる。三回戦勝負である。乱闘後の爽快さは格別なものがあった。

コンノート殿下の江田島ご訪問に随行したサー・ミットフォードは、その壮烈さに深い感銘を受けたと書いている。顧みて江田島教育は、級友間の厚い友情と強い連帯意識を育てた。戦後も『海軍は仲が良い』と言われる原点である。また清潔と規律と整頓、『五分前』の待機など、日常生活の良き習慣を植え付けられたのも、この江田島においてであった。江田島教育に批判的な……先輩の高木（惣吉）元少将も、『人生航路を旅するにも貴重なものを教えられた』と述べている。確かに江田島教育を全面的に賛美する海兵出身者は多い。しかし私にとっては、あくまでも『たかが江田島、されど江田島』である。キップリングの詩『イギリスの旗』をもじって言えば、こういう結論になろう。『江田島のみを知る者に、江田島の何がわかろうか』

井上より十二歳年上で同郷の先輩に、海軍良識派の中心的存在として名高い山梨勝之進（海兵二十五期、のちに海軍大将）がいた。

江田島からは、明治二十二年の十五期（広瀬武夫、岡田啓介）から昭和二十二年三月に卒業の七十四期生まで合計一万一千百四十三名が卒業して、海軍士官となって巣立って行った。

井上が海兵の入学試験を受けた時には、時あたかも日本海軍が日本海海戦においてバルチック艦隊に完全勝利を収めた翌年だったため、海軍人気がさらに沸騰した。

海兵入試には、全国から身体の堅固な秀才が二千九百七十一名も受験し、競争率も実に十六・五倍とその頃の最高を記録した。この中から身体堅固で頭脳明晰な若者ばかりが百八十一名が合格した。

井上の入校成績は九番だった。井上ら三十七期クラスからは、後年四十九名に上る多数の提督（将官）が出た。草鹿任一、大河内伝七、桑原虎雄、鮫島具重《ともしげ》、岩村清一、小沢治三郎などである。

当時の兵学校は三年制で、在校生は三十五期生が約百七十名、三十六期生が約百九十名、それに三十七期生の百八十一名で、合計で五百四十一名いた。各生徒は十五名ずつ、計四十五名前後の人数で一個分隊を構成し、全校では十五個分隊あった。

井上ら三十七期生は、三十五期の最高学年生徒（一号生徒、近藤信竹、野村直邦らがいた）から徹底的にしごかれた。

日本海軍が「サイレントネービー」と言われ、「シーマンシップの三S精神」、つまり「スマートネス、ステディ（確実）、サイレント」がモットーとされるようになったのは、この時代からであった。

井上が兵学校に入ってみると、東北人特有の訛りのためか英語が苦手で、一学年の成績は入校時の九番から十六番に落ちてしまったが、奮起して二学年の一学期末には一番の成績を修めることが出来た。

井上は、「海軍という所は、同僚の良いことを心から喜ぶし、陰口は決して言わない所だ」と思った。

成績の順位は、「士官番号」通称「ハンモックナンバー」と称され、海軍士官には終生つきまとった。この席次によって、公式の序列はもとより士官食堂の席まで決まった。

後年（昭和十七年十一月）、井上は海軍兵学校長に就任したが、その際、井上は自分の教育理念を徹底化するために、教官たちに数回にわたって講述した。これは『教育漫語』と題されて印刷された。

後述の［成績と席次について］と［学士か丁稚か］は、井上が兵学校校長となった際に講話したものである。これは兵学校の教職員に徹底するために、『教育漫語』と題されて印刷された。

明治の終わり頃の江田島生活

井上が海軍兵学校に入学した当時の倍率は、次のようなものであった。

	（倍率）	（合格率）
三十五期	十二・七倍	七・八パーセント
三十六期	十三・二倍	七・五パーセント
三十七期	十六・五倍	六・〇パーセント
三十八期	十九・二倍	五・一パーセント
三十九期	十九・二倍	五・一パーセント
四十期	十九・一倍	五・二パーセント

海兵の入学倍率は、大正期に入ると二十倍を超え、四十倍近くまで志願者が増えた。この理由としては、日清・日露戦争での日本海軍の完勝ぶりもさることながら、休暇で帰省した際の兵学校生徒の短衣、短剣の粋な姿が江田島の宣伝に大いに役立つことになったからである。格好がいい兵学

校生徒は、全国の子女の憧れの的であった。

この頃の一般中学生が志願した旧制高等学校の全国平均倍率は六・三倍だった。旧制高校生徒数と旧帝国大学の学生数がほぼ同数に調整してあったため、旧制高校に入れば旧帝国大学入学は保証されたようなものだった。ちなみに旧制高校では、一高が最難関だった。

さて江田島の場合、難関は学科試験ばかりではなく、一番初めに厳重な身体検査があった。呼吸器、色盲、痔疾、耳などはとくにやかましく、これによって半数が落とされた。

当時の兵学校では、在校中現役からすんなり入れる者は約十四パーセントしかおらず、今でいうところの一浪、二浪で受験する若者が多数いた。

成美の時も、一年浪人が五十二パーセント、二年浪人が二十八パーセント、三年浪人は六パーセントで、中学校からストレートで合格した者はわずか十パーセントに過ぎなかった。海兵には、各県下のいわゆるナンバー旧制中学から、わずか一～二名しか合格できなかった。

バッチが襟に光る井上伍長

井上は最上級に進級の際、第二分隊の先任者になった。各分隊の一号生徒の先任者は「伍長」と呼ばれ、分隊全員の統率、指導、監督の最高責任をとる立場に置かれた。次席は「伍長補」と呼ばれ、伍長の補佐役に当たった。

兵学校では、祝祭日をはじめ儀式の行なわれる日には、生徒は「通常礼装」を着用した。この際には普段付けない各種のバッチを佩用《はいよう》した。

兵学校における生徒教育は、学術教育と訓育の二つに大別された。

学術教育はもちろん各学年別に行なわれるが、訓育のうち、とくに学年別に実施する必要があるもの以外、つまり生徒館での日常生活の一切は分隊単位で行なわれた。

各分隊には、訓育指導の責任者として尉官か佐官の分隊幹事が配置されていた。しかし、生徒の日常生活にはほとんど干渉せず、最上級生である一号生徒が専権的に下級生徒を指導した。

井上にとって生徒時代は総じて楽しいことばかりだったが、一つだけ不愉快なことがあった。ある日、井上が分隊監事の官舎を訪問したところ、出身地を聞かれたことがあった。そこで井上が、「宮城県です」と答えると、「ああ、宮城県か。そうだったら少佐でクビだよ!」と言われてしまった。

井上は、「少佐にしてもらえばそれで結構です。少佐になって軍艦に乗り、一年か二年海軍におればそれで結構です」と答えたものの、内心では心ないことを言うものだと大いに憤慨した。

この時期は、日本海軍内に存在していた薩摩閥が、生徒に対しても露骨に示された。井上によると、こうした悪風は財部彪(十五期、海軍大将)の時代(昭和五年)ごろまで続いたという。その後も多少尾を引いて、本当に一掃されたのは、米内光政海軍大臣(二十九期、海軍大将・首相)の登場以降であった。

明治四十二年(一九〇九年)十一月十九日、第三十七期生徒百七十九名が兵学校を卒業した。井上らは即日海軍少尉候補生を命ぜられ、病気による乗り組み延期の一名を除く百七十八名は、ただちに練習艦隊による近海航海の訓練に入った。

卒業時の成績で次席だったため、井上には恩賜の双眼鏡があたえられた。しかし、この時点で井上成美には、海軍軍人として一生を終えるという考えはなかった。

日本海海戦に参加した十七期の秋山真之が、戦闘終了後、旗艦「三笠」の甲板上のおびただしい流血と戦傷者の姿と見て仏門に入ろうと決意した話に、心を動かされる多感な青年士官だった。

クラスヘッド(首席)で卒業した小林万一郎は、将来を嘱望されながらも、大正十一年四月二十日に少佐で病没した。このためこれ以降は井上が三十七期のクラスヘッドを務めることになった。

成績と席次について

昭和十七年十一月、海軍兵学校長に就任した井上は、『教育漫語』の中で、「成績と席次について」次のように述べている。

「生徒に対しては、『成績は優秀なれ。但し席次は争うべからず』と教えられたし。なお生徒に対し、『自己を少しはお役にたつ人間と考ふるならば、自己より優れたる人は一層海軍の御為になる人物と考え、之を尊敬すべく、非常に優れたる人物は之を海軍の至宝と考え、此の人を尊敬し大事にし、其の発展向上を喜ぶようにすべし。自分より優秀なる人物を恰《あたか》も自己の生存競争の競争相手に手もあるが如《ごと》く考へ、競争相手にてもあるが如く競争意識を働かすがごときことなきよう』指導されたし。

なお兵学校卒業席次が必ずしも本人の生涯を左右するに非ざることを理解せしむべく、要は実力を要する事、高き人格を有する事、強健なる体力を有する事が将来を左右するものなる故、此の三者の基礎をしかと生徒の間に把握修練する事を心掛けしむるべし。

軍神となられし若き方々の卒業席次は調べざれど、決して最優秀の席次の方ばかりにはなかるべし。大将になる事は決して吾人の目標にはあらず。

現役の大将方の兵学校の席次を見るに左の如し。

永野（修身）大将　百四名中二番
加藤（寛治）大将　百八十七名中五番
長谷川（清）大将　百八十七名中六番

及川（古志郎）大将　百八十七人中七十六番
塩沢（幸一）大将　百九十一人中二番
山本（五十六）大将　百九十一人中十一番
吉田（善吾）大将　百九十一人中二十七番
豊田（副武）大将　百六十九人中二十六番
古賀（峯一）大将　百七十五人中十四番」

この中には、井上がまったく評価しない提督もいた。永野修身や加藤寛治、及川古志郎などは、「一等大将」の範疇にはなく、井上のいうところの「三等大将」だった。

したがって井上としては、ハンモックレースに全面的に賛同していたわけではなかった。井上自身は負けず嫌いであったため、出世レースに後れをとるようなことはなかったが、単に立身出世だけを目指して励んだわけではなかった。

井上は、単に兵学校で成績がよく、ハンモックナンバーが一番だからという理由だけで、人物を評価したりはしなかった。

後日、井上と海軍部内で激しく対立することになった南雲忠一は、井上より一期上の三十六期であった。この三十六期には岸信介・佐藤栄作の長兄の佐藤市郎という江田島屈指の秀才がいた。佐藤市郎は入学から卒業まで平均点九十五・六点で、つねにトップを通した。

この佐藤市郎評を求められた井上は、ただ一言「つまらん」と言い捨てた。

井上は「学校成績の権威」という小論の中で、兵学校での席次とそれ以後の昇進の相関関係を算出している。これによると〇・五〇六という数字が算出できた。

この数字の意味するところは、兵学校のハンモックナンバーは、任官後の昇進に五十パーセントしか影響をあたえず、残りの五十パーセントはその後の努力によるというものであった。

学士か丁稚か

井上の考え方をさらに紹介しておこう。

「前節に於て、海軍兵学校生徒教育は少尉に一様に任官せしめ得る軍人を仕上げるに在りと述べたるが、此処に目標とせる少尉とは目前の職が直ぐ勤まるのみの人を謂ふに非ずして、其処には双葉の若葉の若木の如き生長発育の潜在力を有するを必要とすることは勿論にして、何れかと云へば大木に生長すべきポテンシャルを持たしむることこそ本校教育の重点とする所なれ。

少尉又は候補生が艦船部隊に配属せられ、配置を与えられる場合に即刻其の職は満足に成し得ずとも致し方なし。其の当てられたる職なり配置なりに就き自ら研究せんに、短時日にて夫れが手に入るが如き所謂『物をこなす能力』を有すると共に、将来漸次階級が進み又は科学が進歩するに応じ、順次其の境遇に対する所要の研究なり修養なりを自ら成し得る如き素地を有せしむることが本校教育の眼目なり。即ち丁稚は本校教育の目標に非ず。本校の教育は依然学士様を養成する事なり。

現在戦時なるが故に戦時体制と称し、何事も直ちに間に合ふ目標とする事国内一般の風潮なり。之は事柄に因る。戦争に従事すべき軍人の教育を行ふ兵学校に於て、この戦時体制の教育を必要とするが如く考へらるるも、実は然らず。国家百年の計を考へ、将来永久に益々発展すべき帝国海軍の核心たるべき将校の責務に思ひを致すとき本校の生徒教育は、眼前の打算に禍せられ、累を遠き将来に遺すが如きことをなすべきに非ずと認む」

戦時下にありながらも、海兵の教育の目的を戦後の日本の発展の礎に置いたところに、井上の教育の偉大さがあった。

練習艦隊

井上ら三十七期生は、卒業と同時に首席の小林万一郎と次席の井上の二手に分かれ、それぞれ九十名と八十九名とが、「阿蘇」と「宗谷」とに分乗して練習航海に出た。

「阿蘇」「宗谷」の両艦は日露戦争時の捕獲品だった。「阿蘇」は旅順港で座沈した旧装甲巡洋艦「バヤーン」（七千七百二十六トン）で、明治三十八年六月二十四日に引き上げられた。

また、「宗谷」は仁川港に座沈していた旧巡洋艦「ワリヤーグ」（六千五百トン）で、同じく明治三十八年八月八日に引き上げられた。

両艦は一等巡洋艦、二等巡洋艦として、その年の八月二十二日に「阿蘇」「宗谷」と命名され、日本海軍の艦籍に編入される事になった。

この時の「宗谷」の艦長が、昭和二十年の終戦時に首相を務めることになる鈴木貫太郎大佐だった。

「宗谷」の指導教官には、第一分隊長の高野（山本）五十六大尉（三十二期、のちの山本元帥）がおり、指導官には（指導官補佐）には古賀峯一中尉（三十四期、のちに元帥）がいた。この時が、井上が、鈴木（貫）、山本、古賀らと知り合う最初の機会になった。

兵学校卒業の候補生を指導するために遠洋航海に乗り組むことは、海軍将校にとって出世コースと思われていた。

明治四十二年（一九〇九年）十一月二十日、江田湾を出港した練習艦隊は、大連、旅順、仁川、鎮海、佐世保、鹿児島、津（伊勢神宮参拝）と四十日間、四千六百七十一キロメートルの恒例の日本近海巡航を終え、十二月二十九日に横須賀に帰港した。

明けて明治四十三年二月一日、練習艦隊は「阿蘇」を先頭に横須賀を出港し、オーストラリア方面へ一万四千五百九十九カイリ（二万七千三十七キロ）、百五十三日間にわたる遠洋航海の途についた。

「宗谷」艦長の鈴木貫太郎大佐はこの航海において、井上ら少尉候補生に対して、次の「奉公十則」なるものを示した。

（一）、窮達を以て節を更《つぐな》うべからず
（二）、常に徳を修め、智を磨き、日常のことを学問と心得よ
（三）、公正無視を旨とし、名利の心を脱却すべし
（四）、共同和諧を旨とし、常に愛敬の念を有すべし
（五）、言行一致を旨とし、議論よりも実践を旨とすべし
（六）、常に身体を健全に保つ事に注意すべし
（七）、法令を明知し、誠実に之を守るべし。自己の職分は厳に之を守り、他人の職分は之を尊重すべし
（八）、自己の力を知れ、驕慢なるべからず
（九）、易き事は人に譲り、難き事は之に当たるべし
（十）、常に心を静謐に保ち、危急に臨みては尚沈着なる態度を維持するに注意すべし

この航海中、教科試験の後の成績判定会議で、伊地知（彦次郎）司令官から「『宗谷』の成績は悪い」との講評があった。会議終了後、鈴木艦長は候補生を集めて激励した。

「今日会議の席上で、『宗谷』の候補生は成績が悪いと伊地知司令官に言われた。だが教育の成果と言うものは、短期の間に表われるものではない。吾々はそんな教育はしなかった。私は司令官に、十年、二十年先をご覧いただきたいと言う事を申し上げてきた。だから私たちの教育の良し悪しは、

お前たちの先の実践によって評価されることになったわけである。すべてはその時になって評価されるだろう。一所懸命にやれ！」

井上は、鈴木（貫）の「十年先、二十年先」という言葉を、それから三十四年後の昭和十八年に兵学校長に就任して生徒教育に苦労していた時に、鈴木貫太郎からふたたび聞くことになる。

伊地知司令官の井上評価

「宗谷」の候補生について厳しい評価を下した伊地知司令官であったが、井上個人に対してはきわめて高い評価をしていた。

伊地知司令官が海軍省教育本部長に宛てた「海軍少尉候補生実務練習成績」と題する報告書には、次のような記載があった。

「終わりに臨み特記するは、全級の首位にある小林万一郎と井上成美との人物観なり。両者の練習教科目試験点数を見れば、小林は井上に対し、漸く六点を勝ち居るのみなるも、兵学校の卒業点数に於て、小林は井上に対し九十六点を勝ち居るを以て、合計百二点の差となり、小林は依然第一位を占めたり。然るに両者の人物性格を比較すれば、兵学校長、同教官及び練習艦に於ける指導教官の多数も、井上の方、小林の上に在るべしと認め居れり。点数を加算上、席次の変化を敢えてせざりしも、後来の発展は、或は多数の意見を証するに足らんか、記して後日を待つ」

井上自身は、「宗谷」乗り組み時代を次のように回想している。

「『阿蘇』候補生は大変優遇され、身分（高等官待遇）相当の扱いを受けていた様でしたが、『宗谷』の大中尉の中には、十二わがままで下等と言いたい位の士官が居り、候補生の人格など頭から無視した言を吐く乱暴な人から、誠にひどい扱いを受け、候補生室には一部反抗的空気も生じましたが、爆発寸前で自省したようでした。兵学校と全く比べものにならないものでしたが、どうして候補生がグレなかったか。そこに、鈴木貫太郎艦長と高野五十六第一分隊長の無言の感化があったのではないかと思います」

少尉任官

井上は明治四十三年（一九一〇年）十二月十五日に海軍少尉に任官し、翌四十四年一月に第二艦隊（司令長官、島村速雄中将）旗艦の一等巡洋艦「鞍馬」の乗り組みとなって、航海士の部署に就いた。そして同年四月一日、「鞍馬」は僚艦の二等巡洋艦「利根」とともに、イギリス国王ジョージ五世の戴冠式の際に行なわれる観艦式に参列するために、横須賀を出港した。

日本の遣英艦隊は、ロンドン、パリ、ローマをはじめ主要都市を訪問した。井上にとってはこれがヨーロッパの初体験になった。

この遣英艦隊には、のちに井上と強い絆で結ばれることになる米内光政大尉（二十九期、のちに大将、海相、首相）が、「利根」の砲術長として乗り組んでいた。

一年三ヵ月の「鞍馬」乗組の後、井上は明治四十五年四月、横須賀砲術学校普通科学生を仰せつけられた。

井上が入校した時、米内光政は六年目の古参大尉であり、また高野（山本）五十六も三年目の大尉として教官をしていた。この時米内は三十三歳で、五十六は二十九歳、そして井上は二十二歳であった。

昭和十二年から十四年にかけて、世間から日独伊三国軍事同盟に反対する海軍省左派トリオと称された米内海相、山本次官、井上軍務局長の時代は、これから二十五年後に訪れることになる。

砲術学校で井上は、高野五十六大尉から兵器学を教わった。この年の七月三十日、明治天皇が崩御され、大正となった。

八月初め、四ヵ月の砲術学校普通科教程を終えた井上は、即日横須賀の海軍水雷学校普通科学生へ進んだ。

そんなある日、何かの事件が起こったため学生たちは講堂に集められ、担当教官から叱責されたことがあった。最後に教官が、「それでも自分が正しいと思う者は出て行け！」と言うと、平然と席を立った学生が一人いた。それが井上だった。

井上は、自分が正しいと信じることについては決して節を曲げようとはしなかった。

大正元年（一九一二年）十二月一日、井上は中尉に進級し、翌二年早春に水雷学校を終え、「高千穂」乗り組みとなった。

七ヵ月に及ぶ「高千穂」乗り組みの後、井上は同年九月二十六日、新鋭巡洋艦「比叡」に着任した。この時から二十年後の昭和八年秋、井上はこの「比叡」の艦長となって着任することになる。

この「比叡」で井上は、その後強い影響を受けることになる、一人の人物と出会った。それは同じ仙台出身で、当時副長（副艦長）をしていた山梨勝之進中佐（二十五期、のちに大将）である。この時山梨は三十六歳、井上は二十三歳であった。

山梨は、昭和五年（一九三〇年）のロンドン海軍軍縮会議の際、海軍次官としてその取りまとめに奔走したため、海軍を追われた。それから十年ほど経った昭和十四年秋、山梨は学習院長に就任して、当時の明仁皇太子（平成天皇）の教育に心血を注ぐことになる。

「比叡」乗り組みの大正三年（一九一四年）七月二十八日、第一次世界大戦が勃発し、わが国は八月二十三日に日英同盟の誼《よしみ》によって参戦した。

大正四年十二月十三日、井上は大尉に進級し、同日付で「扶桑」分隊長に補された。

三万六百トンの「扶桑」は、その年の十一月八日に呉海軍工廠で竣工したばかりで、当時としては世界最大の最新鋭超弩級戦艦だった。

大正五年七月、堀悌吉《ほりていきち》少佐が（三十二期、のちに中将）が、分隊長として「扶桑」に転勤してきた。

堀は山本五十六と同期で三十二期のクラスヘッドであり、将来、海軍大臣になるべき人物として周囲から大いに嘱望されていた。しかしながら昭和五年の海軍補助艦に関するロンドン海軍軍縮会議の際、海軍軍務局長として山梨次官を助けたため、結局、海軍を追われることになる。

この堀は、この年の五月末に三年余のフランス駐在から帰朝し、海軍大学校甲種学生の第一次試験を終えたばかりだった。

井上と堀の士官室生活は、この年の十二月までのわずか五ヵ月間に過ぎなかったが、井上は堀から人間形成上、大きな影響を受けた。井上が最も尊敬した海軍士官の一人だった。

当時、任官一年目の機関少尉で「扶桑」のガンルーム（第一士官次室、中・少尉などの初級士官公室）にいた森田貫一（機二十三期、のちに中佐）は、次のように語っている。

「堀さんも、井上さんとは大変お親しい様子でした。お二人とも、その後ずっと軍政方面を歩かれて、ことに堀さんが軍縮条約問題で海軍省と軍令部との争議のとばっちりで、ついに身を退かれた時には、井上さんが大変残念がりまた憤慨されたのを、今でも覚えています。井上さんが尊敬された人の一人は堀さんでしょうね」

結婚

大正四年（一九一五年）十一月十七日、井上の父嘉矩が享年六十八歳で他界した。翌大正五年十二月一日付で、井上は海軍大学校乙種学生になった。

海軍大学校乙種課程とは、砲術、水雷、航海の各高等科に分かれる前の教養課程のことで、期間は半年だった。井上にとっては、四年ぶりに陸上勤務となった。

その一ヵ月ほど後の大正六年一月十九日、二十七歳の井上は、退役陸軍一等主計正（主計中佐）原知信《はらとものぶ》の三女で当時二十一歳の原喜久代と結婚した。

喜久代の長姉の光子は、のちの陸軍大将で首相となる阿部信行に嫁いでいた。

新婦の喜久代は石川県金沢市生まれで、雪国の女らしく白い肌をしたふっくらとした面立ちの美人だった。

二人は新婚旅行らしいものもせずに、借家が見つかるまでとりあえず原宿にあった長兄の秀二の家で新所帯を持つことにした。

五ヵ月間の海大乙種学生時代の井上の成績は、一期後輩で独身の小林仁《まさみ》（三十八期、のちの中将）がトップで、井上は次席であった。

「三十七期のトップが次席？」と周囲が訝《いぶか》しがると、義兄の阿部信行（当時砲兵中佐、四十二歳）は、「それは喜久代さんのせいだよ」と言ってからかった。

大正六年十二月一日、海大専修学生課程（航海）を終えた井上は、一等砲艦「淀」（千三百二十トン）の航海長に補され、ふたたび海上へ出ることになった。

同年二月、ドイツは「無制限潜水艦作戦」を宣言し、商船を武装した仮装巡洋艦による通商破壊作戦に乗り出した。

日本海軍は、同盟国であるイギリスの要請にこたえて、三つの特務艦隊を編成した。

井上が乗り込む「淀」は、ちょうどその時、フランスの委託によって日本で建造された駆逐艦を呉からシンガポールまで護衛する任務を果たして、同港に停泊中だった。

そのため一月九日、井上はシンガポールまで赴き、航海長兼分隊長としてインド洋方面で作戦行動に従事したのち、五月七日、母港の呉に帰投した。

大正七年六月五日、「淀」は警備艦として臨時南洋群島防備隊司令官の指揮下に入り、七月五日にふたたび内地を出発してサイゴンへ向かった。

続いてトラック、ポナペ、ヤップ、コロール、アンガウル等を巡航し、ドイツ領南洋群島の占領地警備に従事した。

この時「淀」には、のちに井上が心を許す友人となる海軍省参事官の榎本重治《じゅうじ》が、渉外・法制関係の顧問役として便乗していた。

五ヵ月間にわたる南洋群島の警備を終えて、「淀」が小笠原諸島の父島の二見《ふたみ》港に入る直前、井上のもとに「スイス駐在ヲ命ズ」との電報が届いた。

井上にしてみれば、「これで内地に帰れる」と内心喜んでいた矢先だっただけに、この電報はじつに恨めしかった。

靚子の誕生と渡航

大正八年（一九一九年）二月八日、名古屋の阿部信行宅で女児が生まれた。成美は、第一子となるこの女児の名前を何と付けたらよいかといろいろ考えをめぐらした。

最初に成美は、喜久代に似た物静かな雰囲気を期待して「静子」と名付けようと思ったが、紙に書いてみるとあまりにも平凡だったため、静かな落ち着いたたたずまいの意味を持つ「靚子《しずこ》」と命名することにした。

その二日後の二月十日、井上は神戸港から日本郵船の「三島丸」で赴任の途についた。

出発にあたって井上は海大甲種学生二年目になる堀悌吉を訪ねて、欧州滞在するうえでの助言を求めた。すると堀は、「スパイまがいの活動はするなよ。もっと次元の高い勉強をして来なさい。滞在先の国の歴史を勉強して、世情に通ずることが大切だよ」と助言した。

ドイツ駐在

大正八年六月二十八日、第一次世界大戦の終結のためのヴェルサイユ平和条約が締結された。この結果日本は、井上も占領地警備作戦に従事したグアム島を除く、マリアナ、パラオ、カロリン、マーシャル領等の旧独領の南洋群島を委任統治することになった。

大正九年七月一日、チューリッヒに滞在中の井上のもとに、ヴェルサイユ平和条約実施委員の発令があった。日本代表の首席委員は、左近司政三《さこんじせいぞう》（二十八期、のちに中将）である。

井上は、イギリス、フランス、イタリアの委員と共同して、ドイツの戦争物資の接収監督や、ドイツの戦争物資を連合国に引き渡す仕事に従事した。

具体的には工場へ行って物資を探し、これを軍用に出来ないようにして連合国に渡す業務であった。井上はこうした仕事に一年間従事した。

当初、井上は任期を半年ほど残した段階でドイツでの生活を楽しみたいと考えていた。ところが、井上にこうした考え方を改めさせる出来事が起こった。それはドイツの貨幣価値が急落し、日本の金が五十銭という時に三銭五厘まで下落したことだった。

ドイツマルクの急落によって、円建ての井上の給料は、とてつもない額に跳ね上がることになった。このため日本人の顔を見ると、ドイツ娘が競って媚《こび》を売ってきた。井上は、こんな所に長くいると人間が堕落すると思った。

大正八年七月一日付、スイス駐在海軍大尉井上成美から海軍次官栃内曽次郎に宛てた報告書には、次のように記されていた。

「一、計画　専ら独逸語の研究。
二、実施　四月二十日任地着　五月一日より独逸人《ドイツ》に就き、毎日一時間秩序的に個人教授を受け、尚実施練習のため毎週三時間他教師を招き会話を実施す。
三、成果　平易なる日常の会話用弁には差し支え無き程度に達す。
四、今後の計画　将来の方針を続行す」
ベルリンに滞在していた頃、下宿先のドイツ人の叔母《おば》さんから、「まだドイツ語の夢は見ないかい？」と毎朝訊《たず》ねられた。そのつど井上は、「まだです」と答えた。ところがふた月ほど経ったある日のこと、井上はついに夢の中で、ドイツ語で喋《しゃべ》っている自分の夢を見た。起床するや否や、井上は早速その事を報告をした。すると下宿の小母さんはたいそう嬉んで、「もうドイツ人だね」と言ってくれた。

「その国の言葉で考える癖がついたからこそ、夢の中で俺は喋っているのだ。つまり夢の中でもドイツ語でものを考えているのだ」と井上は思った。

後年、井上が兵学校長に就任した時、英語教育について、「英語の和訳なんかは、害あって益なし」と言った背景には、こうした井上の外国生活での経験があった。

井上は毎日一時間、ドイツ人教師について、初歩から系統的にドイツ語の個人レッスンを受けた。また毎週三時間、別の教師を招いて会話の実地練習もした。こうした努力の甲斐あって、スイスに着いてから二ヵ月余しか経たないというのに、日常会話程度のドイツ語を話すことが出来るようになった。

また、各国武官との交流を通して井上は、イギリスの上流階級の子弟が第一次大戦中、いかに勇敢に戦ったかを知った。

イギリスの若きエリートたちは、日頃から優遇されているとの思いからか、国家の大事が迫った今こそ働かなければならないという気持ちで、軍隊を志願したのだという。

彼らの底に流れているのは、「ノーブレス・オブリージュ」の精神とジェントルマンシップだった。「ノーブレス・オブリージュ」とは、「高い身分には義務が伴う」というフランス語で、この精神を身に付けたジェントルマンならば、戦場に出て行っても指揮官として立派に戦うことが出来ると言う意味である。

昭和十七年十一月、井上が海軍兵学校長に就任した時、この精神を教育の根底に据《す》えることにした。

アメリカの印象

ドイツ駐在から三ヵ月間にわたるフランス駐在の後、井上は大正十年（一九二一年）十二月一日付で少佐に進級した。

井上は仏国からの帰国の途中、アメリカに立ち寄った。折しもワシントンでは海軍軍縮会議が開催されていた。

井上は、自分より七期後輩の機関科のクラスヘッドで、当時海大選科学生として、ＭＩＴ（マサチューセッツ工科大学）に留学していた久保田芳雄中尉（海軍機関学校二十五期、のちに少将）をボストンの下宿に訪ねた。

かねがねその国の実情を知るためには、一般家庭を訪問することが一番であると考えていた井上は、早速これを試みた。

当時の日本では、一般家庭に電話機が設置されているのは珍しかった。そこで井上がボストンの一主婦に、「電話架設に何日かかりますか?」と訊ねてみると、「申し込みから一、二日もあればOK」との答えが返って来た。

こうした会話から井上は、アメリカ社会のインフラの充実ぶりを知った。また井上は、米国の一般市民が、市民としてデューティ（義務）にきわめて忠実であることも知った。

大正十一年（一九二二年）二月四日、井上は横須賀に着き、三年ぶりに妻子のもとに戻った。出発前に生まれた娘の靚子はすでに満三歳になっていた。

「球磨」航海長

ひさしぶりの井上一家の水入らずの生活も、一ヵ月とは続かなかった。

井上は、大正十一年三月一日付で第一艦隊第三戦隊所属の二等巡洋艦「球磨」（五千五百トン、軽巡洋艦）の艦隊勤務に就くことになった。この時「球磨」はシベリア撤兵に関連して、八月三十一日にセントウラジミルへ回航（警備）していた。

井上は、シベリア出兵や第一次世界大戦に日本が参戦したことには非常に不満だった。

後日井上は、「軍隊は国の独立を保持するものであって、政策に使うのは邪道と思う。独立を保てぬという時は戦争をやるが、政策の道具に使ってはならぬ。政策に使われた時、軍人は喜んで死ねるか。第一次大戦に駆逐艦を出したのは不可と思っていた」と語っている。

海大甲種学生

大正十一年十二月一日付で、井上は海軍大学校二十二期甲種学生（総員二十一名、海兵三十七～四十期）となった。

海軍大学校は、海軍の兵科高級幹部を養成するための「甲種学生」の課程で、海軍兵学校の卒業生が海軍士官（兵科将校）に任官後、十年程度の実務経験を経た中から選抜される。その受験資格は、兵学校で教育を受けた中堅将校である大尉・少佐であることが基本だった。

入校者は海兵の卒業席次の高い者が多かったが、席次が低くても本人の努力しだいで入校することが出来た。

募集人員は十～二十名前後で、満州事変が始まると三十名まで増やされた。その後、日中戦争が始まると、生徒を募集しない年度も出るようになった。

この海軍大学校を卒業する事は、海軍で出世するための重要な条件の一つだったが、陸軍の「天保銭組」（陸軍大学校卒業生の通称）のように必ずしも大学校卒業が陸軍内の中枢ポストに昇進するための必須条件にされていたわけではなかった。とはいうものの海大を卒業することが、日本海軍内で昇進する条件になったことも事実だった。

たとえば東条内閣倒閣と終戦工作で中心的役割を果たすことになる高木惣吉海軍少将は、海兵の卒業席次（通称ハンモックナンバー）は六十四位ながら、海大を首席で卒業したことによって、海軍の中枢に坐ることになった。

海軍大学校の選抜試験は厳格かつ難渋だった。

海大の試験の模様について井上は、「二十人の学生を採用する場合、まず『筆答試験』及第として、口答試験に呼ぶのは四十人、ところが私は、筆答試験の成績が六十番だった。銓衡委員の一人が、『お前は六十番だった。けれども外国へ行っていて勉強する暇がなかったろう。口答試験に呼んでみようという会議の結果だったので、お前、呼ばれるよ』と教えてくれた。当局も当てにしなかったのに、口答試験は一番でした」と語っている。

ワシントン海軍軍縮会議の開催

井上たちが海大甲種学生になった年（大正十一年）二月六日、米英日仏伊の間で主力艦の比率を十：六：三・五と定めた「ワシントン海軍軍縮条約」が締結された。

ここで日本海軍の大きな転機となった一九二二年（大正十一年）二月に成立したワシントン海軍軍縮条約の本質と意義について解説しておこう。

日露戦争後の明治四十年、日本は「帝国国防方針」を策定した。日本海軍はその仮想敵国として米国と定め、主力戦艦八隻、巡洋戦艦八隻からなるいわゆる「八八艦隊」をもって、米国に対抗しようとした。

また、同時に作成された「用兵綱領」においては、「先ず敵の海上勢力を撃滅するを主眼とし、爾後の作戦は臨機に之を策定す」とした。

来航する米艦隊を途中で迎撃しながらその勢力を漸減し、日本近海に入ってから決戦を求めてこれを撃滅するという「艦隊決戦主義」は、日本海軍の伝統的兵術思想として、すべての海軍士官の思考を支配することになった。

たとえば「海戦要務令」には、「決戦は戦闘の本領なり。故に戦闘は常に決戦に依るべし。会敵に当たり、直ちに決戦に移るを不利とする場合においても、尚よく主導的に行動して、我に隧道せしめ、以て有利なる決戦時機を作為するを要す」と記されていた。

第一次世界大戦後、航空機が長足の進歩を遂げ、立体的な戦術用兵が必要になってからも、日本海軍はひたすら日本海海戦でロシア海軍を完全に破った時の艦隊決戦にしがみついた。持久戦や島嶼航空戦などはまったく考慮していなかった。

後で見るように、昭和十六年一月、当時海軍航空本部長だった井上が及川海相に提出した「新軍備計画論」の中で書いたような、(一)、これからは戦艦による艦隊決戦は絶対に起こらない、(二)、航空機が中心となる戦いになってくる、(三)、太平洋上の島嶼の争奪がきわめて重要となる、(四)、主力となる航空機が揃わない中にあって対米戦争などは絶対に不可、とする戦略思想は日本海軍にはまったくなかった。

日本が「八八艦隊」完成に向かって邁進する中で、海軍予算は、大正五年度を境に陸軍予算を上回るようになり、大正十年には、国家予算に占める海軍予算の割合は、三十二・五パーセントにも達するようになった。

一方の米国は、大正五年の「海軍法」によって、三年間で戦艦十隻、巡洋戦艦六隻、巡洋艦十隻を含む、合計百八十六隻の建艦計画を立てた。これは第一次世界大戦中、世界第四位に過ぎなかった海軍力で英国を追い抜いて、一挙に世界第一位の海軍に押し上げようとする非常に野心的な計画だった。

英国は、第一次世界大戦休戦前は百十三万トンを超え、世界の他のすべての海軍力を合算したものに匹敵するほどだったが、休戦と同時に注文済み及び建造中の軍艦六百十一隻と老朽艦などを廃棄して、平時編成に戻した。

ところが、米国は大正五年の「海軍法」を中止せず、一方、日本も大正九年七月、「八八艦隊」の建造計画を発表したため、英国としても大正十年三月、超フッド級戦艦（フッド型は四万トン級の巡洋艦）四隻の建造計画を発表せざるを得なくなった。

かくして日米英三国間の建艦競争は過熱し、それぞれの国家財政を強く圧迫することになった。

当時わが国の逼迫した財政状況について、山梨勝之進（当時海軍大佐、海軍省軍務局第一課長）は、次のように回想している。

「大正九年頃のことである。……ある日加藤（友三郎）海相が、今日は内緒の話があると、次官、艦政本部長、軍務局長などを官邸に集めて、次のような話をされた。……実際には、艦隊を維持するための経常費が非常に多くなってきた。国の富は、その割で増していない。このままではやっていけなくなり、私はどうしたらよいか、手をこまねいている』と誠に深刻な話であった」

大正十年（一九二一年）十一月から翌年二月まで、ワシントンで開催された日英米仏伊の五ヵ国によるワシントン会議は、世界海軍史上に大きな歴史を画するものになった。

この会議は米国の提唱によるものだが、じつは英国が先に動いた。

英国は第一次世界大戦の戦勝国だったが、戦争による経済的痛手は最も大きかった。戦後、米国海軍の拡張主義、そして日本の八八艦隊（戦艦八隻、巡洋戦艦八隻を基幹とするもの）計画に対して、英海軍は巨艦主義をもって軍備計画を立てたものの、財政の逼迫から日米との建艦競争に互角で渡り合うのは至難であった。

こうしたことから大西洋では米国との衝突を避け、太平洋では日清・日露の両戦争に戦勝し、第一次大戦の勝利で内南洋諸島を占めた日本のアジア戦略を抑えるために、大西洋は英国海軍、太平洋は米国海軍が主導権を握る両洋分担作戦を図ろうとした。

米国も英国の意図を読み取り、中国大陸をめぐる日本の進出を食い止め、西太平洋に限局するために、最も有効な軍備縮小協定の実現を目論んだ。

大正十年（一九二一年）十一月から翌年にかけて、米国大統領ハーディングの招請によって、海軍軍縮問題、並びに太平洋・極東問題に関するワシントン会議が開催されることになった。参加国は日米英仏伊の五大国とオランダ・ベルギー・ポルトガル・中国の合計九ヵ国であったが、ソ連は参加を拒絶した。

翌年二月六日まで討議された海軍協定は、最終的に次のように締結された。
(一)、各国の主力艦の比率を、英米十、日六、仏伊三・五と定める。
(二)、各国は建造中の主力艦を廃棄して、建造は十年間中止する。これによって総トン数は英米が各五十二万五千トン、日本は三十一万五千トンとなる。
(三)、航空母艦の比率も主力艦と同じ英米十、日本六の比率で、総トン数は英米が各十三万五千トン、日本が八万トンとなる。
(四)、戦艦は最大制限トン数三万五千トン、備砲の最大口径は十六インチ、航空母艦は同二万七千トン、備砲の最大口径は八インチ。
(五)、巡洋艦同一万トン、同八インチ、ただし建造量は制限しない。
(六)、太平洋の前進根拠地は条約締結当時の現状を変えない。
この協定は一九三六年十二月三十一日まで効力を有する。ただし条約廃止通告は、その二年前までに米国政府に通告する。そして、廃止通告が効力を生じた日から、一年内に締約国全部は会議を開催する。

このようにして日本のいわゆる「六割海軍」が誕生した。また海軍軍縮協定に次いで、中国大陸をめぐる「九ヵ国条約」と「太平洋方面に於ける島嶼たる属地および島嶼たる領地に関する四国条約」が締結された。しかしながら巡洋艦以下の補助艦や潜水艦を制限する事には失敗した。

このためその後各国では、俄然補助艦をめぐって建艦競争が起ることになり、昭和五年（一九三〇年）ロンドンで、補助艦に関する海軍軍縮会議が開催されることになる。

ところでワシントン海軍軍縮条約は、次の二つの点で歴史上特筆すべき意義を持っていた。

その第一は、各国間の自由な討議によって軍縮条約が締結されたことであった。これによって建艦中の戦艦六十五隻、百八十万余トンを一挙に廃棄することが出来た。

第二は、英国が一八八七年以来採ってきた「二国標準主義」（二位と三位の国を合わせたのと同等の海軍力を保持する）を放棄して、米国と均勢（パリティ）に立つことを認めたことである。

当時一般に、攻勢軍は敵軍に対して五割以上の優勢率（五十パーセント superiority）を有していなければならないと考えられていた。優勢率とは、甲軍（優）と乙軍（劣）の差を乙軍で除したもの（甲―乙＝X　X÷乙＝superiority）である。

たとえば、十対六と十対七とでは、10－6＝4　4÷6＝0.67　10－7＝3　3÷7＝0.43となるのであり、この一割の差は優勢率の有効性を信じている者にとっては、決定的意味を持った。

しかし太平洋防備問題との関連で考えた時、もし米国がグアムをはじめ太平洋上の諸島に堅固な防衛施設を建設したとすれば「漸減《ぜんげん》作戦」は成り立たなくなり、日本の防衛は出来なくなるはずだった。

したがって米海軍の将官たちも、「海軍は軍縮には反対でないが、条約における米国の譲歩は、経験を積んだ海軍軍人が一般に認める線を越えており、また、太平洋防備問題の取り決めは「西太平洋のわが領土の防衛を絶望的にする」として反対した。米国の主要な提督の中でこの軍縮に賛成したのは、プラット少将ただ一人だった。

ワシントン海軍軍縮条約を国際権力政治から見ると、それは海洋勢力圏の分割を意味した。英海軍は北海からシンガポールの海域において優越性を持ち、米海軍は西太平洋で、そして日本海軍は極東において優越性があることを、それぞれ認めるものであった。

前進基地を持たないまま、技術の進んだ相手国に対して渡洋攻撃をかけることは、ほとんど不可能と考えるのが、当時の海軍作戦担当者の常識であった。

したがってこのワシントン海軍軍縮条約は、日本が米英に次いで世界第三位海軍国になった事をそれぞれの国が是認することを意味した。

加藤全権は、(一)、進行中の八八艦隊が国家財政に及ぼす影響、(二)、アメリカの日本に対する攻勢基地を制限すれば対米比率をいくらかでも緩和できる、(三)、無制限の軍備競争はわが国の財政を破綻させる、との観点から、ヒューズ提案に対してこれを受け入れる意思を固めていた。

堀悌吉は後年、「ワシントン会議は、国際的にも経済的にも日本を救った」と語っていたし、山本五十六も堀と同様に「十：十：六なんて、あれでいいんだよ。あれは向こうを縛る条件なんだからいいんだよ」と述べていた。

古賀峯一もまた、「あの比率をもって、日本が米英の十分の六に抑えられたと考えるべきではない。国力から言っても、国土の広さから言っても、アメリカとイギリスが日本に対して、六分の十で我慢していると見るべきだ」としていた。

昭和四十五年四月末、井上が回想したテープには、次のような発言が残されている。

「アメリカ、イギリスとの軍備の比率は低い方がいい。戦いをすれば負けるから、何とか外交で凌いでいかなきゃいかん、と私は思っていましたが、軍人としてそれを言い聞かせると言う事は悲しいことです。そして悔しいです。悔しいけれどもね、そういう国なんだから、自分よりも技術が進み、富もあり、人口も沢山ある、土地も広い、という国があるということは仕方がない。もがいたって、これを脱けるわけにいかない。そういう世界の状況なれば、その中で無理をしない範囲で立派な国になっていく方がいいんではないか、そういうふうに考えた。

私はワシントン会議後の海軍が縮小された軍務局の一課で、少佐で局員をしていました。もう悔しくてしょうがない。どんどん船は廃艦になって、私のクラスの人間も十数人クビになった。それも自ら進んで志願した者もおりました。けれどもアメリカ、イギリスとそういうふうになって六割というふうになれば、これで適当なんじゃないかと思うようになりましたけれども、悲しいことは悲しい。どんどんどんどん軍艦が出来て、海軍が強くなるのはいい気持ちですけれども、そうはいかないんだからしょうがない、と思っていました。

戦はしない方がいい、しかし、月月火水木金金で猛訓練している。そのジレンマは大変なものだったろうと人は言うけれども、私はそれとは違いました。国の存立のためには立つ。国が滅びるというのなら、国の独立が脅かされた時には、とにかく立つ。そのためには軍備と言うものが必要だ。国の生存が脅かされ、独立を脅かされた場合には立つ。その代わり、味方を作っておかなけりゃいけない。自分じゃ勝てない。正々堂々の主張をするならば味方が出来ると、私は考えています。弱い国家を侵略してそれを征服して自分のものにしようとする者は、必ず他の国の批判に遭って、晦日の晩のカネ勘定の清算をさせられる時が来る、と思う。軍備と言うものは要らないじゃないか。戦しないのなら—そういう意味じゃないですかね」

十一月十一日、ワシントン会議は、日本国内での「第二の元寇」という批判の声をよそにして閉会した。

井上が問題視したのは、条約批准と同時にロンドンで締結された日英同盟の破棄であった。日英同盟の破棄を強く望んだ国はどこか？　英国と袂《たもと》を分かった後、一体どこの国が日本に手を差し伸べてくれるのか、井上の不安感は大きかった。

海軍省軍務局員

井上は海大甲種学生として勉強すること二年、大正十三年十二月一日、ここを卒業した。同時に井上は、海軍省軍務局員を命ぜられた。この時三十五歳であった。

軍務局は、海軍軍政の要となる部署である。軍務局員になると言う事は、順調にキャリアを積んでゆけば、将来、海軍大臣をはじめとして日本海軍の中枢になる事を意味していた。したがって軍務局員になる事は、将来日本海軍の最高幹部になるための見習いを意味していた。

軍務局の所掌事務は広範囲にわたっていて、およそ海軍大臣の名において出される部内外への書類や電報などの総ては、この軍務局を経由することになっていた。

局員は事務分隊区分によって、A局員、B局員、C局員と呼称された。

井上は第一課B局員を命ぜられた。B局員の担当は、艦隊、軍隊の編成、役務、進退に関する事務や、艦船、部隊、官衙《かんが》、学校の定員制度に関する事務だった。

三十五歳から三十八歳までの三年間の軍務局勤務を通して、井上は海軍軍政の詳細を知ることになった。

のちに井上は、「ある一つの規則を定める時、法律を作って出すのか、海軍大臣名で出すのか、それとも允裁を仰いで軍令部長の名で出すべきなのか、その区別は諸例則に書いてある。しかしそれを読んでもわからない。それで、法律を噛みしめる力を養わなければ駄目だと思って、一所懸命に努力した」と語っている。

この時に法律を勉強したことが、それから八年後、軍令部条例改定に対して軍務局第一課長として、井上が断固反対する理論的基礎になった。

井上がB局員として仕えた海軍大臣は、財部彪《たからべたけし》大将（十五期）、続いて岡田啓介大将（十五期）で、次官の方は安保清種《あぼきよかず》中将（十八期、のちに大将）と大角峯生《おおすみみねお》中将（二十四期、のちに中将）、そして軍務局長は小林躋造《せいぞう》少将（二十六期、のちに大将）と左近司政三少将（二十八期、のちに中将）、さらに第一課長は塩沢幸一大佐（三十二期、のちに大将）と吉田善吾大佐（三十二期、のちに大将）だった。

井上はこの軍務局員時代に、海軍省書記官の榎本重治と心を許す間柄になった。

治安維持法が成立したのは大正十四年（一九二五年）だが、その成立直前のある日のこと、榎本は井上に対して、「共産党を封じ込めずに自由に活動させる方が良いと思う」と意見したことがあった。

この時、井上は無言で聞いていたが、それから二十年余り経て、戦後に榎本が横須賀郊外にあった井上宅を初めて訪れた際、井上は榎本の手を握って、「今でも悔やまれるのは、共産党を治安維持法で押さえつけたことだ。今のように自由にしておくべきではなかったか……。そうすれば、戦争が起こらなかったのではないだろうか」と述べた。

加藤友三郎海相の思想的継承者

「戦争は政治の延長なり」というクラウゼビッツの有名な定義を待つまでもなく、軍事は政治に従属すべきである。その逆では決してない。

国防力（防衛力）というものは、国際関係の緊張度合いや国力などによって左右されるべきものであり、ここまで軍事力を持ったら絶対に安全だなどと言う事は出来ない。

ところが、戦前わが国ではこうした常識が広く共有されていなかった。

ワシントン海軍軍縮会議の時は、加藤友三郎海相という日本海軍内の実力者がいたため反対派の声は封殺されたが、昭和五年のロンドン海軍軍縮会議の際は、俄然「条約派（海軍省派）」と「艦隊派（軍令部派）」の対立が表面化することになった。両派の対立の底には、国防のあり方についての根本的相違があった。

しからば井上の場合はどうだったかと言えば、言うまでもなく「条約派」の立場にあった。

「条約派」は、山本権兵衛と加藤友三郎に源を発する。したがって井上は山本権兵衛や加藤（友）の考えを継承していたということが出来る。

大正九年の頃、加藤海相は部内の「八八艦隊時代来る」に沸く空気を戒めて、「やっと八八艦隊計画は成立したが、今後この計画が予定通り実現されるのは容易ならぬ難事である」と警告したことがあった。

ワシントン海軍軍縮会議の日本側全権を務めた加藤は、大正十年十二月二十七日、ワシントンのショーラムホテルにおいて、首席随員の加藤寛治の同席の上で井手謙治海軍次官あてに、随員の堀悌吉中佐に筆記させた、次の「加藤伝言」によく表われていた。

「大体の肚として会議に際し、自分を先天的に支配せしものは、是までの日米関係の改善に在りき。換言すれば米国に排日の意見をなるべく緩和したいとの希望之なり。

如何なる問題に対しても此の見地より割り出して『最後の決心』をなせり。（中略）斯て十一月十二日となり第一回総会の席上にて余の予想せざりし彼（ヒューズ）の提案を見るに至れり。当時議場に於いて実は驚けり。然れどもHughesの演説中周囲の空気は之を極めて歓迎せしことは争はれず。会議終了してofficeに帰る迄自動車の中にて頭中は種々の感想起こりて決心付かざりき。帰ると直ちに便所に行き沈思した。どうしても主義として米案に反対する事は能わずと決心するに至れり。（中略）先般の欧州大戦後、主として政治方面の国防論は、世界を通して同様なるが如し。即ち国防は軍人の専有物に非ず。戦争も亦軍人のみにして為し得べきものに在らず。即ち国防は軍人の専有物に非ず。……平たく言えば金が無ければ戦争が出来ぬと云ふことなり。戦後露西亜と独逸が斯様になりし結果、日本と戦争のprobabilityのある国は米国のみなり。仮に軍備は米国に拮抗するの力ありと仮定するも日露戦争後の時の如き少額の金では戦争は出来ず。然らばその金は何処より之を得べしやと云ふに米国以外に日本の外債に応じ得る国は見当たらず。而して其の米国が敵であるとすれば此の道は塞がるるが故に日本は自力にて軍備を造り出さざるべからず。此の覚悟の無き限り戦争は出来ず。英仏は在りと雖も当てには成らず。斯く論ずれば結論として日米戦争は不可能と言う事になる。……余は米国の提案に対して主義として賛成せざるべからずと考へたり。仮に軍備制限問題無く此迄通り建艦競争継続する時如何。英国は到底大海軍を拡張するの力無かるべきも相当のことは必ず為すべし。米国の世論は軍備拡張に反対するも一度其の必要を感ずる場合には何程でも遂行するの実力あり。翻て我日本を考ふるに我八八艦隊は大正十六年に完成す。而して米国の三年計画は大正十三年に完成す。英国は別問題とすべし。其の大正十三年より十六年に至る三年間に日本は新艦建造を継続するも拘《かかわ》らず、米国が何等新計画を為さずして日本の新艦建造を傍観するものに非ざるべく必ず更に新計画を立つることになるべし。また日本として米国が之を為すものと覚悟せざるべからず。

若し然りとせば日本は八八艦隊計画すら之が遂行に財政上の大困難を感ずるにあたり、米国が如《い》何《か》に拡張するも之を如何ともする事能はず。大正十六年以降に於いて八八艦隊の補充計画を実行する事すらも困難なるべしと思考す。斯《かく》なりては日米間の海軍力は益々増加するも接近することは無し。米国提案の所謂《いわゆる》十：十：六は不満足なるも、But if此の軍備制限成立せざる場合を想像すれば、寧《むし》ろ十：十：六で我慢するを結果に於いて得策とすべからずや」

このワシントン海軍軍縮条約に対する井上の考え方は、「戦をすれば負けるから、何とか外交でしのいでいかなきゃならん、と私は思っていましたが、軍人としてそれを自分に言い聞かせるということは悲しいことです。そして悔しいですよ。悔しいけれどもね、そういう国なんだから日本というのは……日本よりも技術が進み、人口も沢山、土地も広いという国がある。と言う事は仕方がない。もがいたって、これから抜け出る訳にはいかない。そういう世界の状況ならば、その中で無理をしない範囲で立派な国となっていく方がいいんではないか」となる。

このように加藤と井上の考え方を比較してみると、その近似性に気付く。加藤と井上の考え方は、今日のわが国の安全保障を考える際にも十分通用する考え方である。

イタリア駐在武官時代

フランスから帰国して五年目の昭和二年十一月一日付で、井上はイタリア在大使館付武官に任命された。

任命されてから一ヵ月後の十二月五日、井上は「筥崎丸」に乗船して横浜を出港した。この「筥崎丸」の船中で、井上はイタリア、フランスに修行に行く彫刻家の日名子《ひなご》実三《じつぞう》と知り合うことになった。

日名子実三は明治二十五年（一八九二年）十月生まれの当時三十五歳で、大分県臼杵市の出身だった。五人兄弟の末子として誕生して、臼杵中学校（現大分県臼杵高等学校）を卒業後、親の勧めで慶應義塾大学理財科に進学したものの程なく中退して、一九一三年（大正二年）に東京美術学校彫刻家塑像部へ入学し、ここを首席で卒業した。

日名子は学生時代から朝倉文夫の弟子となり、一九一九年（大正八年）には作品「晩春」が帝国美術院展覧会に入選して、世間から認められるようになった。

しかし一九二五年（大正十四年）、作品の方向性の違いから朝倉と離れ、斎藤素厳とともに「構造社」を結成した。

一九三一年（昭和六年）、日名子には漢文学者内野台嶺らの発案を基にして八咫烏《やたがらす》を題材にして、大日本蹴球協会のシンボルマークを手掛けた。これは大日本蹴球協会の後身である「日本サッカー協会」にも受け継がれることになる。その後、このマークを基にして作られた「日本代表エンブレム」は、サッカー日本代表のユニフォームに使用されている。

のちに金鵄を意匠とする昭和六年から九年にかけての事変従軍記章（満州事変・第一次上海事変）、

八咫烏を意匠とする支那事変（日中戦争）従軍記章といった著名な従軍記章や、昭和十五年（一九四〇年）に完成した宮崎市平和台公園の「平和の塔」（八紘一宇の塔）などの制作も手掛けた。

洋上で二人を結びつけたのは、イタリア語の学習だった。当時、井上はイタリア語が出来なかったため、マルセイユに上陸するまでイタリア語をマスターしようとの意欲に燃えていた。そのため暇さえあればイタリア語の学習書を開いたが、さらにイタリア語の会話の相手として日名子を選んだ。

日名子の方も、軍人に似合わず芸術に理解がある井上に好感を持った。一方の井上の方もまた、芸術家に似合わず朝はきちんと起きて髭を剃り、髪は七三に分けた日名子に好意を持った。

日名子は昼夜分かたず井上と接しているうちに制作意欲に駆り立てられ、井上の顔を何枚もスケッチした。日名子は井上の顔を眺めながら、「おっかない顔だ。おっかない顔だ」と繰り返し呟《つぶや》いた。

その時のスケッチの成果が、後日、四十四センチのブロンズ製の胸像となった。

戦後、目ぼしいものをすっかり売り払った井上の家にあって、この胸像だけが居間の暖炉の上にポツンと置かれていた。

その後、この胸像は、営団地下鉄の新宿御苑駅の近くにある紙の卸し会社を営む深田秀明氏（海兵七十三期卒）の「古鷹商事」のビルの地下の一室に置かれることになった。

筆者が学位論文執筆のために井上成美の「新軍備計画論」について研究していた昭和五十年から五十一年にかけて、毎週二回の割合でこの古鷹ビルを訪れていたが、その際は必ずこの日名子が製作した井上の胸像を目にしたものである。

井上がイタリアに旅立つ頃、妻の喜久代は結核に冒され始めていた。もともと喜久代は身体が弱かったが、流産も重なって病気が加速した。

果たして喜久代は、井上がローマに着任した後、喀血《かっけつ》して倒れてしまった。異国の地にあって、病床にある妻と一人娘の靚子を想うと、井上の心は張り裂けるようであった。

ある日、井上はオペラに招待された。演目は『椿姫』だった。この『椿姫』は、パリに住む高級娼婦ヴィオレッタがアルフレートという青年から見初められ愛し合うことになるが、ついには病に斃れてしまうという悲劇物語である。

この『椿姫』を、井上は終幕まで観ていることが出来なかった。ヒロインのヴィオレッタの憐《あわ》れな最期に、喜久代の姿がどうしても重なってしまうのであった。

イタリア在勤中、井上は、海軍省人事局に対して、「帰国の上は家庭の事情もあり、閑職でもよいから国内勤務を希望する」と懇請した。

当時の大使館は、ローマ城内のベネツィア広場の近くにあった。大使は松田道一で、参事官に岡本竹蔵、二等書記官に鹿島守之助（のちの鹿島建設会長）がいた。

井上は、通常ローマ終着駅近くのメンタナ街にある海軍武官室で執務した。井上はイタリア語がわからなかったため、大使館のタイピスト譲を先生に頼んで勉強することにした。

この頃のイタリアは経済が混乱し、失業者が多く、治安も悪かった。ムッソリーニはファシスト党を率いて立ち上がり、在郷軍人と学生たちと一緒になってローマ進軍を行ない、大正十一年（一九二二年）十一月、ムッソリーニ政権を樹立した。

これ以降イタリアは、国粋主義と統制経済を旗印にする独裁政治によって陸海空軍を増強し、フィウメを占領するなどしてファッショ的傾向を強めていった。

ちなみにフィウメ問題とは、現クロアチア共和国にリエカの帰属問題のことである。当時ここにはイタリア系住民が住んでおり、ムッソリーニの登場以前の第一次世界大戦の時から、伊国はフィウメの併合を要求していた。しかし、この時フィウメはオーストリア＝ハンガリー帝国によって統治されていた。

第一次世界大戦後イタリアは、フィウメをめぐってユーゴスラビアと領有権を争った。大正八年（一九一九年）のパリ講和会議でイタリアに「未回収のイタリア」の大部分が戻ったものの、国民が要望していたフィウメ領有は実現しなかった。そこで同年、イタリアの右翼過激派はフィウメを武力占領し、翌年ラパロ条約によって自由市になった。

大正十一年、クーデターで政権を摑《つか》んだムッソリーニはイタリア・ファシズムを開始し、大正十三年、ローマ条約でユーゴスラビアからフィウメを譲り受けた。

井上がイタリアに赴任した頃は、ムッソリーニによるファシズム政治の勃興期で、観艦式、観兵式、空軍による編隊飛行などが華々しかった。しかし、井上はこのムッソリーニの独裁政治に対してはきわめて批判的だった。

昭和四年（一九二九年）八月一日付で、井上は帰朝命令を受けた。日本へ帰るため、ナポリの桟橋にタクシーで乗り着けた井上は、手回りの荷物を二、三個赤帽に渡し、「鞄に私の船番号が貼ってあるから、そこへ持って行くように」と命ずると、赤帽は困った顔で、「一緒に来て下さい」と言うではないか。

「何故《なぜ》かね？」と井上が訊ねると、赤帽は「字が読めません」と言う。井上はイタリアには最後までがっかりさせられた。

帰国の途中、十一月三十日付で井上は大佐に昇進した。満四十歳の誕生日を船中で過ごした井上は、十二月十七日、家族の待つ日本に帰国した。

戦後、井上は横須賀郊外の長井の地に隠棲したが、ここの長井中学校の学生新聞に、請われてイタリア駐在当時のことについて書いている。その一二を紹介したい。

ローマではイタリア海軍省発行の公報を毎日伊国の水兵が届けに来た。西洋の習慣であるから、その都度メイドからチップを渡したが、水兵の中には、公報が二枚あると一枚ずつ分けて持って来るのがいた。

　またある時には、水兵たちのチャリティコンサートのためとして、イタリア水兵が音楽会のチケットを売りに来たことがあった。井上はメイドを通じて買ってやったが、後で日付をよく見ると、すでに二日前に終わっていた。

　またある時には、ムッソリーニ配下の黒シャツ義勇軍が市中を行進しているのをたまたま見学したことがあった。その行進の最中のこと、突然のにわか雨に見舞われると、連中はわれ先に寺院や店の中に逃げ込んだ。

　こうしたイタリアの国民性とムッソリーニの政治体制に、井上は強い拒否反応を示した。

高木惣吉との出会い

　井上がスイスでの避暑を終えてローマに帰る途中、パリに立ち寄った際、フランス駐在大使館付武官補佐官をしていた高木惣吉（四十三期、のちに少将）を知ることになった。

　この高木惣吉は、日清戦争開始の前年の明治二十六年（一八九三年）十一月十日、熊本県球磨郡西瀬村大字西浦（現在の熊本県人吉市矢黒町）で生まれた。父鶴吉二十七歳、母サヨ二十六歳の時の子供であった。生家は球磨川の河畔にあり、父の鶴吉は小作兼山番をしていた。

　極貧の生まれにも関わらず惣吉は学業に優れ、人吉高等小学校を卒業すると、明治四十年三月に鉄道院の肥薩線建設事務所の事務雇になった。

　ところが、それから三年経った明治四十三年五月、青雲の志已み難く、家の板戸に【期大成】と書いて、東京へ出奔した。

初めての東京生活で散々苦労した高木であったが、その純朴な性格が認められて、東京帝国大学教授兼東京天文台長の寺尾寿《ひさし》博士邸の書生になり、東京物理学校の夜学部に通わせてもらうことになる。

明治四十五年七月、高木は旧制中学に入ることなく、海軍兵学校の入学試験を受けて合格を果たした。海兵の試験は、原則として中学校経由を受験資格としていたが、独学の恵まれない青年にも門戸を開いていた。

「トンビから鷹が生まれる」の例えではないが、高木はそんな例がまさにぴったりする。高木の四十三期卒業席次は九十四名中二十七番であった。

この席次では海軍中枢に栄達する事は難しいが、その後、高木は昭和二年十二月に海軍大学校を首席で卒業したため、翌年の昭和三年一月、フランス駐在を命ぜられることになった。

高木は初対面の井上の印象について、「俳優の佐分利信によく似た若々しい井上中佐は、切れ味のよい業物らしい、惚れ惚れする美丈夫であった」と語っている。

その時から三年後の昭和七年三月二十六日のこと、高木（仏国から帰国して、当時海軍大臣官房副官）が妻子を連れて省線の新橋駅の東海道横須賀線のホームで下り電車を待っていると、偶然にも井上に出くわした。

その時高木は、軍医から右肺尖炎と診断され、静養二ヵ年を言い渡されて転地先の茅ケ崎の借家に向かうところであった。まさに都落ちの矢先であったのだ。

高木から病気静養のことを聞いた井上は心から同情の色を浮かべて、「その病気はね、豆腐を固めるように、そっと養生さえしておれば大丈夫だから、くれぐれも功を焦らず自重したまえ」と、衷心から同情の言葉をかけた。

後年、高木は、「私はこの時の井上大佐の言葉を終生忘れないであろう。同時に人間の計らいを越えたある運命の糸があるように思えてならない。そしてそれから十二年後、井上海軍次官の下で、私が終戦の伝令を務める間柄になろうとは、その時は夢にも思い及ばなかった。また私が病弱に妨げられて第一線に行けず、内地でまごついていたので、かえって米内、井上コンビに奉仕できた結果ともなった」と語っている。

海軍大学校教官

二年間のイタリア駐在武官から帰国した井上は、昭和五年（一九三〇年）一月十日付で海軍大学校教官に任命された。

井上の留守を東京の西大久保の自宅で待っていた妻の喜久代は、小学五年生になった娘の靚子を抱えて、病気と闘いながら心労の多い日々を送っていた。

イタリア在勤中から井上は、「海上勤務では家庭が破滅するから、しばらく閑職に置いて欲しい」と人事当局に願い出ていたが、それが容《い》れられた結果の配置であった。

井上は海軍省の人事当局に対して、妻の介護が出来るよう配慮してくれたことを感謝した。

井上は妻の健康を気遣って、通勤に不便なことを承知で、当時保養地として有名な鎌倉に家を借りて移り住むことにした。

鎌倉市小町三二七（現在の小町一丁目、鎌倉郵便局付近）が、井上家の新しい住所になった。靚子はここから東京師範学校付属お茶の水尋常小学校に通うことになった。

のちに井上は、『海軍の思い出』（『朝日ジャーナル』昭和五十一年一月十六日号掲載）において、「閑職のようでも結構忙しいようでもあった。しかし本を読む時間はありました。図書館に行って、自分の読みたい本を早速借りてきました。自分の自由になる時間はありました」と回想している。

井上が教官として指導したのは、海大二十八～三十一期までの四クラスだった。学生数は二十八期二十名、二十九期二十名、三十期二十一名、三十一期二十四名で、兵学校のクラスとしては、四十四期から五十期にまたがっていた。

井上は授業開始にあたって、「この学校を出た者は、わが海軍の枢要な配置に就かねばならぬので、その責任は重い。したがって本校においては寸毫も油断も懈怠《けたい》も許されないことを肝に銘じ、研鑚を怠ってはならない」と訓示した。

ある日、井上は学生たちに質問した。

「十隻と六隻の艦船が海戦するとして、結果はどうなるか、数字で出してみたまえ」

この質問に対して、井上が期待するような答えをした学生はいなかった。

ちなみにこの正解は、「十隻を二乗すると百。同じように六隻を二乗すると三十六となる。100－36＝64。六十四は八の二乗である。したがって十隻と六隻の戦艦が戦えば、六隻の方は全滅するが、十隻の方は二隻を失うのみで、残存艦船は八隻となる」である。

最後に井上は「ただこれは一応数字で示したもので、必ずしも現実の海戦はこの様にならないことは言うまでもない」と補足する事も忘れなかった。

またある時、井上は、「一発必中の砲一門は、百発一中の砲百門に相当する事は正しいか、正しくないいか」と質問した。

この質問に対してほとんどの学生は、「正しくありません」と答えた。

正解は「砲一門は飽く迄も一門であって、決して百門には値しない」である。井上の狙いは、この質問によって精神力を過大に評価する危険性を戒めることにあった。

第２章　軍縮下の日本海軍

第一次世界大戦後の国際情勢

日英同盟を結んでいた日本は、第一次世界大戦中、協商側に加わって勝利した。わが国の国際的地位は著しく高まり、五大列強の一つに列するようになった。

国内ではデモクラシーの理念が高まりを見せ、大正七年（一九一八年）九月、原敬による初の政党内閣が誕生した。大正八年、原内閣はヴェルサイユ条約を批准した。

大正九年、日本は米国のシベリア撤兵、さらには反革命政権の敗退の中にあって、単独駐兵か撤兵かの選択に迫られることになったが、五月に尼港事件が発生したため、さらにシベリア駐留を続けることになった。

第一次世界大戦中に日本は、西原借款を中心に、中国における利権確保の地歩を固めた。一九一九年、アメリカは、日本、イギリス、フランスに対して、新国際借款団への加入を提案した。これに対して原内閣は、満蒙除外を要求した。当初、英米仏の三国はこれを認めなかったものの、結局、米英仏は、満蒙における日本の具体的利権を認めて妥協し、大正九年（一九二〇年）十月、新四国借款団が成立することになった。

同年（大正九年）四月に誕生した極東共和国が日本に国交回復を提案すると、原内閣はこれに応じ、大正十年五月、交渉条件を決定し、同年八月から大連会議を開催した（大正十一年四月決裂）。

そして同年八月、原内閣はワシントン会議への参加を回答した。ところが十一月、原首相が暗殺されるという事件が発生したため、高橋是清蔵相が内閣を引き継ぐことになった。

この高橋内閣はワシントン体制という枠組を造ることに協力したが、大正十一年六月、内閣不統一のため総辞職した。元老は、ワシントン会議で首席全権を務めた加藤友三郎海相を後継首班に推薦し、ここに加藤内閣（政友会支援）が成立することになった。

加藤内閣はただちにシベリア（北樺太を除く）から撤兵すると声明し、六月から九月にかけて極東共和国およびソビエト・ロシアとの間で長春会議を開催した。しかし、この会議は決裂したため、その後、後藤新平・ヨッフェによる東京会談、および非公式の政府間交渉によって基礎条件づくりが行なわれた。

しかしながら大正十二年八月、加藤首相は病に斃れた。同年九月、関東大震災の最中に、山本権兵衛内閣が成立した。

ところが、十二月の「虎の門事件」によって山本内閣が崩壊したため、大正十三年一月、貴族院を母体とした清浦圭吾内閣が成立することになった。

同年五月、北京において駐華公使芳沢謙吉とソ連駐華代表カラハンとの間で日ソ交渉が開始された。この年にイギリスとイタリアはソ連を承認した。

他方、日米関係は、排日移民問題で悪化した。大正十四年一月、日ソ基本条約が締結されることになった。

さて、大正十三年五月の総選挙で、護憲三派（憲政会、政友会、革新倶楽部）が大勝し、清浦内閣に代わって、六月に加藤高明内閣が成立した。

第一次加藤高明内閣（大正十三年六月〜十四年七月）において外相に就任した幣原喜重郎は、第二次加藤（憲政会）内閣（大正十四年八月〜十五年一月）、第一次若槻礼次郎（憲政会）内閣（大正十五年一月〜昭和二年四月）に留任し、田中義一（政友会）内閣（昭和二年四月〜四年七月）を間に挟んで、浜口雄幸（民政党）内閣（昭和四年七月〜六年四月）、および第二次若槻（民政党）内閣（昭和六年四月〜十二月）で外相を務めた。

幣原外交は一般に「霞が関正統外交」の典型であるといわれているが、具体的には、(一)、国際協調主義、(二)、内政不干渉主義、(三)、経済外交主義を唱えており、田中義一首相兼外相の、(一)、現地保護主義、(二)、強硬外交、とは著しい対照をなしていた。

幣原外相は、大正十四年一月、日ソ基本条約を締結すると共に、日米関係の改善に努めた。

幣原外交は、次の諸事件における幣原の対応方にもよく表われていた。第一次世界大戦後の中国では、北京政府と広東政府の抗争や、北方諸軍閥間の内戦が続いたが、大正十三年（一九二四年）九月、呉佩孚《ごはいふ》の直隷派（英米系）と張作霖（日本系）との間で第二次奉直戦争が起こった。この事件が発生すると、日本国内では親日系の張作霖に対する援助論が高まりをみせた。しかし、幣原は対華不干渉主義を貫き、これに介入しなかった。

ところが内戦の方は、直隷派の馮玉祥《ひょうぎょくしょう》が寝返ったため、十一月に奉天派の勝利に終わることになった。

大正十四年五月、上海、青島の日本紡績工場の労働争議を契機に、五・三〇事件が発生した。中国各地に反帝運動が広がったが、日本側は抗議ストに対して消極的態度をとったため、排外運動の目標は排日から排英へ移ることになった。

同年十月、ワシントン会議以来、懸案となっていた北京関税特別会議が開催された。日本側は率先して中国の関税自主権を提案して中国側の好意を得るように努め、日本の対中国貿易の拡大を図った。

同年十一月、奉天派の郭松齢《かくしょうれい》が張作霖に反旗を翻した時も、閣内では日本の権益保護のため出兵論が起こったが、幣原はこれを抑えた。しかし幸いにもこの事件は、郭の自滅によって終息することになった。

大正十五年七月、蒋介石は国民革命軍の総司令に就任して北伐を開始し、昭和二年三月、南京に入城した。この時、一部の北伐軍が日本領事館を襲撃するという「南京事件」が発生した。

続いて四月、漢口の日本租界の改修をめぐって排日運動が高まりを見せ、日本人水兵と中国民衆の間で衝突事件が発生した（漢口事件）。イギリスは、租界防衛のため日本に対して共同出兵を提案したが、幣原はこれに反対し、最小限の陸戦隊の上陸の許可にとどめた。

ところが、このような幣原外交は、積極外交を望む軍部、政友会、枢密院方面から「軟弱外交」の非難を受けることになり、昭和二年三月、第一次若槻内閣の瓦解の原因になった。

昭和二年（一九二七年）四月、田中義一政友会内閣（田中首相兼外相）が成立した。田中は、森恪を外務政務次官に、山本条太郎を満鉄社長にそれぞれ任命して、「積極外交」の姿勢を示した。

同年五月、北伐軍が北上し華北に達せんとする形勢を見て、田中内閣は居留民の現地保護主義を名目に第一次山東出兵を決定した。

その直後の六月下旬より田中内閣は、「東方会議」（本省、中国、満州、朝鮮在勤の外交官、軍部）を開催し、中国に対する積極策を決定した。

会議最終日、田中首相は、「対支政策要領」を訓示し、日本の権益と居留民の保護および満蒙分離を内外に明らかにした。

会議直後、満蒙領有を唱えた所謂「田中上奏文」（田中メモランダム）が流布され、各国から疑惑を招いたが、それは偽作であった。

昭和三年四月、国民革命軍の北伐に際して第二次山東出兵を決定し、五月、済南における日中両国軍の衝突事件（済南事件）に際して第三次山東出兵を行なった。さらに田中内閣は、五月、中国の南北政府に対して、戦乱が満州に波及する場合は治安維持のため適当な処置をとると通告した。

さて同年六月、関東軍高級参謀河本大作大佐らの手による「張作霖爆殺事件」が発生した。ところが田中首相は、軍部の圧力を受けて、この事件の責任者を軍法会議にかけることなく、軽い行政処分でお茶を濁《にご》したため、天皇の強い叱責を受けて、昭和四年七月に総辞職した。

田中内閣は、昭和二年六月、補助艦艇制限のためのジュネーブ海軍軍縮会議に参加したが、英米の対立のため失敗に終わった。しかし昭和三年八月、パリ不戦条約に調印した。

昭和四年七月、浜口雄幸（民政党）内閣が成立し、幣原外交が復活することになった。第二次幣原外交の課題は、第一に日中関係の改善であり、第二にロンドン海軍軍縮会議の成功だった。

ロンドン海軍軍縮会議

『大海軍を想う』の著者の伊藤正徳氏は、日本海軍発展史上最大の悲劇は、ロンドン海軍軍縮問題であったとしている。

その理由として、(一)、海軍を初めて分裂させたこと、(二)、軍令部の統帥権干犯の主張が政争と結びついたこと、(三)、五・一五事件を誘発したこと、(四)、対米英戦争の遠因となったことなどをあげている。

私も日本海軍と太平洋戦争開戦の原因を述べようとする時、このロンドン海軍条約締結問題が、きわめて重要だと考えている。

それは、(一)、それまで伝統的に海軍省優位による一元的統率力を誇ってきた日本海軍に初めて「条約派」と「艦隊派」の対立が表面化してきたこと、(二)、両派の対立は喧嘩両成敗的に処置されたが、結果的には海軍内から国際的視野に長けた有能な軍人が放逐されたこと、(三)、それが日本海軍のバランスのとれた思考を喪失させることになったこと、などの理由からである。

それでは井上としては、このロンドン軍縮条約に対していかなる態度をとったのだろうか。

昭和七年五月五日付で井上が学生に配布した「帝国の対米作戦上、条約(ワシントン条約)により主力艦の保有隻数を英米各十隻・日本六隻程度に減少するの兵術上の利害の研究上考察すべき要件」と題した論文において、兵力比率を高めることは日本にとって必ずしも有利にあらず、と論じている。この論理は、ロンドン海軍軍縮条約の兵力比にも通じることからして、井上がロンドン条約支持派だったと断じることが出来る。

昭和七年一月一日付で井上は海軍省軍務局第一課長に就任するが、その後軍令部の権限拡大を目論む艦隊派の人間と激しくやり合うことになった。

ここで、ロンドン軍縮会議の本質と、この条約調印をめぐって激しく内部抗争した経緯について考察することにしたい。

第一次世界大戦で戦争特需を経験した日本経済は、関東大震災と昭和二年の金融恐慌、さらには昭和四年(一九二九年)十月のニューヨーク株式大暴落に端を発した世界大恐慌によって、泥沼に陥ることになった。

日露戦争直前に締結され日本外交の中軸になっていた日英同盟は、ワシントン会議の四国条約の発効とともに終了した。

大正十一年二月に調印したワシントン海軍軍縮条約によって八八艦隊の目標を放棄した日本海軍は、以後二十センチ砲搭載の重巡洋艦、航空機、潜水艦、および大型駆逐艦を重点に兵力整備を行なうことにした。

世界的な軍縮ムードの中にあって、これまで尊敬を集めてきた軍人に対する世間の風当たりは強くなった。

昭和四年七月二日、田中義一政友会内閣の後を受けて、浜口雄幸民政党内閣が成立した。外相には幣原喜重郎、海相には財部彪《たからべたけし》がそれぞれ就任した。

七月九日、浜口内閣は、（一）政治の公明、（二）国民精神の作興、（三）綱紀粛正、（四）対支外交の刷新、（五）軍縮の推進、（六）財政の整理緊縮、（七）非募債と減債、（八）金解禁、（九）社会政策の確立、（十）国際貸借の改善、などの「十大政綱」を発表した。

七月十九日、幣原外相は松平英国大使宛に、海軍軍縮の一般方針樹立のために、英米日仏伊間で協議することを了承する旨の電報を送った。

十月七日、英国政府よりヘンダーソン外相の名の下に、昭和五年（一九三〇年）一月の第三週からロンドン海軍軍縮会議を開催する旨の招請状が、日米仏伊の四ヵ国に送付された。

早速、日本政府はロンドン海軍会議の受諾を決定して、十月十八日、全権に若槻礼次郎元首相、財部彪海相、松平恒雄駐英大使、永井松三駐ベルギー大使、海軍首席随員に左近司《さこんじ》政三《せいぞう》中将を選任した。

さて日本海軍では、昭和四年九月下旬頃から訓令案の検討を行なっていたが、十一月二十六日、この訓令案を閣議決定した。そして二十八日、全権に対して、次の要旨の訓令をあたえた。

「二十センチ砲搭載大型巡洋艦においては特に対米七割、また潜水艦においては昭和六年度末現有量を保持するを要す。これらの要求と補助艦対米総括七割の主張を両立せんがためには、帝国海軍軍備の要旨に悖《もと》らざる限り軽巡洋艦、駆逐艦において多生の犠牲を忍は已むを得ざることに属す」

すなわち日本側としては、（一）、補助艦対米七割、（二）、八インチ（二十センチ）砲巡洋艦（大巡）対米七割、（三）、潜水艦現有保有量（約七万八千トン）の保持、の三大原則でロンドン会議に臨むことにしたのである。

矛盾をはらむ日本側の三大原則

ところがこの三大原則は、ロンドン会議当時、海軍省軍務局長として部内の取りまとめに当たった堀悌吉（昭和四年九月〜六年十一月、軍務局長）によれば、次のような矛盾を孕《はら》むものであった。

「この三則は以前から決定していた確乎不抜のわが海軍の方針と言った様な歴史的なものではなく、ロンドン会議に対する我が対策として掲げられたものである。（中略）これは国際会議に臨むにあたり、わが方としてはこれが貫徹に万全を尽くすべきは言ふ迄もないが、戦勝国が戦敗国に対して課する絶対的の強制条件の如きものではあり得ない事は常識の上からでも明白である。

殊に第二と第三は、第一の総括七割の内訳として要求であって、今回初めて世の中に出されたものである。即ち第二は第一と同様の七割比率を八インチ砲巡洋艦に適用するの要求であって、第三は総括七割の比率のうち、潜水艦の実トン数を要求するものである。それだから例え我が主張の総括七割が通ったとしても、総トン数が甚だしく低下する傾向があり、その中に潜水艦自主量なる不変数が割り込めば、他の巡洋艦の方を非常に圧迫することになる。したがって三則を横に書き並べて見て、何となく納得の出来かねる首尾一貫しない点のあるは止むを得ない所であって、当時これを人に説明して了解を得んとするに当たり、一方ならぬ苦心をしたのも当然である」

難航する交渉

昭和五年（一九三〇年）一月二十一日、ロンドン海軍軍縮会議が開会した。開会に当たって、英マクドナルド、米スティムソン、仏タルジュー、伊グランディ、日本の若槻礼次郎の各全権が演説した。

ロンドン会議は、正式会談、非公式会談（内協議）、事務局から成っていた。各国の保有量に関する重要案件は、非公式会談で話し合われたが、英米間ではすでに大筋の話はついていたため、おのずと英仏間、日米間の話し合いになった。イタリアはフランスとのパリティ（均勢）をあくまで要求したが、仏側はこれを拒否した。

日英米間の交渉も非常に難航した。三月十一日、若槻は英国のマクドナルド首相と別室で会見し、次のように語った。

「自分は海軍の軍縮は世界の平和を維持し、国民の負担を軽減するために最も大切な事柄であると信じており、衷心からその実現を希望し、何とかしてこの会議をまとめたいと微力を尽くしている。……もし自分の尽力によって何とかまとまりがつくならば、自分の生命と名誉の如きは何とも思わない。英米両首席において、私の微衷を諒とせられるならば、日本の主張の主要なものは、是非これを承諾されたい」

この若槻の決意に、マクドナルドは大いに感動した様子だった。

若槻が宿舎に帰ると、早速米全権のスティムソンから電話があり、リードも同席して討議した結果、次の「六割九分七厘五毛弱」（六十九・七四パーセント）の日米妥協案が出来上がった。

若槻は通訳として同行した斎藤博に対して、「まだ二厘五毛足りないと言え」と命じたが、斎藤は、「六割九分七厘五毛というのは結局七割と同じことなのですが、米国の全権がここで条約を結んで帰国して上院の批准を受けなければなりません。多数の者が議論して、七割は大変な譲歩だと言って騒ぐでしょう。彼らはそれを心配して六割九分七厘五毛と言えば、幾らか譲ったが全部譲ったんじゃないと言う事になる。そこでこういう計算を出したと思う」と返答した。

会談後、若槻全権は幣原外相に対して、「今日の会談による模様より得たる印象によれば、此《こ》の儘《まま》の押し問答にては日米間差当り右米案以上に日本を有利にする見込立たざる」旨の電報を送った。

翌十三日、米国全権のリードは若槻を訪問し、米国側の最終案を示した。これによると、日米の総括的対米比率は、六割九分七厘五毛強（六十九・七五四パーセント）となった。


三月十三日、日米会談（若槻・リード）米国側最終案

[艦種]	[米] トン	[日] トン	[比率]
八インチ艦	一八〇〇〇〇	一〇八四〇〇	対米比率 六〇・二二%
六インチ艦	一四三五〇〇	一〇〇四五〇	対米比率 七〇%
駆逐艦	一五〇〇〇〇	一五〇五〇〇	対米比率 七〇・三三三%
潜水艦	五二七〇〇	五二七〇〇	対米比率 一〇〇%
計	五二六二〇〇	三六七〇五〇	対米比率 六九・七五四%

これによれば重巡は、起工が延期された米国の重巡が竣工し始める一九三六年以降までは対米七割以上、潜水艦は同率であった。

後日若槻は、「潜水艦問題だが、米国は潜水艦も他の軍艦同様、十対六の比率で行くつもりであったが強いてこれを主張せず、日米同数と言う事に同意するから、日本も七万二千トンに固執せず、双方五万二千トンで満足してもらいたいと言いだした。……日本が七万二千トンに固執すれば、米国は十対六の比率によって十二万トンの潜水艦を持つというべきところを日米同数とする、双方五万二千トンにしようと言う事であるから非常な譲歩である。これはまとめた方がいいと思った私は

これに同意した」と、その時の模様について述べている。

最終決断を政府に求める請訓

三月十四日、日本全権（若槻、財部、松平、永井）連名の下に、東京に宛てて請訓を発した。

「最近松平・リード会談に次ぎ、十二日若槻・スティムソン会談において看取せらるる通り、米国側は事実上既に総括的七割の原則を認めたるものとして、厘余の開きある事は事実なるも、これ米国側が全然日本の主張に屈服したりとの非難を避けながら日本の希望に副《そ》はんとする苦心の存する所なるべく、大型巡洋艦については我が主張に副はずと雖《いえど》も、事実次回会議までは大体七割以上の勢力を保有するものと見ることを得べく、潜水艦については我が主張に比し少量なるの遺憾はあるも、先方がその保有量を低下して我と均勢を申し出あるは一つの譲歩なりと認むるを得べし。

本委員などの見る所に依れば、新たなる事態の発生せざる限り、彼をしてこれ以上譲歩を為さしむる事は難きものと認む。然るに仏国問題が中心となりて五国協定不成立の場合は兎も角、日本の態度に依りて今回会議が破綻を見るが如き場合に立ち至らば、諸般の関係上我が方に重大なる影響を及ぼす事となるべきに付、深き考察を為さざるべからず。今後仏伊の態度その他事態の推移に鑑むべきは勿論の義なるも、この際政府において前述交渉の成り行きに対し御考察を加へられ、何分の御回訓あらんことを希望す」

若槻としては、「もし私の請訓を承認しないか、また承認しても大きな終止もしくは注文をつけた回訓が来たなら、これは脅かしでも何でもなしに私は断然、全権委員を辞するつもりで肚を決めていた」のだった。

三月十四日発の在ロンドン日本全権団の請訓は、翌十五日午前、東京の外務省に届いた。

ロンドンでまとまった仮妥協案は、堀悌吉海軍省軍務局長から見れば、次のように解釈すべきものであった。

[日本側原則]	[原則適用の主張量（トン）]	[会議での仮妥協量（トン）]	[過不足（トン）]
総括的七割	三六八三四〇（七〇％）	三六七〇五〇（六九・七五％）	不足一二九〇
大巡七割	一二六〇〇〇（七〇％）	一〇八四〇〇（六〇・二二％）	不足一七六〇〇
潜水艦自主量	七七八四二（一四八％）	五二七〇〇（一〇〇％）	不足二五一四二
軽巡	一六四四九八（五六％）	二〇五九五〇（七〇・一七％）	過四一四五二

＊（　）内は対米比率

日本全権から送られてきた仮妥協案に対する堀の見解は、次のようなものだった。

「総括的七割の要求は実質において我主張通りになっているもので、一千二百九十トン程度の不足は、議論するに足らない数量である。その内訳として大巡七割の要求量には一万七千六百トンの不足があるが、これはそれだけのトン量が軽巡の方に廻されて居ると認むべきものである。具体的に言い換ふれば、八千八百トン級巡洋艦二隻が、八インチ砲の代わりに約倍数に近い六インチ砲を備砲として搭載するといふことである。次に潜水艦は三国平等の五万二千七百トンであるが、自主量の七万七千八百四十二トンに対し、二万五千百四十二トンの不足があり、之に代ふるに駆逐艦、軽巡の二万三千八百五十二トンを以てするといふことになるのである。右と同時に原則適用主要量が右の如き数字となっては、軽巡、駆逐艦の数字が非常に低下することも見逃し得ない。水雷術関係の人々からは寧ろ妥協案の方がよいとせられたのも其の為である」

軍令部の猛反発と東郷元帥の強硬論

しかしながらこの仮妥協案は、ただちに海軍軍令部側（部長加藤寛治大将、次長末次信正中将、第一班長加藤隆義少将）などからの強い反発を招くことになった。

以前、加藤寛治は浜口首相や幣原外相に対して、「七割は……我海軍の死活を分つ絶対最低率にして、此の協定成らざれば断固破棄の外なきものとす」と断言していた。

三月十六日、加藤軍令部長は東郷元帥を訪問して、全権の回訓電について説明した。その際、東郷元帥は、「米が大巡六割を我に押し付け、彼は数年後十八隻の完成を条約となさんとするは不可解なり。一度条約とせば、取り返しつかざること主力艦六割の場合に同じ。……七割なければ国防上安心出来ずとの態度を執り居ることとなれば、一分や二分と云う小駆け引きは無用なり。先方聞かざれば断固として引き揚ぐるのみ。此の態度を強く申し遣はすべし」との強硬論を吐いた。

同日、末次軍令部長は独断で、「海軍としてかかる提案は、到底承認し得ざるものである」との声明を出した。

三月十九日、加藤軍令部長は浜口首相に面会を求めて、米国案は、「国防用兵作戦計画の責任者として之を受諾する事は不可能」である旨を申し入れた。

三月二十日、堀軍務局長は加藤隆義軍令部第一班長より、「全権請訓に関する対案」と題する、軍令部修正案を受け取った。

（一）、米国案による帝国の保有量たる軽巡洋艦・駆逐艦の和二十万五千九百五十トンより二十センチ砲搭載巡洋艦へ一万七千六百トンを融通すること。

（二）、米国が二十センチ砲搭載巡洋艦の第十六艦を起工する時、日本は前号融通量より第十三艦を起工し、米が第十八艦を完成する時は、日本は第十四艦を完成する事（妥協量では、最終的に米十八隻に対し、日本十二隻となっている）

(三)、潜水艦の帝国保有量を六万五千五百トンとし、軽巡洋艦の合計トン数より一万三千三百五十トンを融通すること。
(四)、潜水艦の融通量を認めざる場合においては、七百トン以下の潜水艦を制限外とすることを条件とし、我保有量を七万二千トンまで低下すること。

二日後の三月二十二日、堀は先の軍令部案を基礎にして苦心惨憺して取りまとめたものを回訓案の形式にして、堀より加藤班長、山梨次官より末次次長に示し、その後、外務省の堀田正昭欧米局長に送った。

(一)、二月五日の米国提案（オプション）に基づき米の二十センチ砲巡洋艦の保有を十五隻（十五万トン）とす。但し此の場合における米の十五センチ砲以下の軽巡洋艦保有量を十七万三千五百トンとす。
(二)、日本は潜水艦・駆逐艦において、左記の如く譲歩す。
(イ)、帝国保有量六万五千五百トン。
(ロ)、駆逐艦保有量を九万二千七百トンに低減す。
(三)、第六回国際連盟軍縮準備委員会におけるギブソン声明の主旨に基づき補助艦各艦種間の融通量を認め（適当の尺度を用ふるを妨げず）其の最大限の融通を受くる当該艦種保有量の二十パーセントとす。
(四)、二十センチ砲搭載巡洋艦に関する融通の実地は米国に優先を譲り、米が融通を為したる後、我之を行ふ。

加藤、末次ら軍令部側の強硬論の中で、会議成立のため海軍部内の取りまとめに当たった山梨次官と堀局長の苦労は、並大抵なものではなかった。

山梨や堀は、わが国の三大原則は、外交上の目安であって絶対的なものではないとの柔軟な考え方をしていた。

軍事参議官会議と協定成立に賭ける浜口首相

三月二十四日、回訓案に関する非公式軍事参議官会議（軍事参議官とは、重要な軍務について、天皇の諮詢により参議官会議を開き意見を上奏するもので、元帥・陸海軍大臣・参謀総長・海軍軍令部長・および親補された陸海軍将官から成る）が、海軍大臣官邸において開催された。

軍事参議官会議では、加藤軍令部長が、作戦計画、兵力配備、艦隊、造艦の状況について説明した後、「米案は我の欲せざる所を与へ、我が欲する所を奪はんとするものなり。米提案の兵力量を以ては国防計画の責任者として其の任に当たること困難」と述べた。

次に山梨次官より、二十二日に外務省に送った回訓に関する海軍案についての説明があった。

席上、伏見宮博恭《ひろやす》王（海軍大将）が、「日本の主張により、軍縮会議が決裂せる場合、日本の立場を如何に観察せらるるや」と質《ただ》したのに対して、加藤は、「顧念するの要あるも深憂すべきものにあらざる」旨のきわめて楽観的見解を示していた。

一方、二十四日、財部全権（海相）は山梨次官に対して、「当方の空気は我が立場をより有利に展開する余地少なしと称し、決裂を見るに至らんよりは寧《むし》ろ米国提案に落ち着くとも、此の協定成立を図るは大局上却《かえ》って有利なりとする意見を遺憾ながら耳にするに立至りたり」として同意する意向を伝えてきた。

二十五日、山梨次官は浜口首相に対して、「海軍としては、今回の米案をそのまま受諾する事は不可能である」と進言したが、浜口首相は、「政府としては会議の成功を望むこと切なるものあり。会議の決裂を賭する如きは至難」と明瞭に返答した。

翌二十六日、海軍側は、岡田啓介大将、加藤軍令部長、末次軍令部次長、山梨海軍次官、堀軍務局長、矢吹省三海軍政務次官ら省部の最高幹部が参集して、海軍としての最終的方針を検討した結果、次のような「今後の方針」を決定した。

「海軍の方針（厳密に言えば各種の議に列したる諸官の意見）が政府の容れる所とならざる場合と雖《いえど》も、海軍諸機関が政務および軍務の外に出づるの議に非ざるは勿論、官制の定る所に従い、政府方針の範囲において最善を尽くすべきは当然なり」

この主旨は、たとえ政府が海軍の意見に反した決定をしたとしても、海軍としてはこれに従うことを認めたものであり、言外に「兵力量の決定権」が政府にあるとしたものであった。

三月二十七日、加藤軍令部長と岡田大将は浜口首相を訪問して、海軍の今後の方針について進言した。

席上浜口首相は、「（自分は）海軍大臣事務管理たるが故《ゆえ》に、国家大局の上より深く考慮を運《めぐ》らし、大体の方針としては全権請訓の案の基礎として協定を成立せしめ、会議の決裂を防止し度《たく》心持を有す」と明言した。

二十八日、岡田大将は山梨次官の来邸を求めて協議した結果、「請訓の丸呑みの外なし。但し来案の兵力量にては配置にも不足を感ずるにつき、政府にこれが補充を約束せしむべし。閣議覚書としてこれを承認せしめざるべからず。また元帥参議官会議はもしこれを開き、政府反対のこととなれば重大事となる。開くべからず」と述べた。

二十九日、伏見宮もまた岡田大将に対して、「海軍の主張が達成せらるる事は甚だ望ましきも、首相が凡《すべ》ての方面よりの帝国の前途に有利なりと云ふ考にて裁断したとすれば、之に従うしかあるまい。参議会を開いてやると云ふことも此の際如何か。……以上のことは参議官参集と云ふことがあったら殿下の意見として岡田より披露して差し支えなし」と語った。

政府回訓案の決定

政府回訓案は三月三十一日に完成し、四月一日の閣議に提出されることになった。そこで三月三十一日、浜口首相は閣議に先立ち海軍側の了承を得るため、岡田大将、加藤軍令部長、山梨次官の三氏に、翌四月一日午前の来邸を求めた。

岡田と加藤は、首相会見の際の挨拶の仕方について協議した。その際、岡田は加藤に向かって、「其の際君は此の案を閣議に付せらるるは止むを得ず。但し海軍は三大原則を捨てるものにあらざるも、閣議にて決定すればそれに対し善処すべし位の事は言はれぬか」と述べたのに対して、加藤は「それは出来ない」と返答した。

岡田が、「然らば其の意味のことを余より言ふべし。君は黙っていてくれぬか」と言ったところ、加藤はこれを了承した。

四月一日午前八時四十五分、岡田、加藤、山梨の三名は、首相官邸に浜口首相を訪ねた。席上浜口首相は、「政府は国際協調と国民負担の軽減とを目的として、米国案承認の回訓案を作成し、本日閣議にかけ決定のうえ、上奏、回訓することにした」と述べた。

これに対して岡田は、「総理の御決心はよく分かりました。此の案を以て閣議にお諮《はか》りになる事はやむを得ぬことと思ひます。専門的見地よりする海軍の主張は従来通りでありまして、これは後刻閣議の席上、次官より陳述せしめられるようお取り計らいを願ひます。もしこの案に閣議で定まりますならば、海軍としては之に最善の方法を研究するよう尽力します」と返答した。

すると加藤は、「用兵作戦上からは困ります。用兵作戦上からは……」との曖昧な言葉を漏らした。

のちにこの時の会見の模様について加藤は、「責任者にも非ず職権も無き軍事参議官をして之を言はしめたる海軍次官の作為は、奇怪至極と言はざるべからず」として岡田と山梨を非難したが、前述の経緯からして加藤が批判するようなものではなかった。

首相会見終了後、岡田、加藤、山梨は、海相官邸に引き揚げた。そして待ち受けていた末次次長ら海軍幹部に対して、政府の回訓を提示して善後策を協議した。

その結果、次の事項の修正案を浜口首相兼海軍大臣事務管理（海相の財部は軍縮会議に出席）と幣原外相に進言することを決めた。

（一）、二十センチ砲搭載巡洋艦に対し、一九三六年以後において条約の拘束を脱する留保は、潜水艦は勿論補助艦兵力全般に亙《わた》るを要す。

（二）、（三）、略

席上山梨次官は、後刻会議において陳述する三月三十日、起案の覚書（すなわち全権の請訓を骨子とした政府回訓案に同意する代わりに、兵力量の補充を政府に約束させる覚書）を三度読み上げたが、誰も異議を挟まなかった。

山梨次官は閣議前、浜口首相と幣原外相に面会を求め、前記修正事項について進言した。

さて閣議では、冒頭に浜口総理が首相としての所信を述べ、次いで幣原外相が今日までの経緯について説明した。その後、山梨次官は前記陳述書を浜口首相に提出した。

これに対して浜口首相は、「海軍としての専門的立場よりは、次官がただ今述べたる意見は最もなる次第と思ふ。然しながら先刻閣議の劈頭において述べたる所見よりして、どうもこれを政府として採用することは出来ず。回訓通りに決定したいと思ふ。閣僚諸君に御相談する次第なり。本案決定の上は、海軍としては遺憾の点多々あるべきも、将来政府海軍一致の行動に出でんことを希望す」と語った。

こうしてようやく政府回訓案が閣議決定された。浜口首相は直ちに参内して上奏を得た。ここに四月一日午後五時、幣原外相は浜口首相の通知により、在ロンドンの日本の全権宛に回訓を発した。

軍令部長の単独上奏

四月二日、政府による回訓に反発した加藤寛治軍令部長は宮中に参内し、「今回の米国提案は勿論、其の他帝国の主張する兵力量および比率を実質上低下せしむるが如き協定の成立は、大正十二年御裁定あらせられたる国防方針に基く作戦計画に重大なる変更を来すを以て、慎重審議を要すものと信じます」とする上奏を断行した。

これより先の三月三十一日、上奏を決意した加藤が宮中の都合を伺ったところ鈴木貫太郎侍従長は、「首相による上奏前に同じ件で軍令部長が上奏するのは穏やかでない」として、自重を促した。四月一日、加藤は政府の回訓決定の上奏と同時に決行しようとしたが、これも宮中の都合によって中止せざるを得なくなり、結局上奏は四月二日に延びることになった。

上奏後、加藤は記者団に対して、次の声明を発表した。

「今後の回訓に対しましては、海軍は決して軽挙することなく、事態の推移に対することを確信します。但し責任を有する軍令部の所信として、米案なるものを骨子と兵力量に同意できないことは毫も変化ありません」

さらに加藤は財部全権宛に、当てつけとも思えるような自ら起草した電報を送った。

「機密八番電海軍次官宛御来意の趣拝承頗る重要の秋《とき》に当たり、閣下の御決心を了承する毅然たる御態度を想見して、大いに心強く感ずる次第なり。今度大巡七割の保有確保其の他帝国海軍の将来に関する重大事項の協定を前にする今日、偏に閣下の御自愛を祈る。本職今二日上奏後、左の如く新聞に発表せり」

　ところでこの「機密八番電」とは、三月三十一日に山梨次官より財部海相（全権）宛第二十一番電に対して返答されたものだった。その「二十一番電」には次のように記されていた。

「小官の観る所に依れば、政府においては全権請訓の案は我所期に達せざるも、今之を捨つる結果会議の決裂を誘起することありては、帝国の前途に重大なる影響を及ぼすべし等諸般の考慮よりして、方針としては大体全権請訓の案を基礎としたるものに決するが如く推測せらる。……大勢右の如くなる此の際、大臣閣下の御行動に関しては特に慎重最高の御考慮を要するやに存ぜらる。政府の方針決定以前に於いては自ずから別なるべきも、政府の態度右の如く決する場合、若し若槻全権と別個の御行動を採らるるが如きことありとせば、外に在りては我全権団は両分して外部に対する威力を失ひ、国内に在りては容易ならざる政治問題を惹起し、ひとり海軍が最不利の立場に立ち、深き創痍を蒙るのみならず、帝国の将来の為甚だ憂ふべき事態を醸すことあるに非ずやと憂慮せらる。……希くは叙情現下の情勢と利否の岐るる所を御賢察の上、此の際は国家大局の上よりして難きを忍んで御自重、全権として御任務を完うせられんことを懇願する次第なり。以上岡田大将同意見なり」

　これに対して財部全権は、四月一日発電の山梨次官宛「機密第八番電」において、次のように決意を述べた。

「貴官の来趣は本職に於いても深く之を査察する所にして、此の際徒に一身の小節に依て国家の大事を誤り、累を将来に残すが如き挙措を慎み、最善を尽くして重責に応へんことを期す」

ロンドン海軍軍縮条約の調印

昭和五年（一九三〇年）四月一日、政府回訓の閣議決定後、山梨次官は東郷元帥を訪ね、回訓決定に至るまでの経緯について報告した。

これに対して東郷元帥は、「一旦決定せられた以上はそれでやらざるべからず。今更彼是申す筋合いにあらず。此の上は部内の統一に努め、愉快なる気分にて上下和衷協同、内容の整備は勿論、士気の振作、訓練の励行に力を注ぎ、質の向上により海軍本来の使命に精進すること肝要なり」と語った。

四月三日、沢本頼雄軍務局第一課長が伏見宮に同様の報告をしたところ、伏見宮海軍大将もまた、「既に一旦閣議決定せる以上、海軍が運動がましきことを為すは却って海軍の不利となるべきを以て、内容充実に向かって計画実施を進め、其の欠を補ふことに努力するを望む」と述べた。

以上四月一日の政府回訓送付までの経過を考察すると、日本海軍は政府回訓に対して、部内では総統不満はあったものの、ともかく政府の決定に従う姿勢だったことがわかる。

幾多の紆余曲折はあったもののロンドン海軍軍縮条約はまとまり、四月二十二日にセント・ジェームズ宮殿において調印された。

これによれば、補助艦の保有量、単艦の排水量・備砲等を協定したほか、一九三六年までの五か年間は、一切の主力艦建造を中止すること（いわゆるNaval Holiday・海軍休日）、主力艦を米五隻、英三隻、日本一隻（「比叡」は練習戦艦となる）廃棄して、十五・十五・九隻の原則を確保する事などを取り決めた。

なお、仏伊両国は補助艦協定には加わらないので、この両国が大量に建艦する場合は、英米日はそれに応じて比例的に増艦することが可能となった。

また、条約の有効期限は一九三六年十二月三十一日までとし、一九三五年中に新たに会議を開催することで合意した。

日本全権を務めた若槻礼次郎は、ロンドン海軍軍縮条約が調印された四月二十二日の夜の出来事を、その回顧録の中で次のように記している。

「私は同僚および随員の全部約七十人を私の泊まっていたグローブナー・ハウスに招待して、慰労の晩さん会を開いた。食後、隣室で煙草を喫ったり、談笑したりしていると、条約に不満である軍人たちが、こもごも私の所に来て不満を訴えた。こんな条約でどうして国家を護ることが出来るかという。私は覚悟の上で、いちいちそれに応答していると、中には憤激して、鼻血を流している者（賀屋興宣）もあり、不穏な空気が漲っていた。

私は事をわけて、政府の訓令自体が国防上不足であるという不満ならば、それは私が答える限りではない。しかし今日調印した条約が、政府の訓令に違っていると言う非難ならば、ここで幾らでも答弁すると言って、諄々と説明した。こうして憤激した人たちを相手にして、私がいつまでもそこにいるので、随員中の文官たちが心配して、早く寝室に帰って休めとしきりに言う。けれどもここで私が引き込んだなら、軍人たちの不平に負けて、全権が逃げたと言う事になるから、それはいかん、私は退かんと言って、随員の軍人たちが全部帰ってしまうまで頑張り通し、皆引き上げてから自室に帰った」

第3章　統帥権干犯問題

統帥権干犯問題の惹起

ロンドン海軍軍縮条約が締結される前日の四月二十一日、軍令部第二課長野田清人大佐が堀軍務局長の所へ来て、末次軍令部次長から山梨次官へ宛てた次の「倫敦海軍条約に関する覚書」なる文書を提示した。それには次のように記されていた。

「海軍軍令部は、倫敦海軍条約中補助艦に関する帝国の保有量が帝国の国防上最小所有兵力として其の内容十分ならざるものあるを以て、本条約案に同意することを得ず」

穏当ならざる文言を見た堀はすかさず、「該文書は直ちに政府側に申し入れて条約調印を阻止せしめんとの所存なるや」と質《ただ》したところ、野田は、「否これは単に手続きとして不同意の意思を表示する書類を作成し置くものに過ぎない。……この文書はそのまま次官の手元に預かっておいて、財部大臣が帰朝されてから大臣に供覧して貰いたいというのが軍令部長の希望である」と返答した。

不明瞭な返答を聞いた堀は、この文書の受け取りを拒否した。このため古賀峯一副官がこれを預かる形をとり、古賀より山梨に供することにした。

海軍内の騒動の種になりそうなこの文書を取り下げるべく、山梨は岡田大将に頼んで加藤軍令部長を説得してもらうことにした。

なぜ山梨次官が加藤軍令部長の説得を岡田大将に依頼したかと言えば、岡田と加藤は同郷（福井）の間柄だったからである。

岡田啓介は、明治元年一月生まれで、福井中学、開成中学を経て、明治十八年に海兵に入学した。その後、海大を経て、明治四十四年に斎藤実海相、財部次官の下で人事局首席局員、大正十一年にワシントン海軍軍縮会議の際は加藤（友）海相、井手謙治次官の下で海軍次官代理、大正十二年財部海相の下で海軍次官を務めた。

大正十三年、岡田は大将に昇格し、同年十二月に第一艦隊兼連合艦隊司令長官に補され、昭和二年四月に海相、そして昭和四年七月に軍事参議官に就任した。

一方の加藤寛治は、明治三年十月に福井に生まれ、当時海軍兵学校に多くの合格者を出していた近藤真琴が創立した攻玉社中学を経て、明治十五年に海兵予科に入学し、明治二十年に海兵本科入学、明治三十二年から三十五年にロシア留学および駐在、明治三十八年から四十年まで海軍省副官兼海相副官（山本権兵衛および斎藤実海相）、明治四十年一月から八月にかけて、伏見宮貞愛《さだなる》親王の随員として英国へ出張、大正九年に海大校長、同年十二月に中将、大正十年九月から十一年二月までワシントン海軍軍縮会議首席随員を務めた。

大正十一年五月、加藤は海軍軍令部次長に補され、昭和二年四月に大将に昇進し、昭和三年十二月に軍事参議官、そして昭和四年一月から軍令部長に就任した。

さて、加藤（寛）は岡田に対して、「本通牒の宛名は、原案には軍令部長より事務管理（浜口首相）宛とあったものを、軍令部長の考えで次長からに変更したものである。本通牒は事務管理に見せて貰いたくない。財部大臣帰朝後、これを見せることにして貰いたし。然るに何故二十一日を選びて本通牒を発したかと言ふに、実を言へば調印前辞職を申し出てはいかぬとの意見もありたるに付、しばらく時機を待ちたる次第なり」と述べた。

ところが、四月十九日に起案され、二十一日に発電された海軍次官・軍令部長発、財部全権宛て「機密二十九番電」には、次のように記されていた。

「本邦ご出発以来長期に亙り困難なる折衝に当たられ終始御健闘を続けたるは、小官等の洵《まこと》に感謝に堪へざる所にして、茲に会議も終末に近づき無事条約調印を見んとするに当たり、遥に御健康を祈る。右若槻全権にも宜敷御伝へを乞ふ」

この時期の加藤の言動には一貫したものがなかった。腹心の末次軍令部次長の突き上げに遭うと態度は強硬になり、その一方で同郷の岡田大将より軽挙を戒められると大人しくなった。加藤の胸中では、条約締結に対する同意と不同意とが絶えず交錯していた。

政府回訓後、加藤は非公式に「兵力量はあれで可なり」という意味のことを漏らしていた。ところが、四月二十三日に開会された第五十八特別議会において、突如、統帥権干犯問題が新聞紙上を賑やかし始めると、加藤の態度は急に頑なものになった。

それと共に先の政府回訓決定に際しては、「いったん決定した以上、それでやるべきだ」と語っていた東郷元帥や伏見宮大将までが、ふたたび態度を硬化させた。

犬養毅・鳩山一郎の政府追求

四月二十五日、浜口首相の施政方針演説に続いて登壇した幣原外相は、「かかる協定の結果わが国にとりまして軍事費の節約は実現されうることになり、しかも少なくともその協定内におきましては、国防の安固は十分保証されておるものと信じます。……政府は軍事専門家の意見も十分に斟酌し、確固たる信念をもってこの条約に加入する決心をとったのであります」と述べた。

この幣原外相の演説に対して、浜口内閣の打倒を狙っている政友会、および軍令部方面から、統帥権干犯の声が上がることになった。

四月二十六日付『朝日新聞』は、犬養毅や鳩山一郎らに率いられた政友会による政府批判に対して、次の社説を掲載して批判した。

「ロンドン軍縮会議について政友会で軍令部の帷幄上奏の優越を是認し、責任内閣の国防に属する責任と権能とを否定せんとするが如きは、苟《いやしく》も政党政治確立のために軍閥と闘ってきた過去を持つ犬養老と政友会の将来を指導すべき鳩山君の口より聞くに至っては、その奇怪の念を二重にしなければならないのである」

一方の軍令部側も政友会の政府弾劾に呼応して、「第五十八回帝国議会に於ける政府の演説答弁……に於て、総理大臣が何等的確なる根拠なくして国防の安固を妄断言明せるが如きは、これまた海軍軍令部条例を無視せるものにして、斯くの如くんば軍令部は遂に条規の命ずる職責を完うすることを慮《おもんぱか》る。この疑惧を一掃し本問題を根本的に解決するは、独り海軍軍令部のみならず軍全体に係る喫緊の要務なりと認む」との見解をまとめた。

明治憲法が定めた統帥大権（第十一条）と編制大権（軍政大権、十二条）の二つの軍事大権については、天皇を補佐し、かつ責任を負うのは大臣か、それとも統帥部長かについて、長期間に亙って論争があった。

陸軍は伝統的に統帥大権については、専《もっぱ》ら参謀総長のみが責任を負い、編制大権については陸軍大臣のみならず参謀総長も責任を負うものと解釈していた。

一方海軍は、統帥大権については海軍軍令部長のみならず海軍大臣も責任を負い、編制大権については海軍大臣のみが責任を負うものと解していた。

この憲法や各法令では必ずしも明確でない海軍省と海軍軍令部間にまたがる業務について、その起案者、商議者、上奏者、実施者を定めたのが省部互渉規定だった。

この規定は実質的に、海軍大臣と海軍軍令部長間の権限を定めたものである。

日露戦争開戦時、連合艦隊の佐世保進発を命ずる大命（明治三十七年二月五日）が伊東祐亨海軍軍令部長からではなく、山本権兵衛海軍大臣から発せられた事実は、海軍省の優越を示していた。

当時の省部互渉規定には、「軍機戦略に関し、軍艦及軍隊の発差を要する時は、軍令部長海軍大臣に商議し、部長案を具し、上裁を経て大臣に移す」と定められていた。

条約を締結するのは、憲法第十三条による天皇の大権であり、国務大臣の輔弼による事は明確であるが、軍縮条約は兵力量（常備兵額）を規定するため編制大権に関連するため、ワシントン会議においては、海軍省が海軍部内の主務官庁となって軍令部の意見を「参考」にしつつ事務を処理した。

ジュネーブ会議の際も同様であり、ロンドン会議の際も、四月一日の政府回訓発電までは、海軍省はこの考え方で処理してきた。

ところが統帥権干犯問題が惹起するに及んで、海軍軍令部側は憲法の軍事大権について、次の見解を採るようになった。

（一）、憲法第十一条は純然たる帷幄の大権にして、専ら海軍軍令部長及び参謀総長の輔翼により行なわれし国務大臣輔弼の範囲外にあり。これ伊藤公の憲法義解に於いても、「本条は兵馬の統一は至尊の大権にして、専ら帷幄の大令に属することを示すなり」と明記しある所にして、何等疑いの余地なき所なり。

（二）、憲法第十二条は、純然たる軍政事項にあらずして、統帥事項をも包含するものと認む。

（三）、憲法第十二条は、責任大臣の輔翼に依ると共に、海軍軍令部長（参謀総長）の輔翼の範囲に属する事項を包含し、その作用を受くるものなり。

（四）、憲法第十二条の大権は、国防用兵上の見地より処理する間は、主として軍令部長（参謀総長）輔翼の範囲に属し、予算との折衝に入るに及んで主として責任大臣輔翼の範囲に入るべきものなり。

ところが、堀悌吉記述による「ロンドン会議と統帥権問題」によれば、海軍省と軍令部の関係は、伝統的に次のようなものであったとしている。

「由来海軍軍令部は、軍政関係即ち予算制度改廃其の他一般国務に関する事は直接干することなく、又帷幄機関の本質たる範囲を超えて陸軍部外と交渉を持つと言うような事はなかった。軍令部職員で部内の予算会議にも出席する者なく、大蔵省主計局への説明に出向くといふ如きものなく、又観察報告や軍事講演の類も常に海軍省官房を介して居た位である。国防用兵上の見地よりする諸般の要求は、軍令部から商議の形式を以て海軍大臣に対し之を行ふことになって居た。海軍省として勿論此の軍令部の商議を重要視し、慎重に研究して務めて所望に応ずる如く、軍政を適用したものであるが、統帥事項関係であって軍令部長が上奏するものについても、必ず事前に大臣の同意を得て居るべきものであって、御裁可後、それを海軍大臣に移して執行することになって居た。その手続きもなく、軍令部長が海軍大臣をして自己の意思通りに其の案件を施行せしむると言ふ様な強制力に似たものは、軍令部長に与へられて居なかったのである」

加藤軍令部長の上奏文

第五十八特別議会が統帥権問題で紛糾している最中、財部海相はシベリア鉄道で帰国の途上にあった。

山梨次官ら幹部は、国内事情を伝えるために、海軍省副官の古賀峯一大佐をハルビンへ派遣することにした。

その古賀は出発前、岡田大将、浜口首相、元老の西園寺公望公の秘書の原田熊雄、そして加藤軍令部長らと相次いで会って、財部に対する伝言を聞いて回った。

加藤を除く各氏の意見を総合すれば、海軍部内の意見の対立を表面化しないようにすることや、加藤を中心とする軍令部側の海相への辞職勧告には応じないようにすることなどに集約された。

さて帰朝した財部は、五月十九日の閣議後海相官邸において、加藤軍令部長と会談したが、席上加藤は次の上奏文を提出してその執奏方を要求した。

「恭《うやうや》しく惟《おもんみ》るに兵馬の統一は至尊の大権にして専ら帷幄の大令に属す。而して天皇の帷幄に参謀本部並に軍令部を置かれ、国防用兵の事を按画し親裁奉行せしめらるるも畢竟兵政の区分を闡明し、軍の統制をして政治圏外に超越し、政権の変異にも拘らず用兵の綱領を保持し、以て作戦に違算なからしめん事を期せらるるに在るや疑ふべからざるなり。……倫敦会議への回訓の如くなからんか、啻《ただ》に畏くも大元帥陛下の統帥大権を壅蔽《ようへい》し奉るのみならず延いては用兵作戦の基礎を危うくし国防方針は常に政変に随ひて動揺改変せらるるの端を発き、帷幄の統帥は終に其の適帰する所を知らざらんとす」

しかしながら財部海相は、この上奏文には政府弾劾に類する文言があるとして執奏しなかった。

ところが六月十日、加藤軍令部長は単独で天皇に拝謁し、右の上奏文を朗読して辞職を願い出た。

しかし天皇は、加藤の上奏文は筋が違うと述べられ裁決されず、その扱いを財部海相に一任された。

ロンドン海軍軍縮会議の批准をめぐって犬養毅が野党党首として与党を攻撃していた最中の昭和五年五月二十日のこと、軍令部参謀草刈英二海軍少佐が東海道線の寝台列車の中で自刃する事件が起こった。

草刈少佐はロンドンから帰国の財部海相が東京駅に着く五月十七日、機会を捉えて海相を暗殺しようと企てたが果たせず苦悩していた。その三日後の自刃事件であった。

残された遺書には、「神国日本は、汝の忠死を絶対に必要とす。昔、和気清麻呂、楠正成ありて、汝草刈英治を第三神とす」と書かれていた。

この神がかった憤死が、新聞紙上に「ロンドン条約に対する憤死の抗議」と掲載されると、青年士官や右翼の人々の心情を激しく揺さぶることになった。

反対の火種はますます大きくなり、霞ヶ浦航空隊の飛行科士官たちの条約反対パンフレット配布や水雷学校生徒の建白書提出などが相次いだ。

そんな中で侍従長の鈴木貫太郎海軍大将は草刈事件に関して、「軍人は勅諭を奉戴し、一旦緩急ある時は戦場に屍をさらすのが本分である。故に帝国軍人たる矜持と名誉のため、ロンドン条約の経緯などで生命を捨てたものとは信じない。確かに神経衰弱のせいだと思う」と述べたことが伝えられると、さらなる憤激の嵐を呼ぶことになった。

「統帥権」に関する二つの覚書

話は前後するが五月二十八日のこと、財部海相と加藤軍令部長が会談をした結果、統帥権問題と辞職問題を別個なものとすることにした。

その際、加藤は財部に対して、次の覚書を起案した。

「憲法第十二条の大権事項たる兵額及編制は軍務大臣（延いて内閣）及軍令部長（参謀総長）の協同補翼事項にして、一方的に之を裁決処理し得るものにあらず」

この軍令部側の覚書に対しては、堀悌吉軍務局長は次の覚書を起案した。
「海軍大臣は海軍軍政を管理し、本省の一局をして海軍軍備その他の一般海軍軍政関するに事務を掌らしむること海軍省官制の明示する所なると共に、海軍軍令部長は国防用兵に参画すべきこと海軍軍令部条例の定る所なり。また省部互渉規定第七項によるに、兵力の伸縮に関しては、省部互に意見を問議するとなり居るを以て、海軍大臣が兵力伸縮に関するが如き海軍軍備に関する事項を決済する場合には、海軍大臣、海軍軍令部長両者間に意見一致しあるべきものなり」

財部海相は東郷元帥および伏見宮大将を訪問して、これまでの経緯について説明して了承を得た。

翌二十九日、軍事参議官会議が開かれ、席上財部海相はこの海軍省案を提示して、各参議官の同意を求めた。

席上岡田大将は、海軍省案の方が文辞明瞭であるとしてこれに賛意を表したが、他の誰からも異議は出なかった。

加藤寛治の辞表願

翌五月三十日、財部海相は閣議に先立って浜口首相および幣原外相と会見した。財部は前日五月二十九日の軍事参議官会議の結果を報告し、「将来枢密院における説明、答弁に際しては、政府は軍部の同意を得たと認めて回訓を発したとの方針で対処したい」と述べた。

席上幣原外相は、加藤軍令部長も同意したか否か質したのに対して、財部は、「機密第八番電」とこれに対する加藤軍令部長電を提示して、「加藤軍令部長も同意したものと理解している」との見解を明らかにした。

続いて開催された閣議は、財部海相の方針を了解した。

同日午後、財部は伏見宮大将と東郷元帥を訪問して、軍事参議官会議で決定された覚書を提示した。両者とも堀軍務局長起草の覚書にある「海軍大臣が」という文字を削除してはどうかと述べたが、財部がこれを拒否したため、両者ともやむなく了承した。

同日午後四時、今度は加藤軍令部長が財部海相を官邸に訪ねて来て、ふたたび「海軍大臣が」の文言の削除を求めてきたが、財部はこれを拒否した。すると加藤はさらに軍令部長辞職願の受理を求めてきた。

そこで六月二日、財部海相は岡田大将と、軍令部長、軍令部次長、海軍次官の進退問題について協議した結果、加藤の辞任のみを認めることにし、時期をみて執行することにした。

軍令部長と海軍次官の更迭

六月六日、軍令部次長人事について、財部・加藤会談が行なわれた。席上財部は、末次次長の回訓当時からの言動、および昭和クラブなどでの言動からして、末次の更迭を山梨次官の転補と共に行なうと説明したのに対して、加藤は反対した。しかし財部海相は、山梨次官一人を更迭し末次次長を残すことは出来ないと断言したため、加藤としても末次の更迭を認めざるを得なかった。

さらに財部が、「貴下が辞めるのも、わが海軍のしきたりは自ずから決まっている。武士的にやってはどうか。辞表の何のと言わずに……」と言ったが、加藤の頑《かたく》なな態度を崩すことは出来なかった。

六月十日、海軍次官、軍令部次長が抱き合わせの形で更迭され、新次官に小林躋造中将、新次長に永野修身中将が就任した。

同日午前十一時、加藤は天皇に拝謁した。加藤は海軍大演習について上奏した後、統帥権問題についての所信を述べ、海相に提出した上奏文を捧持朗読し骸骨を乞うた。これについては前述した如く、天皇は加藤の扱いを財部に一任された。

午後三時過ぎ、加藤は海相官邸において財部海相に面会した。

席上財部が、「誠に残念であった」と述べたのに対して、加藤は、「今日ある事はワシントン会議の失敗に鑑み、二度と軍備を外交の犠牲となさしめざらんがため、かねて覚悟したる上のことなるが、事志と違ひ、再び外交の犠牲となしたるは遺憾至極なり」と返答した。

これに対して財部は、「余はそうは思わん」と述べた。

会見終了後、財部海相は岡田大将はじめ海軍省幹部を集め、加藤との会談の内容を説明し、「厳密に言えば、官紀を乱し、海軍大臣の顔に泥を塗ったもので、大臣は陛下にお叱りを受けるべしとも思う。大臣は取りあえず侍従長と会い、今日はかくかくの事件があり、誠に恐懼に堪えない旨申す考えである。……ここは通常の人事行政の手続きをやる他ないだろう。……そうなれば参議官に転じさせても宜しいか」と述べた。

これに対して岡田は、「事ここに至っては、如何ともすることが出来ない。谷口（尚真《なおみ》、呉鎮守府長官）と交替がいいだろう。あらかじめ加藤を軍事参議官にするのがよかろう。それはすぐやらねばならない」と言って、財部の考え方に賛同した。

新軍令部長に谷口尚真

六月十日午後四時三十分、財部海相は天皇に拝謁し、谷口の新海軍軍令部長と、加藤の軍事参議官就任を奏請した。

天皇はとくに、「後任者の兵力量に関する意見はどうか」と下問された。これに対して財部海相は、「谷口はきわめて穏健なる意見を持っています。財部は先般帰朝の途次、京城にて図らずも谷口と会見しましたが、谷口はこの兵力をもって協同一致してやらねばならぬ、との意見を持っておりました」と奉答した。これに対して天皇は、「よし」と深く頷《うなず》かれた。

翌日の六月十一日、加藤軍令部長が更迭され、谷口が新部長に就任した。

六月二十三日、軍事参議官会議が開催され、前記の堀軍務局長の草案に若干修正を加えた左の覚書である「兵力に関する事項処理の件」が可決された。

「兵力に関する事項の処理は関係法令により、尚左記による儀と定めらる。海軍兵力に関する事項は、従来の慣行に依りこれを処理すべく、此の場合においては、海軍大臣、海軍軍令部長間に意見一致しあるべきものとす」

財部海相の更迭

この頃から、海軍部内においては財部海相に対する風当たりが強くなってきた。

六月二十日、山本英輔第一艦隊兼連合艦隊司令長官は岡田大将を訪ね、「昨夜、麻布の興津庵で、艦隊の長官・司令官の集まりがあった。そこに出席した皆が、大臣は速やかに辞職しなければならぬと言う。軍令部長のみを辞めさせて、大臣がその職に留まっているのは、大臣の将来のために宜しくない」と述べた。

六月二十四日、岡田大将は特命検閲使の御沙汰を得るために拝謁したあと奈良武侍従武官長と会談したが、その際、岡田は、「財部が部内で評判が悪い。自分は辞職勧告の役回りを押し付けられることを恐れている」と語った。

同日、海軍省において岡田は谷口新軍令部長に対して、「早く兵力補充計画を定め、伏見宮と東郷元帥に対しては、責任者たる海軍大臣と軍令部長から、極力了解を願わねばならない」と忠告した。

これを受けて谷口新軍令部長は、ロンドン条約批准と同条約に伴《ともな》う兵力量の補充案について、伏見宮と東郷元帥から了解を得るための工作に乗り出した。

その結果、伏見宮は、「ロンドン条約は不満であるが、政府において適当な補充計画を立てるならば、ほぼ国防を全うし得る。ロンドン条約は批准されなければならぬ」と了解するに至った。

一方の東郷元帥は、ロンドン条約に対する強硬な態度をなおも崩そうとせず、「一九三五年の会議で云々するよりも、今達せられないものがどうして将来達せられようか。今一歩退くのは、これまさに退却するものである。危険限りない」と批判した。

七月三日、加藤は東郷元帥への説得のため訪ねてきた谷口に対して、「何を言うても元帥は、政府ことに財部海相に全く信を置かれんのであるから、第一条件として財部を辞職せしめずしては到底問題にならず」と語った。

七月四日午後二時三十分、水交社で、岡田、加藤、谷口の三人が会談した。

席上岡田は加藤から、「財部が辞職すれば東郷の説得に協力する」との言質を取った。そこで岡田は同夜七時、官邸で財部海相と面会して、局面打開の方策として、批准後、財部が辞職する事を伏見宮と東郷に表明するように説得した。

財部は、その夜遅く、谷口に対して辞職を表明し、岡田と谷口が、伏見宮と東郷に対して、このことを伝える役目を引き受けた。

岡田と谷口に対して、伏見宮と東郷は、財部の即時辞任を強く要求した。

そこで七月六日早朝、財部海相は東郷元帥を訪れ、辞職する事を明言した。同日、加藤は岡田との約束に従って説得のために東郷の許を訪れたが、その際、東郷は次のように語った。

「財部はまた陛下が条約の批准を望まるるように御沙汰のあったことを今度も予に話したが、自分はこう言うてやった。『けれども例え御上のお言葉たりとて、それが正しからずと考ふれば御諫め申さねばならぬ。殊に軍事上の事は軍事参議院と言うものがあり、こういう場合に信ずるところを申し上げてご意見を致すのがその責任ではないか。即ち善い悪いを決議して上奏する事をしなければ、軍事参議院などあってもなくてもよい。財部大臣が大臣としてそうなさるならば、自分は自分で元帥として尽くすべきところを尽くし、所信を申し上げるであろう。……いずれにしても大臣の代わる事は、一日早ければ一日の利がある。……岡田大将は大臣が直ぐ辞めると政治上の影響が重大だと縷々述べたが、片々たる政府が倒れようと倒れまいと、海軍の崩壊には代えられぬ。政府は自家の都合のままで海軍を引っ張っているのだ。こんな政府は早く代わって建て直して、明るい政府にした方が如何に海軍の為になるか知れない」

紛糾する軍事参議官会議

七月八日、財部、谷口、岡田の三人が条約諮詢の仕方について協議した結果、伏見宮、東郷元帥の両人とも、元帥府でも軍事参議院でもいいと言う事だったので、前例により元帥府諮詢を決定して、その手続きを進めることにした。

数日後、谷口は東郷に対して、元帥府諮詢について陸軍側も同意した旨伝えたところ、東郷は、「元帥府諮詢のことについては昨夜よく研究したが、この度の事はなるべく多くの人の意見を聞きたいと思う。また元帥府ともなると、上原（勇作、陸軍）というひと理屈云う男がいる。甚だ面倒である。軍事参議院と言う事に出来ぬか」と述べた。

これに対して谷口は、「軍事参議院としますと、海軍のみの軍事参議院になります。……そうなるよう取り計らいます」と返答した。

　これより二日前の七月六日のこと、加藤が東郷元帥の許《もと》を訪れた際、「軍事参議院または元帥府へ御諮詢のこと絶対に必要でありますが、陸海軍一緒では多数決の不利あり。無理解、反感などから却って不純なる発言をする者もないではありませんから、海軍だけでよろしかろうと思います」と述べていた。

　加藤の言葉の裏には、海軍軍事参議官会議ともなれば、条約賛成は財部、岡田、谷口の三人であり、反対は伏見宮、東郷、加藤の三人と予想され、そうなると議長である東郷元帥の一票によって決せられることになるとの読みがあった。

　かくして七月二十一日午前八時半、海相官邸において非公式軍事参議官会議が開催された。出席者は東郷元帥、伏見宮、岡田、加藤の各軍事参議官、および財部海相、谷口軍令部長である。

　会議では、「補充案」「防御計画」「御諮詢案」「奉答文案」について、審議がおこなわれた。

　伏見宮が、「この補充計画につき、海軍大臣は出来る見込みか」と質問した。これに対して財部海相は、「それは政府の財政の都合によりますので、海軍でこれだけ入用だと言っても、財政の状況によって全部実現するとは申しかねる」と返答した。

　伏見宮はこの返答に納得せず、重ねて「そのような頼りのないものではよくない」と叱った。

　そこで谷口は、「本日の会議はこの程度で打ち切り、大臣から政府が誠意をもって欠陥補充をなすの意ありや否やを確かめられたし」と助け舟を出して、午後三時に散会した。

　同夜、首相官邸に、浜口首相、幣原外相、財部海相、安達謙蔵内相、江木翼鉄相の五閣僚が参集して、対応策について協議した。その結果、翌日引き続いて開催される非公式軍事参事官会議において、財部海相が次のように陳述することを決めた。

「国防方針に基づく作戦計画を維持遂行するために兵力に欠陥ある場合、これが補填を為すに付いては、海軍大臣としては軍令部と十分協議を遂げ、最善の努力をもって之が実現を期すべきは申すまでもありません。なお総理大臣に付、この事に関しその肚を聞きたるに、『軍事当局に於いて研究の結果、兵力補填を要するものありといふ事であれば、政府としても財政その他の事情の許す範囲に於いて最善を尽くし、誠意を持って之が実現に努力する考えである』と確かめたのでありまず」

七月二十二日の会議の直前、財部は岡田と谷口に対して、この陳述書を示した。

その際、岡田より、この陳述書の中の「の許す範囲に於いて」には、必ず文句が付くので削除した方がよい」との助言があった。

さて会議においては、財部海相が右の箇所を「を緩急按配し」と改め、政府との交渉の結果について説明した。

これに対して東郷元帥からは、「兵力に欠陥ある場合」を「『兵力に欠陥あり』で止めてはどうか」との意見が出された。

しかし岡田が、「この補充案は加藤軍令部長時代に立案され、その後練って補充案があるのに、上奏しないと軍部としてその職責を尽くさざることになる」と主張したため、結局、右の原案に、東郷、伏見宮はじめ全員が賛成することになった。

同日、谷口軍令部長は急ぎ葉山の御用邸に赴き、天皇に軍事参議官会議の招集を上奏した。

翌二十三日午前十時、宮中において海軍軍事参議官会議が開催された。

席上谷口軍令部長より、左記の「奉答書」についての説明が行なわれ、全会一致をもってこれを可決した。

奉答書は、七月二十三日、東郷元帥から天皇に奉呈された。次いで谷口軍令部長の上奏により、内閣総理大臣が閲覧し、二十六日、浜口首相は次の敷奏《ふそう》を奉呈した。

「今般閲覧せしめられたる倫敦海軍条約に関する軍事参議院の奉答に付恭しく案ずるに、帝国海軍の整備充実は之を忽《ゆるが》せにすべからず。軍事参議院の奉答せる対案は、洵《まこと》に至当の儀と思料するを以て、倫敦海軍条約御批准を了せられ、実施せらるる上は、大臣は該対策の実行に努べく、而して之が実行に方《あた》りては固《もと》より各閣僚と共に慎重審議し財政その他の事情を考慮し、緩急按配其の宜しきを制し、更に帝国議会の協賛を経て之が実現に努力し、最善を尽くして宏謨《こうぼ》を翼賛し奉らんことを期す」

民政党の大勝利

昭和五年二月の総選挙において、民政党は、金解禁、財政緊縮、公債整理、産業合理化、国民負担の軽減などを公約に掲げて戦い、政友会百七十四名に対して、民政党二百七十三名の絶対多数を獲得して完全勝利を収めた。

浜口内閣にとって財政の緊縮と国民負担の軽減のためには、海軍軍縮はぜひとも必要だった。

浜口内閣下の井上準之助蔵相は、当初、海軍が要求した海軍補充計画費四億一千五百万円に対して九千万円削減して三億二千五百万円しか認めず、海軍建艦費留保財源五億八百万円のうち、少なくても一億五千万円の減税（営業収益税、地租、織物および砂糖消費税）を断行しようとした。

しかし結局、井上蔵相は、一千六百万円水増しして、補充計画は三億四千百万円となり、減税の方は一億三千四百万円にとどまった。しかし、これは今日の貨幣価値に換算すると、一兆三千四百万円以上になるもので、昭和六年度予算の歳入が一億五千万円に減少する大不況の折、大決断と言えるものだった。

昭和六年度総予算編成は、田中義一前内閣が編成した十七億七千三百万円に比べると、じつに三億五千万円もの大減税であり、浜口内閣が成立した昭和五年度予算と比較しても、一億六千万円もの大削減になった。

政府は、このうち陸軍省に二千七百万円、海軍省に四千四百万円もの節約および繰り延べを強要した。

昭和五年十一月十日、昭和六年度予算案について、前日の九日、安保清種《あぼきよかず》海相と井上蔵相との間で了解が成立したことを聞いた元老の西園寺公望公は秘書の原田熊雄に対して、次のように述べた。

「まあそんなことだろうと自分でも思っていたが、しかし大出来だった。非常に思い切った緊縮だったけれども、まあ金解禁も出来たし、ロンドン条約も出来、予算も減税も補充計画もこれで無事済んで、非常に良かった。西園寺は国家のために喜んでいる。総理大臣も非常にご苦労であったろう。どうか宜しく言ってくれ。なお江木鉄道大臣にもまた特に井上大蔵大臣にも、非常に御尽力で西園寺は国家のために頗《すこぶ》る欣快に堪えぬと言うていたと言づけてくれ」

浜口雄幸首相は、軍人、政治家や一部の国民の反対に対して、圧倒的多数の国民の支持と宮中の声援を背景にして、満々たる自信をもってロンドン海軍軍縮条約の批准をやり遂げた。

第4章　激化する条約派と艦隊派の抗争

満州事変の勃発

昭和五年十一月十四日、浜口首相は岡山県下で行なわれていた陸軍大演習を陪観するため、東京駅午前九時発の「つばめ」に乗車すべくプラットホームに立った所を右翼団体の一員である佐郷屋留雄によって狙撃され、重傷を負う事件が発生した。

昭和六年（一九三一年）八月、南次郎陸相は、軍司令官、師団長会議で、満蒙問題の積極的解決の方針を訓示した。この訓示は、軍部による外交官関与として政府内外で問題になった。しかし、陸軍はすでに「満州問題解決方針の大綱」を作成していた。

関東軍が謀略を凝らしているとの林久治郎《はやしきゅうじろう》奉天総領事よりの報告を受けた幣原喜重郎外相は、閣議の席上、南陸相を鋭く問責した。その結果、関東軍の暴走を防ぐため、参謀本部第一部長（作戦）の建川美次少将が現地に派遣されることになった。

そこで現地では、関東軍高級参謀の板垣征四郎大佐、その下の参謀の石原莞爾中佐、花谷正少佐ら謀略計画の中心人物たちは、当初の予定を繰り上げることにした。

九月十八日、奉天駐屯の独立守備隊河本末守中尉は、配下の者を使って、奉天郊外の柳条湖で満鉄線を爆破した。関東軍は、この爆破が中国軍の仕業であるとしてただちに出動し、たちまち奉天の重要拠点を占領した。

九月十九日、林総領事からの電報によって関東軍の仕業であることを知った幣原外相は急ぎ官邸に赴き、若槻礼次郎首相に対して、外務省に到着した電報の概要を報告し、至急閣議を開くことを要請した。

急遽開かれた閣議は、取りあえず事件の不拡大を決議し、十九日夕方、南陸相と金谷《かなや》範三《はんぞう》参謀総長より関東軍司令官に対して、不拡大制止命令が送付された。

ところが板垣や石原は、奉天方面をわざと手薄にして朝鮮軍の出動を誘う手を使って、九月二十一日、吉林に出兵し、これに応じた林銑十郎《はやしせんじゅうろう》司令官下の朝鮮軍は、天皇の命令を待たずに独断で鴨緑江を越境した。こうした関東軍の独断専行は、事態の収拾をますます困難なものにした。

さらに関東軍は、十月八日、錦州を爆撃して北満ハルビンへの進出を図り、十月中旬、馬占山軍によって洮昂《ちょうこう》線の嫩江《のんこう》鉄橋が爆破されたのを契機に、十一月五日に北満侵攻を開始して、十一月九日にチチハルを占領した。

十二月十三日、犬養毅内閣が成立した。ここに幣原外交は終焉する。

十二月二十八日、関東軍は錦州作戦を開始し、翌昭和七年（一九三二年）一月三日、この地を占領した。こうして関東軍は事件勃発からわずか五ヵ月足らずで、熱河省を除く大部分を手中に収めることに成功した。

一方、日本国内では、昭和六年三月、橋本欣五郎中佐らが民間右翼の大川周明らと謀って、宇垣《うがき》一成《かずしげ》陸相を首班とする軍部政権を樹立せんとするクーデター計画を立てた。

この三月事件は、計画の杜撰《ずさん》さから未然に中止されたものの、続いて第二のクーデター事件である十月事件が発覚した。

陸軍当局は、この事件の橋本ら首謀者に対して名目だけの処分を行ない、うやむやなまま葬り去ろうとした。こうした当局の姿勢が、国民を震撼させるような大事件を続発させる原因になった。

犬養首相や芳沢謙吉外相は、中国の主権を認めて日中合同政権を満州に樹立する計画を立てていたが、実際は犬養たちとの思惑とは反対の方向に進んだ。

昭和七年一月十八日、上海で日本人僧侶が中国人によって殺害されたことから日中間で紛争が発生し、一月二十八日、第一次上海事変へと発展した。

この事件は、列国の眼を満州から他へ逸《そ》らすため、板垣大佐の指示を受けた上海駐在武官補佐官の田中隆吉少佐が起こした謀略だった。

上海事変によって世界の眼がそこに惹《ひ》きつけられている間に、三月一日、関東軍は満州国の建国宣言を行なった。

五・一五事件の発生

昭和七年五月十五日、真夏を思わせる日曜日の夕方、海軍士官六名、陸軍士官学校生徒十一名、農民同志らによる集団テロが決行された。

首相官邸を襲った一隊は、犬養毅首相をピストルによって殺害し、牧野伸顕内府邸に手榴弾を投じ、警視庁にも手榴弾を投げ入れた。さらに一隊は政友会本部を襲い、手榴弾を投げ込んだ。また別働隊の農民らは、東京市内外の変電所に手榴弾を投げたが不発に終わった。その後、決行者たちは東京憲兵隊に自首した。

五・一五事件をめぐって、海軍内は批判派と同情派の二つに分かれた。

井上成美は徹底した批判論者で、戦後の昭和四十五年四月末、朝日新聞社の求めに応じた『海軍の思い出』の中で、次のように語っている。

「五・一五事件が起きた時、私はあんなことをしたって何になるものか、馬鹿者どもがと思っていました。ただ人を殺し、総理大臣にピストルを向けて何になるか。後をどうするんだと言う事が何にもない。ただ国内の治安を乱して、総理を殺したって何になる。付け火をすれば、他の人が後は何とかやってくれるだろうぐらいの安直な考えでやっているのじゃないか、と。そんなやさしいものじゃないです。あれは煽動するやつがあって、乗ったんだろうと、私は思う」

また、五・一五事件から半年ほど経った十一月に、「五・一五事件は、陸海軍の若い連中が話し合って事を起こそうとし、海軍の奴だけが先に手を出した。取り残された陸軍の連中は、いつかは事を起こすに違いない。今度陸軍がやれば、あるいは兵力を使うかも知れない。その場合、もし万一彼ら不逞の徒に海軍省が占拠されるなどの事があっては、唯に海軍の名折れであるばかりでなく、事は政治的にも重大である。従って海軍省を海軍の兵力で守る必要も起こり得るから、今からその準備だけはやっておく必要がある」として強く批判している。

これに対して、同情の立場をとる側に、海軍軍令部第二課長南雲忠一大佐がいた。その南雲は、「五・一五事件の解決策」という次の一文を起草していた。

(一)、判決の公正

イ、死刑又は無期は絶対に避ける事。

ロ、被告の至誠報国の精神を高揚し、その動機を諒とする事。

(二)、検察官の論告に対し、責任ある者に対しては適当の処置をとる事。

(三)、ロンドン条約に関連し軟弱にして統帥権干犯の疑義を生ぜしむるに至った重要責任者に対して、適当な処置をとる事。

(四)、右、(一)(二)の処置は、速やかにとるほど効果大となり、而してその処置をとると共に、軍記を刷新するを要す。

(附)青年将校の念願は、要するに強力な海軍を建設するにあり。部内統制の見地においても、明年度大演習の施行、第四艦隊の編制、訓練等術力練磨に寄与する方策の実現は絶対に必要なり。

当時、侍従長の職にあった鈴木貫太郎海軍大将は、その自伝の中で次のように述べている。

「侍従長には関係なかったが、やはり世の中を動揺させた事件は、五・一五事件でしょう。軍人がだんだん政治に干渉し、政権に乗り出す気運が盛んになって来てから、その障害になるものを漸次犠牲に供するような世相になって、犬養内閣も結局この災に罹ったのであった。犬養さんのやられた原因は満州問題と言われたが、一面には政友会内の勢力争いが含まれていたと観察された。そしてその徒は軍人と結託したという噂があった。犬養さんは満州の独立に反対した。そしてそういう策動家の手先になった軍人が、ついにあの暴行を敢えてしたのであったが、その後の始末に至っては遺憾の点が多い。

私どものその時の感想から言えば、いかなる理由があるにしても、あの暴徒を愛国者と認め、しかも一国の宰相を暗殺した者に対して減刑の処分をして、一人の死刑に処せられる者がなかったと言う事は、いかにも国家の綱紀から見て許すべからざる失態であったと思う。そのために政治の大綱が断ち切られたような気持ちがした。もしあの場合に真実に政治に明るい者があったのなら、もっと厳格に処分しなければならなかっただろう。それが穏やかであったために、ついに二・二六事件を引き起こした。二・二六事件の起こる温床は、五・一五事件の後始末の不結果によるところが大なりと思う。誠に遺憾に堪えない次第である」

この鈴木の述懐は、五・一五事件に対する裕仁天皇の批判と同一であった。

軍務局第一課長就任と妻喜久代の死

昭和七年、いまだに残暑が残る九月のこと、井上に軍務局第一課長に就任せよとの内示があった。この時井上は、妻喜久代の看病を理由に断った。しかし、海軍側は執拗だった。軍務局長の寺島健が五月に就任する時の条件に、「井上を第一課長に」と要求し、海軍側がこれを了承していた経緯があったからである。

井上の頑なな態度に業を煮やした海軍省は、本人の内諾を得ないまま、第一課長を発令した。初出仕の前夜の十月三十日、井上はすでに末期にあった喜久代の背中を夜半までさすり続けた。その翌日の十一月一日、後ろ髪をひかれるようにして初出仕した井上に知らされたのは喜久代の死だった。十一月三日、明治節当日の朝刊に、次の訃報が掲載された。

「井上大佐婦［鎌倉電話］海軍省軍務局第一課長井上成美大佐喜久代夫人は鎌倉小町三二七の本邸で病気療養中の所、一日午後四時死亡した。享年三十七。告別式は四日午後二時から三時まで自宅において神式で挙行する」

多くの人々から寄せられる「第一課長就任ヲ祝ス」の電報を手に、井上は「何がめでたいものか……」と言って独り涙を流した。この時、井上は四十二歳であった。

軍令部の権限拡大要求

日本海軍内の強硬派の立場からすれば、昭和五年のロンドン海軍軍縮の調印に至ったのは、ロンドン海軍条約に賛成する海軍省が、軍令部を中心とする反対論の声を封殺した結果であると捉えていた。したがってロンドン条約の廃棄を目指す強硬派としては、当面の目標を軍令部の権限拡大に置く事にした。

大角峯生海軍大将は、昭和六年十二月から、途中、岡田啓介海相時代（昭和七年五月〜八年一月）を挟んで、昭和十一年三月までの約二年九ヵ月もの長期にわたって海相の椅子にあった。

その大角時代に、昭和八年四月戦時大本営編制と同勤務令の改定、および同年十月新軍令部条例と新省部互渉規定の改定が行なわれた。

それではここで、この戦時大本営編制と同勤務令の改定に至るまでの経緯の概略を、説明することにしたい。

日露戦争直前の明治三十七年（一九〇四年）二月、戦時大本営編制の改定と同勤務令の制定が行なわれた。

この戦時大本営の編制は、大本営陸軍幕僚（参謀部、副官部）、大本営陸軍諸機関（兵站総監部、大本営陸軍管理部）、その他陸軍から大本営にあるもの（陸軍大臣）、そして大本営海軍幕僚（参謀部、副官部）、その他海軍から大本営にあるもの（海軍大臣、海軍軍事総監部）から成っていた。

この場合、陸軍幕僚は参謀本部から抽出された必要最小限の人員であり、陸軍諸機関の大部は、参謀次長の兼務する兵站総監の下にある軍令機関であったのに対して、海軍幕僚は軍令部から抽出され、海軍諸機関は「海軍大臣の軍政に関する事務を処理するため」に置かれていた。

また海軍軍事総監部には、海軍軍事部、人事部、医務部、経理部が隷属し、軍事総監は、「海軍大臣の命を受け服務し、また軍令部長の区処を受け、軍事計画の諮問に応ずるものとす」と定められており、これらの諸機関は海軍省の職員によって構成されていた。

このように海軍では、海軍省が海軍軍令部よりもはるかに権限も強く、絶対的優位にあった。

このため海軍軍令部に勤務する歴代の職員は、その権限と責任が参謀本部に比較して小さく、かつ海軍省より劣位にあることから、これに飽き足らない気持ちを抱くことになった。

海軍軍令部の権限拡大の動きは、大正年代から何度か表面化したものの、そのつど海軍省側の反対によって潰されてきた。

『帝国国防史論』を書いた佐藤鉄太郎少将は、海軍軍令部次長の時に軍令部の権限拡大を目論んだが、時の海相の加藤友三郎の怒りに触れ、海軍大学校長に左遷されたといわれている。佐藤（鉄）少将は大正四年八月十日、加藤（友）海相と同日に第一班長から次長となったが、同年十二月十三日に海軍大学校長に転出している。わずか四ヵ月という異例の在任期間は、この左遷説を裏付けるものである。

当時の海軍軍令部長は島村速雄大将であったが、鈴木貫太郎大将はこの時代に軍令部の権限拡大の企図があったことを確認している。

また、大正十一年末から同十二年にかけて、海軍軍令部の陣容が部長山下源太郎大将、次長加藤寛治中将、第一班長末次信正少将、第二班長高橋三吉大佐の時代にも、高橋三吉大佐が主唱者となって軍令部の権限拡大が図られた。

これはワシントン海軍軍縮会議から帰国した加藤海相が、軍部大臣は武官でなければならないとは考えておらず、文官大臣の可能性を示唆したことと関係している。

軍令部側は文官大臣が出現する事を心配して、軍令部条例の改定を急いだ。

大正十一年六月、加藤（友）大将は内閣総理大臣兼海相であったが、「自分の目の黒いうちには、そうしたこと（軍令部の権限拡大）はさせぬ」と言明していた。

さて軍令部の権限拡大の動きは、じつは両刃の剣であった。なぜならば軍令部が意図するように、文官が陸海軍大臣になった場合、政党人に軍部の実権を持ち去られることがないように海軍軍令部の権限を拡大すれば、海軍大臣の権限が相対的に低下することになり、そうなれば文官でも大臣は務まるのではないかという意見をあと押しすることになるからである。

高橋（三吉）第二課長の案に対して、加藤（友）首相兼海相の叱責を恐れた末次第一班長は難色を示し、加藤（寛）次長も腰が引けた。

ところが大正十二年六月、次長が堀内三郎中将となるに及んで、大正十三年二月、軍令部から海軍省に商議が行なわれた。海相は村上格一大将であった。しかしながらこの時の商議は途中で立ち消えになった。

昭和七年二月、伏見宮が海軍軍令部長に就任した。この時、在任わずか四ヵ月の百武源吾に代わって次長に就任した加藤寛治直系の高橋三吉は、軍令部第二課長時代に果たせなかった軍令部の権限拡大をふたたび目論むことにした。

高橋は、昭和七年から八年十一月までの次長時代、（一）大本営関係規定、（二）軍令部編制、（三）軍令部令、（四）省部互渉規定の改定を実現させたが、これに頑強に抵抗したのが軍務局第一課長の井上成美だった。

それでは次に、上記の四項に関する改定の経緯を見てみよう。

高橋は、軍令部の権限強化を最終目標として、その前提として、まず大本営編制と同勤務令を改定しようとした。

この改定案の主要な点は、従来海軍大臣の下にあった「海軍軍事総監部」以下の軍政諸機関を廃止し、「大本営海軍戦備考査部」の一機関を新設して、ここに大臣以外の海軍省首脳を包括し、これを軍令部長の下に置く軍令機関とするところにあった。

さらに軍令部の権限拡大の狙いから、「大本営海軍報道部」を新設して、報道宣伝を実質的に軍令部の担当にしようとした。

これに対して海軍省側（担当者は軍務局第一課長沢本頼雄、後任は井上成美）は、海軍大臣の権限縮小に対して強硬に反対したが、結局、昭和八年四月、改定を見ることになった。

高橋次長は大本営関係規定の改定に続いて、昭和七年六月頃から軍令部編制の強化改定に着手した。

組織改定の主要な点は、戦争指導を担当する第一班直属、海外情報を総合する元締めとなる第三班直属、それに海軍省の電信課を含む軍令部第九課の新設だった。

この改定案がそのまま実現されたとすれば、軍令部の定員は一挙に五割も増員されることになり、軍令部は戦時だけでなく平時においてもその権限を維持できるのであった。

これに対して海軍側は、各局長、課長とも皆これに反対した。しかし当時は、海軍軍令部内の編制や各課の任務および定員は、定員の増加を除いて、軍令部長独自の発令で行なわれることになっていた。

そのため昭和七年十月、軍令部長の権限で、軍令部編制の改定が強行された。しかしながら定員の増加は海軍大臣の認めるところとならず、後日、軍令部条例、省部互渉規定が改定されるまで、既存の定員を広く新設組織に割り振る形で据え置かれることになった。

昭和八年三月、軍令部側より、最終目標としていた軍令部条例と省部互渉規定の改定案が提示された。この改定案の主要な箇所は、次の三点に集約できた。

その第一は、陸軍側の名称に倣《なら》って、海軍軍令部を「軍令部」に、海軍軍令部長を「軍令部総長」に変更する事である。

第二は、軍令部条例で、海軍軍令部長は「国防用兵に関することを参画し、親裁の後之を海軍大臣に移す。但し戦時に在りて大本営を置かざる場合に於いては、作戦に関する事は海軍軍令部長之を伝達す」とあるのを、総長は「国防用兵の計画を掌り、用兵の事を伝達す」と改め、用兵、作戦行動の大命伝達はつねに総長の任とするとした。

その第三は、当時の軍令部条例第六条掲載の海軍軍令部参謀の分掌事項をすべて削除し、海軍軍令部担当事項は、さらに下位の規定である「省部互渉規定」とか「事務分課規定」とか、「服務規程」に具体的に出すと言うものであった。

これに対して海軍省側は、「伝統に輝く名称を変更する必要はない」。総長の「用兵の事を伝達」につていては、用兵の定義が不明確で、拡大解釈できる。参謀の分掌規事項は、「海軍軍令部の所掌を定めたものであり、これを削除すると軍令部が何にでも干渉してくる可能性がある」として反対した。

当時、海軍省側には、海軍大臣は憲法上に明確な責任を持つ国務大臣であるのに対して、海軍軍令部長は大臣の部下でもなくまた憲法上の機関でもなく、このため憲法上の責任を取ることもない。このような大臣の監督権の及ばない軍令部長に大きな権限をあたえることは、憲法政治に反して危険であるという考え方が基調にあった。

海軍軍令部の省部互渉規定改定案は、それまで海軍省の権限と責任に属していた事項の相当程度を、軍令部の権限に移そうとするものだった。具体的には、第一に兵力量、第二に人事行政、第三に警備船の派遣、その他教育、特命検閲などについて、その主務を軍令部側に変更すると言うものであった。

こうした軍令部改定案をめぐる省部の商議は、とくに海軍省側の担当者である軍務局第一課長の井上成美の頑強な反対によって難航した。ところが七月十七日に至って大角海相は、海軍省主務局の不同意のまま基本的同意をあたえてしまった。

その後、法文化作業が行なわれ、天皇の裁可を経て、昭和八年十月一日、新軍令部条例と新省部互渉規定は制定発布されることになった。

大角人事

ロンドン海軍軍縮条約をめぐる「条約派」と「艦隊派」の抗争は、正邪の判定を行なわずして喧嘩両成敗的に処置された。

昭和初期の日本にあっては、かかる場合、若い将校連中に人気があるのは強硬派の方であり、大局上から国際的協調を図ろうとする人間は文弱として退かれるのを常とした。

昭和八年一月、岡田啓介に代わって大角峯生が海相に就任した。すると八方美人的な大角は、「宮様」部長である伏見宮軍令部長や東郷元帥に迎合して、加藤友三郎の流れを汲む条約派の将官を次々に予備役に追いやった。具体的には谷口尚真、山梨勝之進、左近司政三、寺島健、堀悌吉、坂野常善ら日本海軍の頭脳と言われた将官たちであった。

昭和八年十一月十五日付『朝日新聞』は、「大角人事」を次のように批判した。

「大角海相の最近における人事行政が兎角不評を招いていた事実もあったので、一般に多大の注目を引いていたが、発令されたところを見るにかなり常道を離れて無理している点もあり、必ずしも欠陥ないとは言い難い。すなわち先の寺島（健、軍務局長）中将問題に続いて佐世保鎮守府長官左近司政三中将、第一戦隊司令官堀悌吉中将をいずれも軍令部出仕とした事などは、いずれもロンドン条約派を排撃する一部の勢力関係に押されている向きも少なくないようである。すなわちロンドン条約の責任者は上層だけで済むべきであるのに、当時事務官であった者まで責任を問い、清算の刃を加えることは、いたずらに有用の人材を失う所以《ゆえん》であると憂慮する者が多い。それに今回の異動でとくに注目を引いていることは、いわゆる軍政系を閑却し、軍令系統を重要している点である。これは部内統制上いろいろ複雑な事情があっての事であろうが、人事行政の大局から見れば、決して歓迎すべきことではない」

この記事は日本海軍の内情によく通じた記者の筆によるものであるが、その他の新聞論調も大角人事には批判的だった。

元海軍大佐の実松譲は、『ああ日本海軍』の中で、次のようなエピソードを伝えている。

「昭和九年、二年間の米国駐在を終わって帰国した中沢佑《たすく》中佐は山梨勝之進に会って、『私はアメリカに行っている間に、軍政方面の権威者たちが相次いで海軍を去ったのは、どうしても腑に落ちませんが、これは一体どういう事ですか』と質《ただ》した。すると山梨は、『君もそう思うか。一度二人きりでゆっくり話をしよう』といい、数日後に水交社で夕食を共にしながら、山梨は語った。『中沢君の言う通りだよ。しかし海軍の人事は、いったん海軍大臣が腹を決めたらどうにもならん。大角海相の後ろから、いろいろな示唆や圧迫がかかっているんだよ。具体的に言えば、伏見宮と東郷さんなんだよ。東郷さんが、海軍の最高人事に口出しをしたのを、私は東郷さんの晩節のために惜しむ』」

次に記載するのは、大角海相時代に予備役に編入された将官である。

（一）、谷口尚真大将（十九期）、加藤（寛）大将の後任の軍令部長。軍事参議官を経て、昭和八年九月予備役編入。

（二）、山梨勝之進大将（二十五期）、ロンドン会議時の海軍次官。その後、佐世保、および呉鎮守府司令長官、軍事参議官を経て、昭和八年三月予備役編入。

（三）、左近司政三（二十五期）、ロンドン会議の首席随員。その後、練習艦隊司令長官、軍事参議官を経て昭和八年三月予備役編入。

（四）、寺島健中将（三十一期）、軍令部条例改定時の海軍省軍務局長。その後、練習艦隊司令長官在任一ヵ月を経て、昭和九年三月予備役編入。

（五）、堀悌吉（三十二期）、ロンドン会議時の軍務局長。その後、第三艦隊司令長官を経て、昭和九年十二月予備役編入。

（六）、坂野常善（三十三期）、軍事普及部委員長の時の新聞発表が問題になり、昭和九年十二月予備役編入。

当時、ロンドン予備交渉に当たっていた山本五十六は、海軍評論家の伊藤正徳に向かって、「堀を失ったのと、大巡の一割とどちらかな（どちらが大きな損失だろうか）。ともかくあれは海軍の大馬鹿人事だ」と述べ憤慨した。

新軍令部条例、省部業務互渉規定と井上成美

昭和七年十一月一日付で、井上成美は海軍省軍務局第一課長に就任した。すると間もなく井上は軍令部次長の高橋三吉から呼ばれ、「君は今度一課長となったが、自分はロンドン会議以来の海軍の空気を一掃しようと思っている。ついては大いに君に助力してもらわねばならない。統帥権などの問題もあって改正しなければならない点もあるので、十分君にお願いする次第である。これらのことは今やらなければならない」と告げられた。

井上は、「今やらなければならない」とは、「伏見宮の軍令部長在任中を意味する」と直感した。

そこで井上は、「ロンドン会議以後の嫌な空気を何とか一掃しなければならないと言う意見に対しては全く同意見でございまして、自分としても微力ながら十分これに協力したいと思っています。しかるに貴官の部下は、貴官の御趣旨と全く反対の言動をやっている事をご存じですか。たとえば軍令部の課長や参謀の中には、演習や戦技等に行って、軍令部はかくかくの意見だが海軍省の役人が腰抜けだから云々と言う者がいるが、これでは地方や艦隊の者には、あたかも部内の対立がある

かのごとく響きます。かくいうようなことをしておっては、ロンドン会議以後の陰惨な空気を一掃するどころか、ますますこれをアジテートする事をご存じですか。……今一つ統帥権問題の解決と言われましたが、自分は正しい事だったら喜んでやります。ただし軍令部の主張だからと言って、頭から押し付けて来たのでは、私は承知いたしません。正しき事でなければやりません」と言ってきっぱり断った。

それにも関わらず昭和八年三月二日、海軍省と軍令部の間で、軍令部条例と省部互渉規定の改正の交渉が開始されることになった。

井上は当時の心境について、「事は重大である。どうしてもやると仮定しても、二年や三年研究を要する事だ。また時期として、今が良いかどうか。五・一五事件の直後、ロンドン会議後の統帥権問題等を俎上に上せることは、ますます波瀾を新たに巻き起こすこととなり、時期としては宜しくない。なおこの問題について、殿下を戴いている時にこれをやることは、不自然なる方向に事が収まる危険があるから、一課長としては二年の在任中にこれを握り潰そうと決心した。そうすれば軍令部の人も替わり、空気も変わるだろう。ところで握り潰すには、誰が悪者になればよいか。主務はA局員の所だが、問題があまりに大きく難しいこと、またA局員に握り潰せとは言えぬから、自分がこれを取り上げることにした。結局A局員は内容を見ずに課長に渡した」と述懐している。

六月下旬、省部間で逐条交渉を行なうことになったため、井上はこれまで研究したものを上司に提出した。

この交渉での最大の問題は、第一に「海軍軍令部」の名称を「海軍」を取って「軍令部」に、「海軍軍令部長」を陸軍に倣《なら》って「軍令部総長」にするというものだった。

これに関する井上の意見は、次のようなものだった。

「これは明治二十六年頃からの古い歴史があり、畏《おそ》れ多くも明治大帝の御制定になったものである。この名で日清、日露の大戦に参加し、伝統に輝く立派な名前である。これをなぜ取る必要があるか。じつに嘆かわしい思想である。参謀本部の真似をする必要はないではないか。何か不都合があるか。海軍という字が嫌いなのか。国家機関の名前等は左様軽率に変えるべきものでない。書記官や法制局あたりも全く同意見であった。高橋次長は感情に走って、冷静に理屈を聞いてくれぬ。上奏の時、御下問があったらどうするか。『海軍』を取る事の理由は有力なものは何もない。しかも御下問になりそうな点である。『部長』を『総長』にすることは、それでも差支えない」

第二の問題は軍令部条例問題で、海軍軍令部長は、「国防用兵に関することに参画し、親裁後これを海軍大臣に移す。但し戦時にありては、大本営を置かざる場合においては作戦に関する事は海軍軍令部長にこれを伝達す」とあるのを、総長は「国防用兵の計画を掌《つかさど》り、用兵の事を伝達す」と改め、用兵、作戦行動の大命伝達はつねに総長の任にしようと言うものであった。

この問題は、ロンドン条約の回訓問題以降、海軍上層部間で揉みに揉んだ末に、昭和五年七月に財部海相が上奏して裁可を得、「海軍兵力に関する事項は、従来の慣行によりこれを処理すべく、この場合においては、海軍大臣、海軍軍令部長に意見の一致しあるべきものとす」と決定された。

しかし、「従来の慣行」の意味が不明瞭だったことからその後も問題となり、昭和八年一月、陸海軍首脳四者（荒木貞夫、閑院宮載仁《ことひと》、大角峯生、伏見宮博恭）の間で、「兵力量に決定について」と題する覚書が作成された。

これによれば、「兵力量は、国防用兵上絶対必要の要素なるをもって、統帥の幕僚たる参謀総長、海軍軍令部長これを立案し、その決定は帷幄機関を通じて行はるるなり」となった。

第二の問題は、人事行政の問題だった。従来これは海軍大臣の専権事項とされていた。互渉規定では、参謀官の進退に関してのみ海軍大臣が軍令部長に商議するように定められていた。これが新たな軍令部案によれば、兵科将官や艦船部隊指揮官までその範囲を広げて、起案権を求めようとするものであった。

第三は、警備船の派遣問題だった。従来は軍政事項として海軍大臣の主務だったものを軍令部長の主務とし、起案も上奏も伝達も軍令部側が実施しようとするものだった。

その他、教育や特命検閲などについても、省部いずれを主務とするかで問題となった。

海軍省軍務局第一課長の井上成美に対する軍令部側の交渉者は、第一班第二課長の南雲忠一大佐だった。

ある日のこと、南雲がものすごい剣幕で井上の所にやってきて、「貴様のような訳のわからない奴は殺してやる！」とすごんだ。

井上も負けじと、「やるならやってみろよ。そんな脅かしでへこたれるようでは、職務が務まるもんか！　おい、君に見せたいものがある」と言って、机の中から予《かね》て用意の遺書を取り出して、南雲の顔の前に叩きつけた。

それには、次のように記されていた。

「（表書き）井上成美の遺書　本人死亡せばクラス会幹事開封ありたし
（内容）一、どこにも謝金はなし
　　　　二、娘は高女だけは卒業させ、出来れば海軍士官へ嫁がせしめたし」

このように険悪な状態だったため、井上と南雲の間の交渉は全く進まなかった。

交渉はそのまま寺島健軍務局長と嶋田繁太郎第一班長の交渉に棚上げされることになったが、ここでも停滞したため、七月三日、高橋次長から藤田尚徳次官に話が持ち込まれた。しかし、主務者の井上が了解していないものを次官に持ち上げたからと言って、どうにかなるものでもなかった。

ところが、大角海相は伏見宮軍令部長と交渉した結果、七月十七日、大角は宮様部長の威圧に屈して、海軍省側の主務者不同意のまま軍令部改定案に基本合意してしまった。

こうした軍令部の権限強化の動きに対して斎藤実首相は、「かれこれ変更する事は、はなはだ面白くない」と語った。

その後、省部間で合意事項を法文化する作業が開始されたが、その過程でも省部間の意見の食い違いが表面化することになった。

たとえば、「海軍軍令部総長」としようとして紛糾したり、省部互渉規定の主客が改まったりして問題になった。

九月に入って、軍令部側が最終案を提示してきた。その際、伏見宮は大角海相を呼んで、「この案が通らなければ軍令部長を辞める」と脅しをかけ、「私が大演習に出発するまでに片付けたい」と、期限を区切って軍令部案の承認を迫った。

九月十六日、井上は寺島から軍務局長室に呼ばれた。この席には、藤田海軍次官と榎本書記官も同席した。

席上寺島は、「ある事情により、この軍令部案によって改正をしなければならなくなった。こんな馬鹿な案で改正をやったという事の非難は局長自らこれを受けるから、曲げてこの案に同意してくれぬか」と言った。

これに対して井上は、「自分で正しくないと言う事には、どうしても賛成できません。私は長年御奉公してきましたが、つねに正しいことをやる。不正な事はどこまでも反対する方針で来ました。また当局も、自分をそういう位置で使ってくれましたし、私もこれで御奉公してきました。今度の事情はどうか知らぬが、自分で不正と信ずるものに同意しろと言われることは、井上自身の節操を棄《す》てろと言われるに等しい。自分は今さら自分の操を棄てたくない。……この案を強化される必要ありとすれば、第一課長に替えて、判の捺《お》せるのを持って来て通される必要がありましょう。自分はこういう事態に至らしめた道徳上の責任は負います。これで現役を退かされても毫《すこし》も悔やむところではありません。正しき事が通らず、不正がまかり通るようでは、そんな海軍では働く所がありませんから、辞めさせて下さい」と突っぱねた。

この日は土曜日だったので、井上はさっと背広に着替えて鎌倉の自宅へ帰り、靚子に向かって、「今日まで半年間軍令部という所と、ある重要な問題で戦ってきたが、今日は正面衝突して討ち死にしてきた。海軍を辞めることになると思うが、お前に女学校だけは卒業させる。その後の事はその時のことだ」と告げた。

これを聞いた当時お茶の水女学校の二年生だった靚子は、「お父様は喧嘩早いんだから……」と諦め顔で答えた。

その日の夕方、井上のクラスで海軍省副官の岩村清一大佐（のち中将）が訪ねて来て、「もう一度考えなおすように……」との藤田尚徳次官の意向を井上に伝えた。

これに対して井上は、「自分の行為が一時の興奮でやったものではないから考えなおすことはないが、替わりの者が着任するまでは平常通り勤務する」と答えた。

それから四日後の九月二十日のこと、軍務局第一課長の職を阿部勝雄大佐（四十期、のち中将）に引き継いだ井上は、横須賀鎮守府付という一時待機の職に転じ、次の発令を待つことになった。

数日後の夜、岩村がふたたび井上の自宅を訪ねて来て、「今日貴様の胸がスッとするようなニュースを知らせに来た」と言って、次のような話をした。

九月中旬には省部の案が確定し、九月二十一日、大角海相は軍事参議官会議を招集した。席上加藤（寛）が立ち上がって祝辞を述べた。そして九月二十三日、大角海相が天皇に裁可を申し出たところ、天皇はいろいろ質問されたが、結局、即日裁可されず、翌日になってようやく裁可された。関係者の間では、天皇による留保は、反対意思の表明と理解されていた。

天皇は大角への下問において、「この改正案は一つ運用を誤れば、政府の所管である予算や人事に、軍令部が過度に介入する懸念がある。海軍大臣としてこれを回避する所信は如何。即刻文書を出す様に」と述べられた。

新軍令部条例は、九月二十六日付で「軍令部令」と名称を変え、また新省部互渉規定は「海軍省軍令部業務互渉規定」と名称を変えて、同年十月一日付で発令された。

憤然と海軍省を去った井上への同情によるものか、伏見宮から「井上をよいポストにやってくれ」との口添えがあった。このことを井上は人事局第一課長の清水光美《みつみ》大佐（三十六期、のち中将）から聞かされた。

そのため井上は、軍令部条例改定の強行は「高橋三吉中将が元凶で、伏見宮様こそ誠に御迷惑なこと」とか、「高橋次長がお人のよい殿下をそそのかして、無理にやったのではないかと想像する」と言った考えを、戦後まで持ち続けることになった。

一方、高橋三吉については、「宮の威を借りる卑怯者」として許さず、「おっちょこちょいに、もう一つおっちょこちょい」と手厳しい評価を下した。

昭和八年九月二十六日、従来の勅令であった軍令部条例は廃止され、軍令第五号として「軍令部令」が新たに制定された。これにより「海軍軍令部」が「軍令部」に、「海軍軍令部長」が「軍令部総長」に改称された。

また、官房達であった省部事務互渉規定も廃止となり、十月一日、「内令二百九十四号」として「海軍省・軍令部業務互渉規定」が新たに制定された。

これによって明治五年二月二十七日に海軍省が創設されて以来約六十年間にわたって築き上げら

れてきた海軍大臣の権限は、井上の反対にもかかわらず縮小され、代わって軍令部総長に強大な権限があたえられることになった。

「海軍軍令部条例」と「軍令部令」

新軍令部令（カッコ内は旧条例）の主要条項

第一条　軍令部は国防用兵の事を掌る所とす

（海軍軍令部は国防用兵に関する事を掌る所とす）

第二条　軍令部に総長を置く　親補とす　総長は天皇に直隷し、帷幄の機務に参画し軍令部を統轄す

（海軍軍令部に部長を置く　海軍軍令部長は天皇に直隷し、帷幄の機務に参し、また海軍軍令部の部務を統理す。海軍軍令部長は親補とす）

第三条　総長は国防用兵の計画を掌り、用兵の事を伝達す

（海軍軍令部長は国防用兵に関する事を参画し、親裁の後之を海軍大臣に移す。但し戦時に在て大本営を置かれざる場合に於いては、作戦に関する事は海軍軍令部長之を伝達す）

このように海軍省側の権限が大幅に軍令部側に移され、省部の力関係が変わった。

昭和八年十月一日、新軍令部令の施行に当たり、伏見宮は部下職員に対して、次のように訓示した。

「我が海軍平時に於ける統帥権の運用に関しては、従来遺憾の点少なからず。近く上海事変の実績に鑑み、且は時局の重大性と部内の情勢に稽《かんが》へ、軍令部条例、省部互渉規程及び関係諸法規の改正は、一日の偸《とう》安を許せざるものあり。本職夙《つと》に之が実現に志したるに、今回省部関係各官の非常なる努力と英断により所期の目的を達成し得たるは、国軍の為洵に慶賀に堪えざる処なり」

この改定以後、海軍大臣の選任の際は、前任者が後任者を推挙し、伏見宮の同意を得る不文律が出来た。

戦後、高木惣吉海軍少将は、「この専門家集団たる軍令部をチェックすべき海軍省の力が、制度上からも人事上からも弱体化させられてしまい、果ては軍令部の独走を許し、陸軍と同調して大戦に突入してしまった」と語った。

権限拡大によって主導権を握った軍令部は、昭和十一年末のワシントン条約期限切れを狙って、「大和」や「武蔵」のような巨艦建造を計画し、やがて始まる日米戦争の布石を打った。

第5章「比叡」艦長

「比叡艦長の時代が、私の海軍生活の中で最良の時でした」。これは戦後の井上の述懐である。艦長は「一国一城の主」である。したがって海軍士官であれば、誰しもが艦長になることを夢見た。

昭和五年のロンドン海軍軍縮条約以後に海軍省軍務局第一課長に就任した井上は、「軍令部令」と「省部互渉規定」の改定という形で、条約派と艦隊派の抗争をいやというほど味わった。

日本海軍内の条約派と艦隊派という二つの派閥の存在は、そもそもが日露戦争後、日本海軍の仮想敵国が消滅したことに起因している。ロシア海軍の消滅によって、日本海軍はその現実的な対象国を失った。

日本陸軍が復讐戦意図するロシアを警戒する事はある意味では合理性を持っていたが、海軍の場合はそうではなかった。そこで日本海軍は、米国を無理に対象国に引き上げて、「六六艦隊」から「八八艦隊」の建設を意図するようになった。

この「八八艦隊」を本当に実現しようとすれば、海軍だけで国家予算の過半を食ってしまうことになった。したがってこうしたことが一国家の軍隊として健全なものなのか否かについては、十分論議しなければならないはずであった。

加藤友三郎―山梨勝之進―堀悌吉―井上成美らの条約派の面々は、海軍省で外交や国家予算を扱う関係から、バランスのとれた海軍のあり方を真剣に考えなければならない立場にあった。

これに対して艦隊派の人たちは、軍令部内に籠《こも》って対米作戦計画を練っていたため、思考が純作戦面にだけに捉われてしまう傾向があった。

第一次世界大戦後の日本の国家戦略として、これまでのように米英協調路線で行くべきか、それとも米英に対する挑戦国として行くべきかは、もっと真剣に考慮されてしかるべきであった。

軍令部令と省部事務互渉規定改定に反対したものの、その甲斐なく、虚《むな》しく海軍省を去った井上に対して用意されたポストが、練習艦隊「比叡」の艦長だった。

井上にとって「比叡」は、思い出の深い艦であった。二十年前の中尉時代、井上は横須賀海軍工廠で艤装中の「比叡」に赴任し、竣工後この艦に乗り組んで第一次世界大戦に参加した。

巡洋戦艦だった時の「比叡」は、二万七千五百トン、三十六センチ主砲八門、二十七・五ノットの性能を誇っていたが、井上が艦長となって赴任した頃には、ロンドン海軍軍縮条約の煽《あお》りを受けて練習戦艦になった。このため主砲は三門撤去されて五基となり、罐数も減り基準排水量は一万九千五百トン、十八ノットに低減されていた。

しかし井上としては、「球磨」航海長の後、海大甲種学生を振り出しに、軍務局員、イタリア駐在武官、海大教官、そして軍務局第一課長と、十数年続いた陸上勤務の後だっただけに、ひさしぶりに吸う潮風に、身も心も洗われる思いがした。

海軍では、将官になるためには大艦の艦長を二年以上経験することが不文律とされていた。

井上の「比叡」艦長が決まると、「あいつは十一年間も陸上勤務をやっていたから、戦艦の艦長などは到底務まらないだろう」と陰口を叩く者がいた。

とくにこの「比叡」は、近く来日する満州国皇帝溥儀の御召艦になる事が予定されていることもあって、井上の艦長就任に対するやっかみは相当なものだった。

井上は『思い出の記』の中で、次のように語っている。

「昭和八年十一月比叡艦長を拝命したが、五・一五事件後の海軍部内の空気は何となくもたもたしていてすっきりしない。鎮守府からは、教育参考資料と称して矢継ぎ早に種々のパンフレットが配布されて来るが、大多数は右翼張りの、従って青年士官に読ませると危険だと思われるものである。眼を世の中に向けると、新聞、雑誌の大部分は右翼に媚びた論調ばかりで、陸上では頻《しき》りに青年将校の会合が行なわれるといった有様。海軍青年同士でも深い知り合いでないと、お互いに『こいつ艦隊派かな、条約派かな』などと探り合いばかりやって、なかなか思い切って打ち解けても話も出来ない有様だった。私などは明瞭に条約派とされた様で（自分では派閥など考えた事もないのだが）艦隊派の猛者らしいのが、『井上などに戦艦の艦長なんか務まるもんか』の声が頻りに耳に入り、これが私を奮起させる苦い良薬になったと思う」

井上は、「比叡」の士官が陸上の料亭などで、他の青年士官と会合する事を禁止する命令を出した。

こうした井上の措置に対しては、「艦長横暴！」の声も出た。しかし井上としては、右翼張りの講師が若い士官たちを国粋思想で煽《あお》る事を、何としても阻止したかった。

戦後、井上はあるエピソードを語っている。

「ある日吾妻山信号所から、『鎮守府参謀より、○○先生の来横（須賀）を機に、今夜一八〇〇より『魚勝』において青年士官有志懇談会を開く。多数参加ありたし』の信号があった。そこで私は副長を呼び、『この会合に「比叡」の士官が出席する事を禁ずる』と申し渡し、すぐ鎮守府に行き、参謀長に対して『こういう私信だか公文だかわからない信号が来たが参謀長は承知していますか』と聞くと、『知らない』とのことだった。そこで私は、『参謀長が知らないとすれば、公文とは認められません。私はこの件も含み、今後原則として士官が会合に出席する事を禁じますので、御承知願います』と言って帰艦した」

井上は若い士官が過激な右翼思想に染まる事には警戒したが、その一方で尊王愛国の精神については正しく理解させなければと考えて、「比叡」艦内で御勅諭の衍義を具体的な事例を引いて説き、その原稿を印刷して士官全員に渡した。

それには次のように記されていた。

「軍人が平素でも刀剣を帯びることを許されており、われわれもまたその服装を誇りとしているのは、一朝事ある時、その武器で敵を斬り、国を守るという極めて国家的な職分を果たすからである。しかしその一朝事ある時であるかどうかは、国家の意思がこれを決する。すなわち戦争と国の意思が決定し、『さあ、やれ！』との統帥権の発動があって初めて軍人が敵人を殺し、敵物を破壊する事を許されるのである。しかるに軍人が手近に武器を保有しているのを奇貨とし統帥権の発動もないのに勝手にこれを以て人を殺すような不法な事をすれば、名誉ある軍人はたちまち殺人の大罪人と化し、神聖な武器は殺人の凶器となる事を覚れ」

井上が「比叡」の艦長を辞めて横須賀鎮守府の参謀長をしていた時の逸話も、『海軍の思い出』に紹介されている。

「私が『比叡』艦長を辞めて横須賀の参謀長で、水交社で晩飯を食っている時、『比叡』は陛下のお召艦になるんで乗組員の上陸を禁じてあると聞いた。ところが現艦長は水交社へ来てメシを食っている。私が、お前の艦は上陸停止をしているのではないか。上陸停止の命令は誰が出したんだと聞くと、艦長が出しましたと言う。艦長が出した命令を艦長が破っていいのかと詰問した。そういう艦長がいました。非常にびろうな話をするけど、後で聞くと、その艦長の艦長室の前に兵隊で脱糞した奴がいるっていう話でした。そういう辱めを艦長が受けているのですよ。部下は敏感に見てますね。上級者から叱られなくてもね。それからある大将まで行った人ですが、『日向』の艦長でね。艦長が上甲板へ出て来ると、煙草盆の周りに輪になって煙草を喫っている士官室の士官たちが、さっと下へ皆入ってしまう。艦長は下りたか、もう下りましたと聞くと、上に上がって来る。その艦長が最後にどこかへ転任で艦を去った時、兵隊が塩を撒いて清めたと言うのです。そんなことで戦争が出来るもんじゃない。ところが、そういうのがだんだん目につくんです」

この頃になると、時流に煽られて海軍内にも右翼的な風潮が入り込んで、規律が緩んでいた。

井上が「比叡」艦長として、青年士官たちが国家革新思想にかぶれることのないようにしていた時、国内では昭和八年七月、愛国勤労党天野辰夫、大日本生産党鈴木善一、陸軍中佐安田銕之助らが、首相官邸・警視庁・政党本部などを襲撃しようとした神兵隊事件が発生した。

また、陸軍内の統制派と皇道派の抗争は、「士官学校事件」を引き起こすことになった。昭和九年八月、陸軍士官学校の生徒隊中隊長に就任した辻政信大尉は、腹心の士官候補生を使って士官候補生に影響を及ぼしていた皇道派青年将校のリーダー格であった村中孝次大尉（陸軍大学校在学中）から、皇道派が十一月二十七日召集の第六十六臨時議会の前後にクーデターを計画しているという情報を探り出させた。

軍法会議では証拠不十分として不起訴になったものの、村中、磯部浅一、片岡太郎は停職、士官学校生徒は退校処分となった。

このように陸軍内の統制は乱れ始めたが、海軍においても前述したごとく、昭和八年一月九日、大角峯生が海相に就任すると、艦隊派に押しまくられて条約派の将官たちが続々予備役に追いやられることになった。

そうした中で井上は、日本海軍随一の人物として尊敬していた堀悌吉が待命に追いやられたことに大きな衝撃を受けた。

井上は堀について、次のように語っている。

「堀悌吉さんは、山梨勝之進さんの下で軍務局長を務めた人ですが、山本（五十六）さんと同クラスで、兵学校は一番でした。じつに頭のクリアな、ものの考え方がひずまない、偏らない人でした。私はあの人と『球磨』の航海士の時一緒にいたが、ちょっと甲板であって言う事でも、禅問答みたいなことを言うので、あとで考えると、ああそれか、と思うことがありました。いつかこういうことを言ったことがある。『海軍士官で洋行して語学を勉強させられて、そうしてその語学がモノにならないのは英国に行った人だ。あるいはアメリカへ行った人だ』『そうかなあ、中学でも英語を十分やって、また遠洋航海に行ったりして、それからまたイギリスに行った者は、ちゃんと完成しそうなものだが……』と言ったら、堀さんが、『日本で英語を習って行くと、買い物でも何でも、普通大抵の用事は足りるもんだから、これはいけると思って勉強しないんだ。ところが、中学ではドイツ語もフランス語もない。勉強しろって外国にやると、レストランでうまそうだと思っても、言葉を知らないから食べたい料理も食べられない。買い物でも同じだが、そういう不自由をしているから、それで本気になって勉強する。そうして現場でその国の生活をしながら勉強する。だからかえってフランスやドイツへ行った方が、帰って来た時には、英語を日本で十年も習ってイギリスに洋行した奴の英語より上手になる』。堀さんはそういう観察をしていた。うまいことを言うんですよ。堀さんというのは偉い人だった」

戦後昭和二十五年に朝鮮戦争が起き、日本赤十字が国連軍のために供血運動を始めた時、堀は、「日本赤十字がどうして供血を国連軍だけに限るのだろう。北鮮にだって中共軍にだって供血したらいいじゃないか。差別するのは赤十字の精神に反するのではないか」と厳しく批判した。

堀のような日本海軍の至宝と言われた人材を放逐したのが、大角人事の本質だった。

当時、第二次ロンドン予備交渉の海軍代表としてロンドンに滞在していた山本五十六は、昭和九年十二月九日付で、途中立ち寄ったベルリンから堀宛に、次のような激烈な内容の私信を送っている。

「吉田（善吾。軍務局長、少将）よりの第一信により君の運命を承知し、爾来怏々《おうおう》不快の念に不堪。出発前相当の直言を総長（伏見宮）にも申し述べ、大体安心して出発せる事、茲に至りしは誠に心外に不堪。坂野（常善中将。宇垣の組閣に対し、海軍が白紙なる旨発表して馘首される）の件等を併せ考ふるに、海軍の前途は真に寒心の至なり。如此人事が行はるる今日の海軍に対し、之が救済の為努力するも、到底六かしと思はる。矢張り山梨（勝之進大将）さんが言はるる如く、海軍の慢心に斃るるの悲境に一旦陥りたる後、立直すの外なきにあらずやを思はしむ。爾来会商に対する張り合いも抜け、身を殺しても海軍の為などと云ふ意気込みはなくなってしまった。ただあまりにひどい喧嘩別れとなっては、日本全体に気の毒だと思へばこそ、少しでも体裁よく、あとを濁そふと考へて居る位に過ぎない。……向寒御自愛をただ祈るのみ」

その後、予備交渉において日本側は、差等比率主義を拒否し、不脅威、不侵略の兵力量の協定を提案した。これに対して米国側は、ワシントン海軍条約の五・五・三の比率と兵力量の一律二割削減を主張し、日本案に真っ向から反対した。このため十二月二十日、予備交渉は休会となった。

昭和九年末日までワシントン海軍条約の破棄通告をするとの日本政府の方針は、九月七日に閣議決定されていたが、同年十二月二十九日、日本政府は既定方針通りワシントン条約の廃棄通告をした。

この日、加藤（寛）は、東郷元帥の墓前に小笠原長生中将を派遣して、「帝国海軍更正の黎明を迎ふ」と書かれた名刺を届けさせた。加藤の言う通り日本海軍にとって黎明だったのか、それとも没落だったのかは、歴史が示すところである。

昭和十年二月十二日、ロンドンから帰国した山本五十六は、失意のあまり海軍を辞めようと思った。それを強く諫《いさ》めたのは他ならぬ堀悌吉だった。

さて井上の方だが、満州国皇帝溥儀のお召艦となった「比叡」艦長の時のエピソードを一つ紹介したい。

「比叡」は、特命検閲を受けた三日後の昭和十年三月二十五日、横須賀を出港し、大連まで皇帝を迎えに行って、四月六日に横浜に入港し、四月二十三日に神戸港から皇帝を大連まで送って行って、五月四日に横須賀に帰港した。

航海中、満州国皇帝に供覧のために合戦準備や戦闘訓練を実施した際、皇帝の御側用人があてがわれていた居室の舷窓を閉めさせなかったというちょっとした出来事があった。甲板士官が困ってその事を艦長である井上に報告すると、井上は気色ばんで「航海長、両舷停止！　甲板士官、左舷縄梯子用意！」と命じた。

訝《いぶか》る艦橋上の面々に向かって、井上は「軍艦比叡で艦長の命令を聞かない者は一人もいない。お茶坊主をすぐどこにでも退艦させろ！」と厳命した。これには出席随員で宮内大臣の沈瑞麟も大いに驚き、井上に詫びを入れて事なきを得た。

この時期、井上にとって心和んだことと言えば、昭和九年に横須賀市長井町の荒崎の崖上に終《つい》の棲家とすべく建てた自宅が完成したことがある。

前述したように井上は、軍務局第一課長に発令された日に妻の喜久代を亡くすという不幸に見舞われたが、長く結核を病んでいた妻のために、存命中から何とか空気の良い海岸に家を建てたいものだと考えていた。

そんな折にたまたま海大甲種学生時代に買って住んでいた東京の西大久保の持ち家が売れて、まとまった金が入ったため、いよいよこれを実行することにした。

用地に決めた横須賀市郊外の長井町の土地は、もともと長兄の秀二が別荘を建てていたところだったが、井上はその土地の一部を譲り受けた。

娘の靚子は、井上の艦長就任の頃から西大久保に住む義兄の阿部信行宅からお茶の水高女に通っていたが、完成後は、週末にかけてこの長井町荒崎の自宅に来て、父娘二人の生活を楽しむようになった。

当時、「比叡」には九六式水上偵察機一機が配備されていた。ところが当時はまだカタパルト（噴出装置）が取り付けられていなかったため、横須賀航空隊に預けてあった。このため飛行科の分隊員は毎朝艦から同隊に出向き、夕方艦に戻るという日課を続けていた。

ある日井上は、今川福男（五十二期、のち大佐）飛行長が操縦する飛行機の偏流測定（風の影響によって生じる飛行機の軸線方向と飛行軌跡のズレを測る）訓練に体験搭乗させてもらった。

実際に飛行機に乗ってみると、観音崎灯台や横須賀港が眼下につぶさに見て取れた。こうした経験が、井上をして昭和十六年一月の「新軍備計画論」を書き上げさせる契機になった。

また飛行隊では、操縦員の技能検定の名目で、荒崎岬の崖上に建っている井上邸を目がけて報告球の投下訓練したことが何回かあった。機上の今川飛行長から見ると、井上が日当たりのよいテラスに娘の靚子と並んで座って、訓練機を見上げている姿があった。投下した報告球がうまく庭に到達すると靚子が駆け寄って拾い、井上に手渡している様子が視認出来た。

井上はこのしゃれた別荘風の邸宅で、娘の靚子と共につかの間の休日を楽しんだ。

第6章　横須賀鎮守府参謀長に就任

昭和十年八月一日、井上は横須賀鎮守府付の辞令を受け取った。これは横鎮参謀長就任を前提にしたものだった。

「進級が遅れてもいいから、もう一年比叡艦長をやらせてもらいたいものだ……」。昭和十年八月に「比叡」を退艦する際、井上は思わず漏らした。

本来、井上の「比叡」退艦は、その頃創設予定の第三航空戦隊司令官就任のためだったが、第三航空戦隊の創設そのものが流れてしまった。

当時海軍では、航空部門が急速に発展したため、上級指揮官の人材が不足していた。そのため山本五十六の発案で、人事局が飛行科出身以外の一般兵科将校の中から優秀な人材を抜擢して、航空指揮官に充てることにした。

具体的には戸塚道太郎（三十八期）、山口多門（四十期）、有馬正文（四十三期）らの中将になった将官がそれに該当するが、井上の場合は彼らに先立っての抜擢人事になるはずだった。ところがそれが流れてしまい、結果的に井上は横須賀鎮守府参謀長に就任することになった。

井上が横鎮参謀長になった後に、米内光政中将（のち大将）が司令官として着任した。ここに米内と井上のコンビが誕生することになる。この横鎮で培った両者の信頼関係が、後年の終戦工作につながった。

　井上が赴任した時の横鎮の司令官は末次信正（二十七期）大将だった。井上は末次の下で三ヵ月半鎮守府付を務めた後、十一月十五日付で少将進級と同時に参謀長に就任した。一方の末次は、十二月一日付で軍事参議官に転出した。

「三十七期生のトップ〝栄進の予約〟実践　米内長官と東北出身・名コンビ　新参謀長井上成美少将」

　昭和十年十一月十五日付の全国紙は、一斉にこの人事を報じた。

　横須賀鎮守府参謀長に就任した当時の海軍部内の雰囲気を、井上自身は次のように語っている。

「部内の空気は相変わらず陰気で少しも改まって来ないし、陸軍は陸軍で何となく殺気立っている様子。言論界の人たちは国家よりも自分の金儲けが第一らしく何か右翼迎合の調子が強く、正々堂々と中正の論をなす者きわめて稀有な状況であった。この世相では、三年前軍務局第一課長の時に判断した通り、陸軍の不逞分子に対して海軍省を守る必要ありと考えて、今度は実力を用意して置き、いざという時に即座に兵力を差し向けられるようにして置くべきだと考えていた。実施部隊としての立場で、万全の手筈を整えようと米内長官の承認を得て、次の準備を実施した。その目的は、長官と先任参謀しか知らない」

　井上が極秘裏に準備したのは、次のようなものだった。
（一）、特別陸戦隊（一個大隊）の編成、二回ほど召集し顔合わせと演習を行なう。
（二）、砲術学校から兵員二十名を、いつでも横須賀鎮守府に呼集できるよう準備する。こちらの兵は万一の時には海軍省に派遣し、大臣官房の走り使いや連絡に当たらせ、また小銃を持たせて海軍省の警備に当たらせる。
（三）、巡洋艦「那珂（五千五百九十五トン）」艦長に、昼夜風雪の如何《いかん》にかかわらず芝浦に急行出来る様研究を内命。

昭和七年、五・一五事件発生直後に軍務局第一課長に就任した井上は、同事件に触発されて陸軍内からも同様の事件を起こす可能性があると考えていた。そのため海軍省構内の東京海軍無線電信所に小銃を配備し、また海軍省には戦車一台を配置した。

井上が鎮守府付に赴任した十一日目の昭和十年八月十二日昼、陸軍省内の軍務局長室で、永田鉄山少将が皇道派の相沢三郎中佐に刺殺されるという驚愕すべき事件が発生した。

井上が住む官舎の正門は、横須賀海軍工廠総務部長の山下知彦大佐（四十期、旧姓水野、十期の山下源太郎大将の養嗣子）の官舎の門と向かい合っていた。

その頃、山下の官舎に毎週一回ほど若い士官たちが大勢集まっていることは、井上も知っていた。ある日、女中が井上に訊ねた。「旦那様、向かいの山下さんの所に、ちょいちょい晩に集まって来る人たちは一体何しに来るんでしょうね？」

「あれは、山下さんが若い士官に話を聞かせている修養の会だよ」

井上としてはさりげなく答えたつもりだったが、女中は釈然とせず、「あれが修養の会ですか……。旦那様は奥で休んでおられるからお分かりにならないでしょうが、あの士官さんたちは、帰りにはこちらの塀に並んで立小便するんでございますよ。修養どころか、随分礼儀を知らない方たちでございますよ。私は腹が立って堪らないんでございますよ。まるで旦那様に小便をおかけしているようなものですからね……」と言って怒った。これにはさすがの井上も苦笑せざるを得なかった。

第7章　五・一五事件

今から四半世紀前の事だが、高木惣吉海軍少将の活躍を偲ぶ「高木会」の席上、五・一五事件と日本海軍内のテロ実行者との関係について、元護衛艦隊参謀の大井篤海軍大佐が次のような話をされたことがあった。

「五・一五事件に参加あるいは関係した海軍士官の中に、私が関係している者がいた。彼らにとって最も有力な思想的指導者であり、事件の背景となった人物の一人であった大川周明は山形県鶴岡中学出身で、私の先輩に当たる。もっとも大川と私とでは同窓と言っても明治三十七年春と大正九年春の卒業であり、十六年の間隔があるため面識は全くないが……。私が兵学校に入学した当時（大正九年七月）の校長は鈴木貫太郎で、その暮れには千坂智太郎に代わり、さらに卒業の年（大正十二年七月）には谷口尚真に代わった。ちょうどワシントン会議を中に挟んだ三年間に当たる。

私が『一号生徒』と呼ばれた三年になる大正十一年の春、佐賀県庁でその年の海兵入学志願者の面接試験があったが、この時の受験者の中に、際だって印象的な一人がいた。それが佐賀中学を卒業した藤井斉《ひとし》だった。

休暇になると大抵の生徒は帰省するものだが、藤井は郷里の方へは足を向けずに東京へ出かけて行った。藤井は、右翼革新的な言葉を使って同級生のみならず下級生にも仲間を集めに行ったのである。とくに藤井が出た佐賀中学の後輩には、藤井の言動に共鳴して入会する者が多かった。したがってこの中から、三上卓ら十一名が五・一五事件に加わっている。さて、その藤井を指導して革命児的成長に最も影響を及ぼした大川周明についてだが、大川の思想と行動には、根本的にはニーチェ哲学の影響があった。陸軍の石原莞爾も大川と前後して鶴岡中学で学んでいるが、彼の場合にも同じことが言える。

ニーチェを謳歌した高山樗牛がやはり鶴岡中学の出身で、あの頃の青少年にとっては、文学作品や評論などを通して樗牛への心酔は大変なものだった。ナチスの行動精神も、やはりニーチェだった。満州事変から太平洋戦争へ日本が辿った道を考えると、行動右翼の超国家主義や軍部の急進的な潮流の一番大きな源は、ここにあったのではないだろうか」

やはり「高木会」で知った方に、かつて黒潮会《こくちょう》（海軍省記者クラブ）所属の『朝日新聞』記者だった杉本健がいるが、その杉本はその著『海軍の昭和史―提督と新聞記者』中で、藤井斉と五・一五事件の関係について次にように記している。

「藤井にとって五・一五事件への決定的な飛躍台となったのは、霞ヶ浦航空隊である。彼がここに転属した昭和四年十一月、小林省三郎（少将）が同じく司令として着任し、翌年春、井上日召と、次いで橘孝三郎らと相知ったからである。中でも小林は、藤井が最も尊敬する海軍の先輩として末次（信正）の名を並べてあげていたと言われる人で、右翼急進グループの士官にとって『ものの判る後ろ盾』だった。……この頃、海軍省の教育局長は末次であり、大学校長はやはり右翼的強硬論者の中村良三、続いて高橋三吉となったが、大川は兵学校、大学校ばかりでなく、鎮守府、要港部、工廠にも講演を依頼されて出向いた。そしてほとんどの場合、『日本思想及び日本精神』という演題を掲げた。

大川は、『自分の講演が、ロンドン会議の結果に憤激している士官に感銘をあたえた』と書いている。藤井はやがて九州の大村航空隊に、次いで航空母艦『加賀』に乗り組み、七年の早春二月、上海で空の戦線に散った。大川、井上、橘ら三人は、五・一五事件の思想的背景となったばかりでなく、資金や武器の調達に力を貸し、実行についても指導的役割を演じていた。ただ井上はすでに二月、血盟団事件の背後の人物として逮捕されていたが、大川と橘は、五・一五事件の民間側被告として起訴されて刑に服した」

五・一五事件が起こった当時の海相は大角峯生で、就任して半年経ったばかりだった。法務局長は山田三郎少将である。

五・一五事件の公判は、横須賀の海軍軍事法廷で、七月二十四日から九月二十日までの二ヵ月間に二十回おこなわれたが、被告たちは海軍刑法第二十条の反乱罪や反乱予備罪に問われたにもかかわらず、世間は彼らを「憂国の国事犯」として持ち上げた。

判士長（裁判長）は高須四郎大佐で、後に駐英武官になったほどの公正な海軍軍人だった。検察官は山本孝治だった。この時、山本は諭告で次のように述べている。

「その（ロンドン海軍条約）経過に関し、各機関の間に多少の経緯があったとしても、これを以て、ただちに被告人等が統帥権の事実ありと見たるは首肯し難い。いわゆる上奏阻止の問題についても、被告人の陳述を肯定するに足る資料に欠け、根拠なきものといわねばならぬ。被告人等は、世故に慣れていない青年であって、いわゆる処士横議の徒と相交り、彼らの言を信じ、すべて真実なりと判断し、『軍人は政治に干与すべからず』とする軍人勅諭に背反したことは、海軍軍紀の保持からもきわめて遺憾千万と断ぜざるをえない」

そして昭和八年十一月九日、高須判士長は、次の判決を言い渡した。

古賀清志、三上卓中尉―禁錮十五年（求刑、死刑）

黒岩勇少尉―禁錮十三年（求刑、死刑）

中村義雄、山岸宏中尉、村山格之少尉―無期禁錮（求刑、死刑）
伊東亀城、大庭春雄少尉、林正義中尉は禁錮二年、いずれも執行猶予二年（求刑、禁錮六年）
塚野が禁錮一年、執行猶予二年（求刑、禁固三年）

第8章　二・二六事件の発生

昭和七年五月十五日の白昼、首相官邸で犬養毅首相が暗殺された。ここに日本の政党政治は終わりを告げた。

五月二十六日、斎藤実海軍大将を首班とする挙国一致内閣が成立した。七月、内田康哉が外相に就任した。その内田は八月の議会で「焦土外交」の決意を表明し、九月に日満議定書を結んで、日本は満州国を公式に承認した。

昭和八年二月二十四日、国際連盟総会はリットン報告書を四十二対一（日本）で可決した。このため三月二十七日、日本は国際連盟から脱退することになった。

すでに全満州（東三州）を占領していた関東軍は、五月に熱河省から華北に侵入し、五月三十一日、国民政府軍事委員会との間で塘沽《タンクー》停戦協定を結んだ。

九月十四日、内田が辞職し、後任の外相に広田弘毅が就任した。その広田は「協和外交」を提唱して、十月三日から二十日にかけての五相会議で、満州国の育成と日満華三国の提携を基調とする国策を決定した。

広田は「広田三原則」（中国の排日停止、中国の満州国独立の黙認、共産勢力に対する日満華の協力）の方針に基づいて日華関係の打開を図るとともに、日米関係の調整に努めた。しかし、斎藤内閣は昭和九年七月三日に総辞職し、代わって岡田啓介内閣が成立した（広田外相は留任）。

岡田内閣は閣議においてワシントン条約の廃棄を決定し、仏伊に対して共同廃棄を呼びかけたものの拒否されたため、十二月二十九日に単独でワシントン海軍軍縮条約の廃棄通告をした。

昭和十年（一九三五年）一月二十二日、広田外相は議会で日華親善を強調し、二月二十日、中国外交部長汪兆銘も日華提携の対日外交方針を表明することによってこれに応じた。そして五月十七日、日中両国は公使館の大使館への相互昇格を実現した。

こうした日中両国首脳の努力にもかかわらず、日中間ではその後も不祥事が続いた。日本軍は、六月十日の梅津・何応欽協定、同月二十七日の土肥原・秦徳純協定によって、華北、内蒙古への侵略を開始した。

広田外相は、十月四日、「対支政策に関する外、陸、海三相間諒解」（いわゆる広田三原則）を成立させて中国と交渉を行なったが、日本陸軍は、中国の幣制改革が英国の後援によって行なわれたとしてこれに反対して華北分離工作を強行し、十一月二十五日、圧力を加えて冀東防共自治委員会、十二月十一日、冀察政務委員会を組織させた。

昭和十一年（一九三六年）一月十五日、日本全権永野修身は、第二次ロンドン軍縮会議からの脱退を通告した。

そんな中で二月二十六日、二・二六事件が発生した。前夜から降りしきる大雪の中、陸軍の青年将校、そして彼らに率いられた近衛歩兵第三連隊、歩兵第一、第三連隊の約一千四百名は、わが国の政府首脳を襲った。

最初に即死と伝えられた岡田首相は奇跡的に難を免れたものの、斎藤実内相、高橋是清蔵相、渡辺錠太郎教育総監らは暗殺され、鈴木貫太郎侍従長は重傷を負った。

ロンドン海軍軍縮条約の成立のために奔走した岡田、斎藤、鈴木の日本海軍の三長老が襲われたのは、この事件がロンドン条約問題に端を発する軍部、政局の紛糾と密接に関係した事を象徴していた。

二・二六事件以後、皇道派は陸軍内から一掃され、実権は梅津美治郎次官、石原莞爾参謀本部作戦課長の手に握られることになった。ところが陸軍当局による「粛軍」の方針とは、陸軍が政治干渉を自重する事を意味しなかった。その後はむしろ巧妙に政治機構内に溶け込み、その政治力を発揮することになった。

この事件によって岡田内閣は総辞職し、後継首相に、斎藤、岡田内閣時代に外相を務め「協和外交」を推進してきた広田弘毅が任ぜられることになった。

天皇は広田新首相に対して、(一) 憲法の条章による政治、(二) 国際親善を基調として殊に無理をしないこと、(三) 財政および内閣において急激な変化は望ましくないこと、など異例の注文を付けた。

二・二六事件の余熱も冷めやらぬ中、庶政一新を掲げる広田内閣に対して、陸軍はあからさまに干渉してきた。広田内閣で当初閣僚予定者の中で実際に変わらなかったのは、陸海軍大臣の他では大蔵大臣の馬場鍈一だけであった。

第9章　二・二六事件と井上成美

井上の横鎮参謀長就任後、先任副官が安易にも若い士官たちを米内長官に案内して面接させてしまったことがあった。このことを知った井上は驚愕すると同時に、この事実が革新派の連中に利用されることを恐れた。そこで井上は各鎮守府宛に、ただちに米内長官と士官たちとの面談の経緯と真相を電報で伝えることにした。

井上が予感した通り、若い士官たちが長官との面談の様子を部内に流したため、横須賀憲兵隊が調査する事態になった。

昭和十一年の正月、横須賀陸海軍首脳の新年会が、横須賀市内の『魚勝』で開かれた。宴半ば、井上が各鎮守府宛に打電したことについて、神経過敏として面詰した憲兵士官がいた。その辺の経緯を、井上は次のように述べている。

「酒がだいぶ廻った頃、憲兵隊長が私の前に来て、『こないだ若い士官と会談したあと、貴公はあんな電報を打つなんて、余りに神経質だ』で始まり、私の事を『貴公、貴公』と酒の席とはいえ、生意気な呼び方をするので、私は『君は少佐ではないか。私は少将だ。少佐のくせに少将を呼ぶに貴公とは何事だ。海軍ではな、軍艦で士官が酒に酔って後甲板でオダを巻いていても、艦長の姿が見えればちゃんと立って敬礼するんだ。これが軍隊の正しい姿だし海軍の美風だ。海軍には無礼講はない。君のような人間とは一緒に酒は呑まん』と言ってその席を立ち別室で茶漬けを食べていると、芸者が照葉君を先頭に三人ほど慌ただしく飛んで来て、『参謀長大変です。荒木さん（貞亮少将、砲校長）、柴山さん（昌生少将、人事部長）が憲兵隊長と喧嘩しています！』とご注進だ。そこで私は（浪曲なら「この時、大将少しも騒がず」とやる所だが）『どっちが勝ってるか？』と聞くと、『憲兵隊長が殴られています！』というから、私は『そんなら放っておけ！』と言うと、芸者たちは『放っておいていいんですか……』と渋々引き下がる。翌日、憲兵隊長が鎮守府に謝罪に来たので、『後であやまらにゃならん様な事をするな』で、この幕は下りた」

二月二十日過ぎのある午後のこと、井上の許《もと》に親しい新聞記者がやってきて、「確かなことは判りませんが、陸軍の兵隊に変な動きがあるという情報がありますよ……」と小耳に入れた。

「そうかい、ありがとう。また陸軍の馬鹿どもだな……」と、井上は首をかしげながらつぶやいた。

当時、総理大臣官房事務主任だった小沢幸忠は、「一週間ぐらい前から、何か異変があるような予感があった。ちょうど五・一五事件があった一週間前、午前五時頃に約五百二、三十人の兵隊が首相官邸を取り巻いて射撃訓練をしていた時も、いやな予感があった。それと同じものを私も栗山一男警視総監も感じて、前日は遅くまで官房の部屋に残っていた」と回想している。

二月二十六日早朝、官舎でまだ就寝していた井上は、副官からの電話のベルで叩き起こされた。

「新聞記者からの情報ですが、陸軍は今暁大変なことをやりました。一部は総理官邸を襲ったとのことです！」

「あとのことは鎮守府で聞く。一刻を争う時だ。幕僚全部すぐ出勤させろ！　私もすぐ行く」と命じておいて、降り積もった雪を蹴って横鎮に駆けつけた。

かねてから武力による国家改造を計画していた野中四郎大尉ら陸軍皇道派の青年将校たちが起こしたクーデターだった。

横鎮では幕僚たちが急遽呼集された。副官から情報を聞いた井上は、砲術参謀を自動車で東京へ実情偵察に急派するとともに、水兵二十人を海軍省に急ぎ派遣する事にした。その他にも特別陸戦隊を用意し、「那珂」に急遽出港準備を命じ、麾下各部に対して自衛警戒を指示した。

午前九時近く、横須賀市公郷の長官官舎にいる米内から「俺も出て行った方がいいか……」と電話で聞いてきた。

井上は、「差し当たっての打つ手は皆打ってありますが、国の大事ですからやはり鎮守府におられた方がよろしいでしょう」と答えた。

午前九時、かねて準備をしていた一個大隊の特別陸戦隊を乗せた「木曽」が横須賀港を出港しようとしていると、軍令部から、「警備派兵は手続きが要るので、横鎮が勝手に軍艦を出すわけにはいかん。手続きが済むまで待て」との命令が入った。

井上は『思い出の記』において、この辺の経緯を次のように回想している。

「海軍省の守備はもちろんのこと、もっと早く海軍の威容を表わし、海軍の厳然たる態度を東京市民に示して安心させることが、もっともっと早くできたはずの横鎮苦心の成果を、大事な所でくじかれて目茶目茶にされた次第で、じつに悔しかった。……元来軍令部という機関は、平素は世俗を離れて、静かに専ら作戦、国防の構想を練って研究する所なので、平時の突発事件などを急速にさばく様には態勢も出来ておらず訓練もされていないから、心構えも出来ていないのは当然の次第である。したがってかような機関が、警備は統帥だから寄越せと言って権限だけを拡げても、今度のような場合にはテキパキと急速な処置が出来ないのは当然である」

上記の井上の回想の根底には、当時の軍令部の体質そのものに対する不信感があった。

軍令部総長の伏見宮は、少なくとも午前九時半頃までは反乱に同情的に行動した。伏見宮は反乱に好意的な加藤（寛）と真崎（甚）をともなって午前九時に自邸を出て参内し、両大将を待たせて単独で天皇に会って、速やかな組閣と戒厳下令をしないことを願った。このため伏見宮は天皇の不興を買うことになり、両大将は一言もなく皇居を去った。

伏見宮軍令部総長による統帥命令の伝達の結果、ようやく二十七日午後四時、第一艦隊が東京湾に姿を現わした。旗艦「長門」を先頭に約四十隻が芝浦沖に集結し、砲門を市街に向けて示威の態勢をとるとともに、陸戦隊を上陸させた。

事件は発生以来四日目で一応収まったが、横須賀鎮守府では米内長官以下全員が泊まり込みで執務をした。

事件中の井上は、昼間は息をつく暇もないほど超多忙で、事件が収まった後に長官から出してもらう訓示を書くのに夜中しか時間が取れなかった。

井上は三晩、ほとんど徹夜で訓示の原稿を書き上げて、米内のもとに持参した。

米内はゆっくり頷《うなず》きながら読むと、少しの修正もせずに「これで良し！」と言った。

当時、横鎮管下には中将と少将が八名、大佐が六十数名、併せて七十数名の所轄長がおり、彼らの中には事件を起こした部隊が蹶起部隊なのか反乱部隊なのか、明確な判断を持ちえない者もいた。

しかし井上が「反乱部隊」と明快に断定したため、横鎮管内で混乱が起こるようなことはなかった。

反乱に加わった将校ら十五名は死刑、その他二十二名が無期から一年六ヵ月の禁錮刑に処せられて事件は終結した。

第10章　軍部大臣現役武官制の復活

二・二六事件後の粛清によって、皇道派は陸軍内から一掃され、実権は梅津次官と石原作戦課長の手に握られることになった。

軍部はその独裁の一段階として、軍部大臣現役武官制の復活を要求してきた。

軍部大臣制は、明治三十三年五月十九日、陸海軍省官制改正により、「大臣及び総務長官（次官）に任ぜられる者は現役将官とす」と記載されることによって確立した。

元来、民主主義国家にあっては軍人は政治に干渉してはならず、政治の責任は政治家に任せることとされていたが、プロシア国家を真似た日本陸軍には近代民主政治の常識を理解することが出来なかった。しかし大正時代に入ると、わが国におけるデモクラシーの高揚とともに軍部大臣現役武官制は批判を浴びることになった。

大正二年六月十三日、第一次山本権兵衛内閣は、大臣、次官の現役将官を、予備役の大将、中将まで拡大することにした。これによって軍人であっても予備役に編入されれば、政治活動が可能になり、政党にも入る事が出来るようになった。

原（敬）政友会内閣時代には、植民地総督にも文官が採用されるようになった。大正十年、ワシントン軍縮会議に赴いた加藤（友）海相は、「文官大臣制度は早晩出現すべし」と言及した。それが今また大正二年以前の制度に逆行したのであり、時代錯誤も甚《はなは》だしかった。

昭和十一年五月十八日、軍部大臣現役武官制が復活し、以後軍部は内閣の生命与奪権を握ることになった。

八月七日、広田内閣は五相会議（首、外、陸、海、蔵）において「国策の基準」を採択した。この採択によって、日本は内政、財政の刷新をして、高度国防国家の建設を目指すことになった。「国策の基準」を採択した同日、広田内閣は四相会議（首、外、陸、海）において「帝国外交方針」を決定し、近年のソ連の軍事増強に対処するためにドイツと提携する事を決めた。

ドイツでは一九三三年（昭和八年）一月、ヒトラーが政権を握り、一九三五年三月十六日に再軍備を宣言した。一方、ムッソリーニのイタリアも、一九三五年十月三日、エチオピア侵略戦争を開始した。このためファシズム国家と民主主義国家との軋轢は激しくなり、それはスペイン内戦となって噴出した。

一九三五年七月から八月にかけてモスクワで開催された第七回コミンテルン大会は、日本、ドイツ、イタリアのファシズム勢力に対して人民戦線で対抗する事を決定した。

国際連盟を脱退し、さらに軍縮条約を破棄して国際的孤立感を深めていた日本は、ドイツへ接近することによって、そこからの脱却を図った。

昭和十年、ドイツ人ハックを通してナチス党外交部長リッペントロップから駐独大使館付武官大島浩少将に対して、対ソ防御同盟の非公式な提案が行なわれた。これを契機に親独派の大島とドイツ側の交渉は急速に進展し、十月、リッペントロップより日本陸軍に対して、態度打診が行なわれた。このため十一月末、参謀本部の若松只一中佐がドイツに派遣されることになった。

リッペントロップは若松との会談において、防共協定とは別に秘密で対ソ防御協定を結ぶことを提案した。

四月二日、広田内閣は駐華大使の有田八郎を外相に迎えた。その有田はドイツと「薄墨色程度の協定」を結ぶ方針を採り、四月末の駐独大使武者小路公共の帰任を待って日独間で協定を煮詰めることにした。

武者小路大使とリッペントロップとの十数回にわたる交渉の結果、十一月二十五日にベルリンで、日独防共協定が締結されることになった。

日本がドイツと提携したことについて有田外相はその国際的影響を楽観視していたが、実際には米英ソから強い反発と不信を招くことになった。

第11章　一系問題と井上成美

今から四十数年前の昭和五十一、二年の話になるが、当時私は『日本海軍・太平洋戦争開戦原因論』をテーマとする学位論文の執筆に追われていた。そんな中で太平洋戦争の開戦に断固反対した井上成美の存在を知った。中でも昭和十六年一月、井上が建策した「新軍備計画論」は対米戦争絶対反対を訴えた卓見であり、独創的な戦略論であった。

誰から教えてもらったのかは忘れたが、井上成美が昭和十七年十一月から十九年八月まで海軍兵学校長であった当時に薫陶を受けた七十一から七十八期のかつて生徒たちが、彼の伝記を作っているという事を小耳に挟んだ。そこで私は早速その事務所を訪ねてみることにした。

営団地下鉄の丸の内線に「新宿御苑前」という駅があるが、その駅で電車から降り、地下から上がったすぐ眼の前のビルが私の目指す「古鷹ビル」であった。このビルのオーナーが、紙の卸しで成功を収めた海兵七十三期卒の深田秀明という人で、この深田氏の許《もと》で井上成美の伝記が編集中だった。

このビルの地下の一室に【井上成美伝記刊行会】というプレートの掛った一室があった。そこで井上成美の伝記の原稿の取りまとめに当たっている方が、深田氏と海兵同期で「古鷹商事総務部長」の肩書を持つ岩田友男氏だった。

すでに井上伝のための大半の原稿は集まっているとのことだったので、私は早速それらを読ませてもらうことにした。すると当時の私にはよく理解の出来ない事項があった。それが「一系問題」と言われるものだった。

早速、私は岩田氏に、「一系問題って何ですか?」と訊ねてみた。すると岩田氏は、「一系問題とか、軍令承行令という概念は、戦場における指揮権の継承順位のことですよ。戦争では、艦長とか指揮官が斃《たお》れてしまう場合が多々あるでしょう。そんな時に指揮を滞りなく受け渡し出来る様に、あらかじめその順位を決めておくんですよ。とりわけ『一系問題』というのは、兵科将校と機関科士官の統合の問題でしてね。日本海軍内には、兵科将校の機関科士官に対する差別の弊風があったんですね。機関科に対しては「罐焚き」だなんて馬鹿にした風潮があってね。これを是正するのはなかなか難しかったんですね。井上校長は、この一系問題解決のために非常に尽力されました」と、丁寧に解説してくれたものである。

ちなみに岩田氏はそれから十年ほどして、日本人男子の平均寿命にはまだ達していない年齢で他界してしまわれた。またくだんの深田秀明氏は、今から五年ほど前から認知症のため、施設に入院されている由である。

横須賀市郊外の長井にある井上成美邸は、平成二十三年三月に発生した東日本大地震で建物がだいぶ傷んだため閉館状態になっているが、今この井上記念館を修復して再開したいとする有志の声が上がっていることを付け加えておきたい。これには筆者も多少関係している。

さてここで話を戻して、「一系問題」の歴史的経緯をみてみたい。

十九世紀前半の蒸気推進軍艦導入以降、海軍では動力装置を操作する機関要員が必要になったが、その幹部である機関科士官は、戦闘要員である兵科士官とは区別されていた。指揮権の有無や、階級制度、給与、養成課程などさまざまな面において異なった扱いをされていたのだった。

ところが時代が下って来ると、軍艦における動力装置の重要性の高まりや、また機関科士官の抗議などによって、兵科士官と機関科士官を統合しなければならない状況に立ち至った。

日本海軍の場合、明治二十八年九月、「火夫」を「機関兵」と改称した。二十九年三月には、准士官の機関士を「上等機関兵曹」の名称に、下士官である機関手《きかんて》を「機関兵曹」に改称した。明治三十二年三月二十四日には、「軍令承行に関する件」と呼ばれる海軍軍隊の指揮、統率に関する権限行使法の規定が発布された。

日清戦争は、海戦史上汽走軍艦による初めての海上戦闘だった。日本海軍は北洋水師を主力とする大艦隊と戦うにあたって、明治二十二年七月、「軍艦条例」を定めて戦闘に備えた。

それには「艦長事故ある時は副長代理を為す。また副長を置かざる艦にありては先任将校其の代理を為す」とあり、さらに「副長事故ある時は先任将校その代理を為し、副長を置かざる艦にありては先任将校副長の職務を担任す」とあった。

さらにもう一条加えて、「航海長事故ある時は航海士官其の代理を為し、分隊長事故ある時は分隊士その代理を為し、機関長事故ある時は機関士其の代理を為し、軍医長事故ある時は軍医其の代理を為す」とされた。

このように戦闘の最中、および突発的な事故が艦内で発生した時に、統率を混乱なく済ませるために指揮権の順位が定められた。

明治三十二年三月、「軍令承行に関する件」と題された内令が出された。これによれば、「軍令は将校、官階の上下、任官の先後に依り、順次これを承行す。軍令を承行し得べき各部の長必要ありと認むる時は、部下兵曹長をして軍令を承行せしむ。他の条例規則又は特別の命令ある者は本令を適用すべき限りに非ず」と記載された。

昭和十一年（一九三六年）十一月十六日、井上成美少将は軍令部出仕兼海軍省出仕に補された。

昭和八年九月に軍務局第一課長の職を離れて以来、三年ぶりの海軍省勤務であった。

ところで「出仕」というのは、次の職務に就く前の準備期間中（予備役編入の場合も含む）か、定員で定められている職務以外の特殊任務を担当させられる場合に使用される職名である。

かつて井上は、軍務局第一課長に補される前に軍令部出仕兼海軍省出仕として一ヵ月間いたことがあったが、実際に部下を持っていたわけではなかった。

海軍省では、定まった職務内容とそれに見合った定員が勅命によって定められており、それ以外の人件費予算は取れていない。そこで人件費予算から俸給を出すために、名目上「軍令部出仕」という肩書を付けた。

海軍省に赴任すると早速井上は、永野修身海相から呼ばれて、特命を受けることになった。

着任の日、井上がまず軍務局に立ち寄ると、第一課長の保科善四郎大佐から「このたびはご苦労さまですね」と言われた。「何のことか？」と井上が質《ただ》すと、「一系問題をやるんだそうですよ」との返答だった。

井上としてはこの問題はすでに解決済みと思っていたので、不審に思いながらも永野海相の所に行き、「ただ今着任しました」と挨拶した。

すると永野海相は保科の言葉に違わず、「軍令承行令における兵科と機関科将校間の差別を撤廃する事の可否、つまり一系問題を検討せよ」と内命した。

さらに永野は言葉を継いで、次のように語った。

「じつはこの件については、軍務局長の豊田副武中将に命じて研究させていたが、提出されてきた答申（機関科将校制度に関する調査委員会の報告）によると、一系問題を否とするものであった。そこで私は豊田に対して、『こういう結論で処理する自信があるのか』と聞くと、『自信ありません』と言うではないか。私としてはそんなものを採り上げる訳には行かない。豊田に『もう一度やり直せ』と言う訳にも行かず困っているところだ。ともかく私はあの結論には不賛成だ。この答申書は君に渡すから、君はこの答申書に捉われることなく、中立の立場で再検討してくれたまえ。先の委員会案と反対の結論が出ても差し支えない。期間は一年間だが、ともかく貴官一人で秘密裡にやって欲しい」

こうして井上は海軍省の二階にある戸棚のついている倉庫の一角のむさ苦しい部屋に籠《こも》って、一系問題に本格的に取り組むことになった。

本来「軍令承行令」とは、艦船あるいは部隊の戦闘を指揮する場合にのみ適用を限定して、そこでの応急的な継承順位を定めたものだったが、いつしか拡大解釈されて、つねに兵科優位の考え方が支配することになった。

某艦のガンルームの如きは、先任の機関中尉をさしおいて、後任の兵科少尉がガンルームを取り仕切るケプ・ガン（室長）になっているとか、食事の際のテーブルの席順などでも機関科が兵科の後位に置かれるというようなことになった。

これに反発した機関科将校の中には、公室への出入りを嫌って、食事を私室に運ばせる者まで出て来た。このため一系問題を、このまま放っておけなくなった。

井上は、公式に一系問題に取り組む以前から、機関科将校に深く同情していた。

航海出身でGF参謀や空母「鳳翔」の艦長を務めた国府田清大佐（海兵四十九期）は、昭和五年に海大甲種試験を受けた際、当時海大の教官だった井上から、「特務士官である分隊長の部下になった兵学校出身の分隊士は、軍令承行の定めによってその分隊長を指揮する立場となり得ることが起こり得るが、その事に矛盾を感じないか？」と質問されたことがあった。

その頃特務士官は、将校の部類に列せられていなかった。したがって右の井上の質問は、特務士官を例に引いての軍令承行令批判であった。

久保田芳雄少将（海機二十五期）も、井上が「比叡」の艦長をしていた頃を回想して、次のように述べている。

「兵科万能の習慣から、艦長はややもするとワンマン的気分になりやすいので、ずいぶん気をつけました。どちらかというと兵科の者は放っておいても付いて来ますが、他科の人たちにはとくに目を掛け、気を遣わなければいかんなあ、と考えながらやって居った訳です」

当時、戦艦「比叡」艦長室前は後部発電機室のハッチの入口になっていた。そのため機関科員が油の付いた靴で出入りするので、どうしても付近が油で汚れ気味になった。すると甲板受け持ちの八分隊員がこれを嫌がって、「おい機関兵、そこを汚しちゃ駄目だぞ。拭いていけ！」と怒鳴った。このためデッキ受け持ちの兵科分隊員との間で、諍《いさか》いが生ずることがよくあった。

井上は八分隊員を呼んで、「お前たち、そんなこと言うもんじゃない！　機関兵だって皆職務でやっているんだ。靴の底が油で汚れることも仕方ないじゃないか。そこは後で俺たちが拭いとくから、まあ一所懸命やってくれ、という気持ちになれないものか」と言ってたしなめたりもした。

以下は井上の述懐である。

「例のロンドン会議での条約締結の後、これを不満とする連中と、条約を仕方なしという連中の間に反目が起こったことはご承知の通りであります。当時軍令部の如きは、海軍省を目の敵にして、艦隊あたりに出かけては、『俺たちの要望を海軍省が聞かないので思うように行かない』と散々悪口を言うのです。こう不和の空気が一杯では、コモン・エントリー（共通入学、一系化）の問題をポジティブの方向に持って行っても、兵科の若い連中がグズグズ言うだろうし、逆に今迄通りと言うことになると、機関科の人たちが承知しないだろう。これは相当厄介なことになる。部内に反目のある最中にこの問題を取り上げるという事は果たしてどうかなあと、私はちょっと不安を感じていました」

井上は手始めに、永野海相から手渡された「委員会報告」の研究から始めることにした。研究しているうちに井上は、海軍の術科というものに対する考え方が、委員たちとは大きく違っている事に気が付いた。

かねて井上は、機関は砲術、水雷、通信などと同様に軍艦が戦闘力を発揮する上で、重要な要素の一つと考えていた。そのため委員たちのように機関科だけを差別して一線を画するのは大きな間違いだと思った。

さらにまた少中尉時代における各実科の実務経験の問題もあった。委員会報告によれば、少中尉の期間は六年ぐらいとして甲板士官の配置を加えて術科が六つあることから、これらを一年ずつ一通りこなすには丁度都合がいいとしていた。これがもし一系化するとなると、機関科配置が加わることから、少中尉時代をもう一年長くしなければならず、不都合だというのである。

これに対して井上は、大尉になるのがもう一年遅れるという理屈だけで機関を加えないのは問題であり、土台術科の数が六つあるとして何百人かの中尉が順繰りに六年以内で一つずつ修業していくなどという事は、実際には不可能であると考えていた。

ともあれ井上は、早速海軍全艦内編成を丹念に調べてみることにした。するとごく少数の者が幸運にも全術科を体験できるだけで、その割合は全体の六パーセントに過ぎないことがわかった。

こうしたことから、報告書に対する井上の考えは、次のようなものとなった。

「全く幼稚な判断と申すほかない。要するにこの報告は、一系問題否決の考えが先行していたとしか考えられない。全く先入観に左右されたものに過ぎないんです。この委員会に参画した機関科の人は、さぞ苦しかったことだろうと思います」

こうして井上は「委員会報告」の研究を一通り終えた。

この頃すでに永野は連合艦隊司令長官に転出し、後任の海相は米内光政大将（二十九期）、次官は長谷川清（三十一期）から山本五十六中将（三十二期）に代わっていた。

とりあえず井上は米内と山本に対して、これまでの経過を報告して、「この報告書には全く承服できない。しかしせっかく大臣、次官が代わったことでもあり、この際もう少し時間をかけて検討して、一系化の方向で結論を出したい」と述べて、了承を求めた。

その後、井上は兵学校と機関学校に出向いて、徹底的に教科の実態を調査することにした。井上は、兵学校と機関学校のそれぞれに出かけて、丸四日間缶詰めになって研究した。その結果、両校とも普通学では大差ないことがわかった。しかし術科の方では、兵学校では砲術、水雷、通信などと盛り沢山なのに対して、機関学校はエンジニアリング一本で、その方面では非常に進んでいることがわかった。とくに機関学校の機構学には、大いに感心させられた。

兵学校では生徒は個々の兵器に関して型式ごとに教えるのに対して、機関学校では、機構学や電気工学の基本をマスターするように教えた。このため別の型式に出会っても、応用が効いて理解が早かった。

さらに井上は、精神教育についても調べてみることにした。

機関学校では事に臨んで「従容死につく」事を強調していたが、井上にすれば、これでは死を過度に美化しているようで無理があると思った。

これに対して兵学校の方では、そのようには教えなかった。「従容として死を衒《てら》う必要はない。飽く迄も与えられた職務の完全な履行が大事である」と教えた。井上はこのような兵学校の精神教育のあり方に賛成した。

その他にもさまざまな角度から検討した結果、兵学校と機関学校を一本化することをもってよしとした。つまり機関術を兵科の中の一術科にして、兵学校を卒業することによって、兵・機いずれの配置にも就けるようにすべしとしたのである。

こうした結論について井上は、「四ヵ年かけても、長い将来を考えると決して惜しくはない。機関科として多少本来の術科教育が浅くなる点はあるが、一方他の術科を現在よりも深くマスターすることによって、得るところも少なくない」と考えた。

第12章　海軍左派トリオ（米内・山本・井上）の誕生

昭和十一年十一月、井上成美の海軍省兼軍令部出仕と前後して、十二月には米内光政が連合艦隊司令長官に任ぜられた。一方、永野修身海相の下で海軍次官を務めることになったのが、航空本部長の山本五十六だった。

緒方竹虎はその著『一軍人の生涯』の中で、「山本五十六が永野の下に海軍次官に起用されたことは、まさに海軍立て直しのきっかけを造るものであった」と書いている。

昭和十二年一月二十三日、第七十議会の劈頭、政友会の浜田国松代議士は、目にあまる陸軍の政治干渉に対して、「軍部は近年みずから誇称して、わが国政治の推進力は我等にあり、乃公出でずんば如何せんの概がある。五・一五事件しかり、二・二六事件しかり、軍部の一角より時々放送せらるる独裁政治意見しかり、議会制度調査会における陸相懇談会の経緯しかり、満州協和会に関する関東軍司令官の声明書しかり、要するに独裁強化の政治的イデオロギーは常に滔々《とうとう》として軍の底を流れ、特に文武恪循《かくじゅん》の堤防を破壊せんとする危険ある事は、国民の均しく顰蹙《ひんしゅく》する所である」と厳しく批判した。

この演説をめぐって起こった浜田代議士と寺内寿一陸相によるいわゆる「割腹問答」によって、広田内閣は総辞職することになった。

そのため組閣の大命は宇垣一成大将に降下した。しかしながらこの宇垣内閣案は陸軍の忌避によって流産し、代わって一月二十九日、林銑十郎陸軍大将に組閣の大命が下ることになった。

ところがこの林内閣は全く無能であり、わずか四ヵ月余りで五月三十一日に崩壊し、六月一日に近衛文麿公爵に大命が降下した。

昭和十二年七月七日、七夕の夜に盧溝橋事件は発生した。事件直後、軍部・政府とも不拡大方針を採り、七月九日、閣議は現地解決の方針を決めた。

しかしこの頃、陸軍中央においては、この際、中国に一撃を加えるべきだとする参謀本部作戦課長武藤章大佐や陸軍省軍事課長田中新一大佐らを中心とする拡大派が、対ソ重視の観点から自重すべきだとする参謀次長多田駿中将や参謀本部第一部長石原莞爾少将、同戦争指導課長河辺虎四郎大佐、陸軍省軍務課長柴山兼四郎大佐らの不拡大派に勝利しつつあった。かくして閣議は華北派兵案を承認した。

これに対して七月十九日、蔣介石は江西省廬山で「最後の関頭」声明を発表して、徹底抗戦の方針を打ち出した。

七月二十五日に郎坊事件、二十六日に広安門事件が発生すると、天津軍司令官香月清司中将は武力行使を決意した。七月二十七日、閣議は内地の三個師団の華北派兵を決定し、総攻撃を開始した。

十月一日、四相会議は「支那事変対処要綱」を決定した。これには、「なるべく速やかに終結するために、「支那および第三国に対し、機宜の折衝および工作をなす」方針を決定した。

第三国の和平斡旋に関して、広田外相が期待していたのはドイツだった。こうして十一月から駐華トラウトマン独大使による日中和平工作が開始されることになった。しかし、中国戦線における日本軍の優勢にともなって、日本側の和平条件が著しく吊り上がったため、結局不調に終わることになった。

このため昭和十三年一月十六日、近衛首相は「爾後国民党政府を相手にせず」との声明を出すに至った。

その頃、極東ソ連軍の増強は日本にとって脅威だったが、昭和十三年七月十三日朝、東京の大本営に、現地よりソ連軍が十一日にソ満国境の張鼓峰に陣地を構築し始めたとの報告が送られて来た。さらに十五日には、ソ連兵による日本兵射殺事件も発生した。

大本営では作戦課長稲田正純大佐を中心に、中堅幕僚の間で「威力偵察論」が台頭し、稲田大佐は第十九師団を使用する反撃計画を作成した。

七月二十日、張鼓峰における実力行使と応急動員下令について天皇の裁可を得るため、閑院宮参謀総長と板垣征四郎陸相が参内上奏しようとしたところ、宇佐見興屋侍従武官長を通じて天皇の不許可の内意が伝えられた。なおも強硬に拝謁を願い出た両名に対して天皇は、「出先の独断で、朕の軍隊としてあるまじき様な卑劣な方法を用いるようなこともしばしばある。まことにけしからん話であると思う」と厳しく叱責された。

ところが七月二十九日、張鼓峰北方の沙草峰南方の国境稜線でソ連兵数名が越境し、陣地を構築し始めるという事件が発生した。

現地の第十九師団長の尾高亀蔵中将は、この事件をもって対ソ一撃の絶好の機会と判断し、三十一日未明、独断でソ連陣地に対して夜襲を決行した。

ソ連軍は日本軍に対して、歩兵は三倍、砲兵は四倍という機械化兵力をもって圧倒し、結局、十九師団は戦死者五百二十六名、負傷者九百十四名、死傷率二十一パーセントという大損害を被ることになった。

幸い八月十一日、モスクワで重光葵駐ソ大使とリトヴィノフ外相との間で停戦協定が成立した。

ところが翌昭和十四年五月十一日、今度は満蒙国境のノモンハン付近で、ソ連軍と日本軍の衝突事件が発生した。

関東軍幕僚会議では、この際、断固たる決意を示すべきであるとする積極論が大勢を占めた。東京の陸軍中央部は紛争の拡大を懸念したが、このような中央の空気を知った関東軍は、六月二十七日、独断で外蒙タムスク飛行場を急襲し、七月一日、関東軍は総攻撃を開始した。ところが日本軍は、予想をはるかに上回るソ連軍の大量の戦車軍によって粉砕されてしまった。

ノモンハン事件における日本側の犠牲者は、日本軍全参加兵力五万六千名中、戦死者八千四百四十名、負傷者八千七百六十六名、通算死傷率で三十パーセントであり、とくに第二十三師団では七十・三パーセント、また第七師団では三十二・八パーセントにもなった。

このため大本営は大陸令を下し、事件の終結を決定した。これにともなって植田関東軍司令官、磯谷参謀長以下主要幕僚を更迭した。

九月十六日、東郷茂徳駐ソ大使とモロトフ外相との間で、日本側譲歩の形で停戦協定が成立した。

第13章　防共協定強化問題の端緒

一九三三年（昭和八年）一月、政権の座に就いたヒトラーは、三五年三月に再軍備宣言を行ない、翌三六年三月にドイツ軍はラインラント非武装地帯に進駐した。

一九三七年（昭和十二年）十一月五日、ヒトラーは閣議において、ドイツのレーベンスラウム（生存圏）を拡大するため、近い将来ヨーロッパの領土問題を解決する事を明らかにした（ホスバッハ覚書）。ヒトラーがこの計画を実行すれば、ドイツがフランスおよびイギリスと衝突する事は明らかだった。

一九三八年一月二日、ナチス党外交部長リッベントロップは、対フランス、イギリス牽制を狙いとした日独伊同盟結成の覚書をヒトラー総統に提出した。

一九三八年一月初め、リッベントロップは、新年の挨拶のため、ベルリン近郊のゾンネンブルグの彼の別荘を訪れた駐独大島浩武官に対して、日独関係の強化方を希望した。

二月四日、リッベントロップはナチス党外交部長から正式に外相に就任した。そのリッベントロップは日本軍部の信頼を得べく、ドイツの対中国政策を改めることにし、ドイツの満州国承認、ドイツ軍事顧問団の中国からの引き上げなどの新政策を決定した。

一方、日本側も日中戦争の長期化とソ連の軍事力強化に備えて、陸海外の三省でそれぞれ日独伊防共協定強化問題について研究することになった。

七月十九日、五相会議（近衛首相、宇垣外相、板垣陸相、米内海相、池田蔵相）において、「日独および日伊間政治的関係強化に関する方針案」が協議され、「ドイツに対しては防共協定の精神を拡充して之を対ソ軍事同盟に導き、イタリアに対しては主として対英牽制に利用し得る如く秘密協定を締結す」旨を決定した。

この間、大島とリッベントロップとの話し合いは一段と進展し、大島が私案として対ソ協定を提示するまでになった。これに対してリッベントロップは、一般的な相互援助条約を希望した。

そこで大島とリッベントロップが協議した結果、この件についてはまず日本の陸海軍に打診することにした。前年の防共協定の内容が直ちにソ連に漏れたことに鑑みて、機密保持の観点から、この際、滞在中の笠原幸雄少将にリッベントロップ私案を託して帰国させることにした。

さて帰国した笠原は、八月七日、陸海軍首脳会合でこのドイツ案を披露した。陸軍側はただちにこれに同意したものの、海軍側はこの種の重大な案件は五相会議にかけるべきだとして慎重な態度をとった。しかしながらその内容がソ連を対象にするものならば趣旨として異存ないとも回答した。

八月十二日、五相会議が開催され、宇垣外相は七月十九日の五相会議の決定の線に沿って作成されたところの、軍事同盟ではなく相互援助を趣旨とする「日独政治提携強化方針要領」と「日伊政治提携強化方針要領」の外務省案を提出した。

これに対して板垣陸相は、ドイツ側は日独伊三国を一つの協定で結びたい意向だとして、これに反対した。

一方、駐独大島武官は、日本側は同盟の対象をソ連に限っておらず、英仏などの第三国も必ずしも除外されていないと解釈したため、その後の日独交渉は非常にギクシャクすることになった。

そんな折、東郷茂徳駐独大使や駐日クレーギー英国大使からは、ドイツへの過信を戒める意見も寄せられたが、わが国の親独論者たちは耳を貸そうとしなかった。

十一月十一日、五相会議は、対象国について英仏がソ連に味方した場合においてのみ対象国になるという、やや陸軍側の主張に沿った案文を採択した。

これに対して十月に駐独大使に就任した大島大使は、八月に行なわれた五相会議の日本側回答文の理解とは異なる強硬な反対意見を送付して来た。

この電報に接するや、板垣陸相と他の四相は、完全に対立することになった。このため、昭和十四年一月四日、近衛内閣は閣内不一致のため総辞職することになった。

同日、枢密院議長平沼騏一郎に組閣の大命が降り、翌五日、平沼内閣が成立した。板垣陸相、米内海相、有田八郎外相らの主要閣僚は留任した。また、蔵相には石渡荘太郎が就任した。外相留任を求められた有田は平沼と会談し、日独伊三国同盟の対象をソ連に限定する線で同意を得た。

さて平沼内閣成立直後、ドイツから正式に三国同盟案が日本とイタリアに送られて来た。一月十七日、平沼内閣は五相会議を開催した。席上ドイツ案を支持する板垣陸相と、これに反対する他の閣僚の間で激論が展開された。

板垣陸相　陸軍案ソを主たる対象とすることは固《もと》よりなるも、英仏をも対象たらしめることを排除することなし。武力援助においては、ソを対象とする場合は之を行ふは勿論なり。英仏を対象とする場合は、之を行ふや否や及其の程度は一に状況に依る。（中略）三国関係強化の議起こりたる時に比し、今日は情勢が変化せるに付、自主外交が必要なり。是れ陸軍案を可とする所以なり。

米内海相　昨年八月より十二月迄の間は、本件は進展せず。其の儘となり居りたるものにして、十二月以降今日迄の間に特に情勢変化せしや。

板垣陸相　（黙して答へず）
米内海相　十一月中旬に於て、第三国の解釈に対する自分の考を明にせり（自ら鉛筆を取り記入し、外相に渡せること）。その後に於いて特に情勢変化せりと認められるや。余は之を認めず。数年後ソと戦はんが為、今日より其の準備をなす為の協定なら賛成できず。
板垣陸相　（答なし）
米内海相　三国提携を強化せば、英米を向ふに回して成算ありや。蔵相の意見を承り度。又国際協定に於て、自国の不利を忍んで迄、先方の利益の為、之を締結せざるべからざるものなりや。独伊日夫々対象とする国を若干異にするものを一纏めにせんとする所に無理ありと認む。
石渡蔵相　我が経済の対手を、今回英米より独伊に変更する事は困難なりと認む。しかし独伊が英米に付く様になる事は、恐るべき事なり。少なくとも独伊を我より離さぬ様にする程度の協定は、必要なりと思ふ。
米内海相　陸軍案の如きもの纏まりしものと仮定したる場合、支那事変の解決上、直接如何なる効果ありや。

このように五相会議は、米内海相と板垣陸相の意見が全く対立したため、完全に行き詰ってしまった。

そこで一月十九日、五相会議は、「状況により第三国をも対象とすることもある」とした有田外相提案の妥協案を採択した。

ところが駐独大島大使と駐伊白鳥（敏夫）大使は、東京からの訓令を逸脱して、独伊に対して、「自動参戦義務」の言明をした。

かくして四月十三日、有田外相は平沼首相に対して、本件については交渉の余地のないことを具申し、また同日米内海相も、交渉の打ち切りと両大使の召還方を要求した。

ところが板垣陸相は、いったん日本を代表する大使が言明した以上何とか尻拭いをしてやらなければならないと屁理屈を捏《こ》ねて、交渉打ち切り案に反対した。このため五相会議は、またもや小田原評定を繰り返すことになった。

そこで有田外相は事態解決のために、この際、日本政府の意向を「平沼首相メッセージ」に託して、独伊両首相に送付する事を提案した。五月四日、平沼首相メッセージが在東京の独伊両大使に手渡された。

そうこうしているうちに五月三日、ドイツ側より一つの妥協案（いわゆるガウス案）が送付されてきた。

五月七日、五相会議はこのガウス案を協議したが、参戦問題に関して板垣陸相と米内海相は鋭く対立した。そんな中で五月十七日、ドイツ側よりガウス第二案が送付されてきた。

五月二十日、有田外相は大島大使宛に、ソ連以外の場合は自主的に決定するとした訓電を発した。ところが現地の大島、白鳥の両大使は、これを独伊側に取り次ぐことを拒否し、本国召還を要求する旨の強硬な反対電報を東京に送付して来た。陸軍と外務省内の革新派の連中を後ろ盾にした、大島、白鳥両大使の居直りであった。

そんな最中の八月二十三日、突如、独ソ不可侵条約の成立が発表された。独ソの関係は不倶戴天の敵同士と固く信じていた日本政府は、このニュースに腰を抜かさんばかりに驚いた。

平沼首相は、「欧州の天地は複雑怪奇なり」との言葉を残して総辞職した。このドタバタ劇は、日本の為政者のお粗末な国際政治観を象徴するものであった。

ともあれ防共協定強化問題の論議は、ここにひとまず終了した。

防共協定強化問題に見られる国家戦略の分裂は、つまるところ次の三つの立場からの主張が、最高意思決定機構の欠如によって統合されないまま終わった所にあった。

その第一の白鳥ら革新外交派の立場は、次のようなものだった。外務省の伝統的な英米協調外交と英米本位の世界秩序であるベルサイユ、ワシントン体制を打破して、独伊と提携することによって英米仏を牽制し、アジアにおいては日本が盟主になる東亜新秩序を樹立しようとした。そのためには英仏との対立や衝突の可能性などには目をつぶっても積極外交を展開しようというものであった。

ところがこうした考え方は、なおも伝統的外交を展開しようとする外務省正統派の影響を強く受けている有田外相らの容れるところとはならず、このため本省と出先の間で、食い違いや摩擦が起こることになった。

第二は陸軍の立場である。陸軍としては革新外交を支持する立場にあった。防共協定をソ連だけでなく、英仏をも対象とする日独伊三国軍事同盟に変質させようとしたのは、たとえその結果独伊対英仏の欧州戦争に巻き込まれたとしても、陸軍が欧州戦線へ派兵される可能性はほとんどないためであった。いってみれば陸軍は非常に気楽な立場にあった。

陸軍側としては、第一次世界大戦における青島攻略戦のように、せいぜいアジアの英仏植民地を攻略する任務を課せられるだけと判断していた。しかしながら英国の極東における根拠地であるシンガポール要塞は強固であり、この攻略のためには海軍の協力が必要なことから、「英仏を対象とする武力行使は状況に依る」とか「参戦義務は負うが、武力行使は当分の間留保する」と言った奥歯に物が挟まったような不明瞭な態度をとった。

支那事変の収拾に苦慮していた陸軍としては、リスクは小さく、蔣介石政権援助の主である英国に対しては独伊の力を借りて牽制し、あわよくば英の援助を中止させ、仏に対しても仏印からの援蔣ルートを閉鎖させるように、圧力をかけうると期待していた。

さて、最後に海軍の立場であるが、欧州戦争に巻き込まれた場合には、陸軍のように気楽な立場にないことは明らかだった。たとえ大西洋、地中海への艦隊の派遣は生じない場合でも、仏はさておき、強大な英国艦隊が日本のシーレーンを妨害する事は確実だった。

第一次世界大戦の際も、日本海軍はドイツの仮装巡洋艦の邀撃《ようげき》には非常に苦労した。こちらから攻撃しない限り、英仏の植民地陸軍が日本軍を攻撃することはあり得ないが、海軍の特徴からしてどこからでも攻撃される危険性があった。したがって海軍は、英仏のみを対象とする参戦義務について、飽く迄拒否しようとした。しかも独伊の海軍力は英よりもきわめて弱体であることからして、海軍としてのメリットは全くなかった。

第14章　天皇の深憂

天皇は、大島、白鳥両大使の越権行為を深く憂慮していた。昭和十四年四月十四日付『西園寺公と政局』（以下『原田日記』）には、次のように記されている。

「自分（原田）は十二日の朝早く松平内大臣秘書官長を私邸に訪ねて、『昨日の陸相参内はどんなことだったか』と聞いたところ、『実はあの参内については、前から話さなければ判らない。といふのは、先日五相会議後外務大臣が参内した時に、陛下は会議の模様を御下問になった。陛下はそれ以前に白鳥、大島両大使から中央の訓令を反駁して来た様子も御承知で、その後続いて両大使が何等権限なきに拘らず参戦の意志を表示したことは権外の行為であって、甚だよくないと思ってをられ、なほ五相会議のたびごとに陸軍大臣が出先のかういった行為を、或る程度まで庇ってゐるといふことも御承知になっていた。それで陛下は、一昨十日内大臣に、『陸軍大臣を特に呼んで叱責を言はうかと思ふが、どうか』といふ思召があった。内大臣は『今度の場合はたとへいろいろな経緯がございましても、結果において陸軍大臣が海軍大臣その他の閣僚と協議の結果、意見が一致しました以上は、既に事柄は済んでゐるのでございまするから、事新しくかれこれお叱りあることは、かへって刺激してよくないと存じます。この際は張鼓峰の場合とも全く異なってゐるのでありますから、陸軍大臣を特にお呼びになってお叱言を賜はるやうなことは、お止めになった方が宜しいと存じます』とお答えへした。

　内大臣の気持ちでは、とにかく結局において事柄は纏まったのだから、まあ、そのままにしておきになった方がいい、といふやうな意味で申上げたのである。陛下も『それならさうしよう』と、陸軍大臣を特にお召しになることは思ひとどまられた。ところが、偶然にも他の用件で、同日陸軍大臣は参内して拝謁を賜はった。その際陛下はお叱言といふ意味ではないけれども、平素御自分がこの問題について面白くないと思召しておいでになるところを、陸軍大臣に諄々とお話しになった。その中には『元来、出先の両大使が何等自分と関係なく参戦の意を表したことは、天皇の大権を犯したものではないか。かくの如き場合に、あたかもこれを支援するかの如き態度をとる事は甚だ面白くない。また閣議ごとに逸脱せることを言ふ如きも甚だ面白くない』といふやうな意味のお言葉があったので、陸軍大臣はすこぶる恐懼して退出し、武官長の室に行って、『一体誰が委曲をすべて申し上げたのだらうか』と言って憤慨してをった」

　また四月一日付『木戸幸一日記』（以下『木戸日記』）を見れば、わが国の首脳部内の対立が契機となって、テロやクーデターが発生する事を天皇の側近が非常に恐れていたことを知ることが出来る。

「有田外相とも懇談、外相はこの問題に対する我国の主張、事情等を首相より直接ヒットラー及ムッソリーニに書翰を以て説明するの外なき旨話あり。是非右の取運び、或ゆる方法にて此行詰を打開する要を説す。万一本件の処置を誤らんか、内政問題として往年のロンドン条約以上の禍根を残し、恐らく所謂重臣層は徹底的に排除せらるるの余儀なきに至るべく、若し如斯事情となりたる場合、陛下の側近は如何なるべきか、想像するだに恐懼に不堪、さらでだに事変処理につき日夜御宸念あらせらるる上、一段と御淋しさを加へ得ざることとなり、彼是考へ及べば、臣子の分として万難を排しても如斯事態の現出を阻止せざるべからざる旨力説す」

さて昭和二十三年五月二十四日、芝の青松寺で米内光政の追悼会が行なわれた際、緒方竹虎の主宰によって座談会が開催された。その際次のような話が交わされた。

「広瀬（久忠）『実情を天皇に申し上げて、天皇として、あるいは大元帥として陸軍を抑えていただく方法もあったんじゃないか』というのに対し、有田、石渡『その方法はとった。陛下は侍従武官長をして陸軍を軍事同盟に深入りしないように注意せられたし、参謀総長宮にも篤とお話になったが、陸軍は聞かないんだ。陸軍の連中は陛下の御意思がどうあろうと、日本の国運を進展せしめようとする際には、陛下の御意思を矯めることもまた忠義の一つであるというようなことまで公言する有様だった。十四年七月頃と思うが、陛下が御軫念のあまり不眠症にかかられ、しばらく葉山で御静養になったことがある。あの頃の思い上がった陸軍には手の施しようがなかった。自分（有田）も経過はいつも陛下に申し上げていたし、米内君も機会あるごとに奏上していたようだが、実際は右のような始末だった」

八月八日の五相会議は、陸軍三長官（陸相、参謀総長、教育総監）会議の決定を根拠にして軍事同盟の締結を迫る板垣陸相と、他の四相との間で激論が展開された。

席上石渡蔵相は、「一体同盟を結ぶ以上、日独伊三国が英仏米ソ四国を相手に戦争をする場合のあることを考へねばならぬが、その際は八割までも海軍によって戦はれると思ふ。ついてはわれわれは腹を決める上に海軍大臣の意見を聞きたいのだが、日独伊の海軍と英仏米ソの海軍と戦って我に勝算があるか」と質問した。

すると米内は、何の躊躇もなく「勝てる見込みはありません。大体日本の海軍は米英を向こうに回して戦争するやうに建造されておりません。独伊の海軍に至っては問題になりません」と明確に返答した。

戦後井上成美は、次のように回想している。

「私の軍務局長時代の二年間は、その時間と精力の大半は三国同盟問題に、しかも積極性のある建設的な努力でなく、唯陸軍の全軍一致の強力な主張と、これに共鳴する海軍若手の攻勢に対する防御だけに費やされた感あり。私はただ米内、山本両提督の下働きをやったにすぎない。当時の一課長は岡敬純大佐、主務員は神重徳中佐いずれも枢軸論の急先鋒で、既に軍務局内で課長以下と局長の意見が反対なのだから誠に始末に悪い。陸海軍の交渉回を重ねるに従ひ、論争の焦点は段々絞られて『独又は伊が戦争状態に入った場合、日本は自動的に戦争に加担する』との条文一つに、陸軍はこれでいいんだと主張するのに対し、海軍は絶対反対で両方対立するようになり、又その頃には、海軍の中で反対しているのは大臣、次官と軍務局長の三人だけと言うことも世間衆知の事実になってしまった」

陸軍との論争において海軍が一本にまとまった存在でありえたのは、米内、山本、井上のトリオが強力なリーダーシップを発揮したからであった。

第15章　日独伊三国同盟阻止に賭ける井上成美

海軍軍務局長は日本海軍の要となる役職である。海軍政策に関するすべては、軍務局長がチェックし承認する。軍務局長の捺印がなければ、次官や大臣に書類が上がる事はない。

軍隊の本質は敵に勝利することにあるが、勝利を収めるためには、効率的な組織でなければならない。これがあって初めて戦に勝つことが出来る。このため近代軍隊は確固とした官僚組織の下に意思決定が行なわれることになる。

井上が軍務局長に就任した当時は日中戦争の最中であり、日本海軍にとっても日々難題山積の時期であった。

それにもかかわらず井上は毎朝八時に登庁すると、山積する未決の文書箱の中の書類にさっと目を通して、夕方四時までに全ての書類を処理した。とにかく井上の事務能力は怜悧《れいり》で抜群であった。このやり方は、井上が尊敬してやまない山本五十六の親友の堀悌吉のやり方を見習ったものだった。

井上は、日独伊三国軍事同盟の本質を、次のように見ていた。

第一に、日本経済はそのほとんどが米英圏に依存する形で成り立っており、とくに海軍にとって最も重要な鉄と石油は、米国からほとんど輸入している。その米国と戦をすれば結果は見るまでもなく、日本が敗北する事は明らかである。また日本がドイツと手を組めば必然的に英国を敵に回すことになり、ひいてはその兄弟国である米国を敵に回すことになる。

第二に、軍事的には極東の日本が地理的に遠く離れたヨーロッパの独伊と同盟を組んだとしても、実効性のある同盟を結ぶことはきわめて難しい。そもそもドイツ海軍には太平洋に戦力を割くだけの余裕はない。イタリア海軍にいたっては論外である。

第三に、日本陸軍はヒトラー下のナチドイツに非常な魅力を感じているが、そのナチズム自体がかなり胡散臭《うさんくさ》い。ヒトラーの台頭以来、日本でも『わが闘争』が持て囃《はや》されているが、この内容は人種差別と偏見に満ちた甚だ危険なものである。『わが闘争』には日本人を「黄禍論」の観点から蔑視した箇所があるが、日本語翻訳版ではこれが故意に削除されている。ヒトラーの考え方の本質は、ゲルマン民族至上主義に基づく世界制覇である。

昭和二十一年一月十七日、旧海軍大臣官邸で開かれた「旧海軍首脳部座談会」において井上は、「私は、ドイツが対英米戦を開始した時、日本が自動的に英米と戦う義務を負うということは、『火中の栗を拾うようなものだ』として反対した。国軍の本質は国家の存立を擁護するにある。他国の戦いに馳せ参ずるが如きは、その本質に違反する。したがって第一次世界大戦に日本が参戦したのは邪道であった。

海軍が同盟に反対する主たる理由は、国軍という根本観念から発する。具体的には自動参戦の問題であった。たとえ締約国が他国より攻撃された場合においても自動参戦は絶対に不賛成であり、これだけは最後まで堅持して譲らなかった。最高戦争指導会議では陸軍から何回も執拗に追及されたが、海軍が最後まで譲らなかったのは、自動参戦をすれば日本は戦争に引き込まれるということが自明だったからである」と述べている。

三国同盟問題に関する五相会議が七十数回開催された際にあっても、日本海軍が反対の論陣を展開できたのは、軍務局長の井上が確固としていたからである。

ある時、米内海相は榎本重治書記官に対して、「井上が一番なのだよ。どんなことがあっても井上は承知しないよ」と漏らしていた。次官の山本五十六もまた、「三国同盟反対の急先鋒は俺ということになっているが、本当は井上だよ」と言っていた。

昭和十五年九月、日独伊三国軍事同盟を締結した松岡洋右外相が、「日独伊三国が手を握れば、米国は引っ込んでしまう」ということを伝え聞いた井上は、「こういうのを痴人の夢というんだよ」と言って嘆息した。

三国軍事同盟を締結した張本人の松岡洋右外相は、明治十二年に単身米国に渡り、二十二年にオレゴン州立大学法学部を卒業したほどの人間で、当時の日本にあって当代随一の米国通として通っていたが、その考え方は松岡独特の非常に偏ったものだった。松岡は、米国人というのは一発食らわすとそこから初めて真の友情が生まれると考えていたが、そうした偏った考え方は米国の西部では通用するかもしれないが、東部のエスタブリッシュには全く通用しない代物だった。

この点、井上の考え方は、青年士官時代からヨーロッパ勤務が長かっただけに、国際思潮に適合したものだった。

海軍における三国軍事同盟反対の中心は、次官の山本と軍務局長の井上であることは世間では周知のことだった。したがって右翼陣営は、あらゆる手を使ってこの両人の追い落としを仕掛けてきた。

三国同盟問題が紛糾を重ねるにしたがって、井上の許にもさまざまな不穏な情報が入ってきた。当時の軍務局第一課の山本善雄中尉は（四十七期、のち少将、海軍最後の軍務局長）が書き留めた記録には、次のようなメモがある。

「国内情勢逼迫に関する諸情報を総合し、軍務局長は左の判断をなし、之が対策を講ず。情報は本日午後殆《ほとん》ど同時期に三か所より入れりと。内一つは内務大臣より海軍大臣へ、一は平田侍従武官より軍務局長へ、他の一つは不明。即ち陸軍は去る八日の五相会議に於て、陸相は辞表を懐にして軍事同盟の無条件締結を提案し、而も陸軍の創意なりとして三長官（法規上何等意味なし）の決裁と称して、もし本案遂行せざれば陸相は辞職し、後任大臣を出さず、内閣を打倒すべきを以て示威せり。

然るに総理大臣は断固たり処置に依り、六月五日の廟議決定案（三国同盟締結見送り）通り決定し、陸軍の要望は一蹴せられたるを以て、一部に於いては予期に反し頗《すこぶ》る憤激し、と直接テロ行為により中央治安を紊《みだ》し、以て軍政を布き、其の処置を断行する事を主張しあり。

固より中正なる一部に於いては之に反対しあるも、中堅は前者に属し、種々画策中なりとの情報あり。乃《すなわ》ち政府としては最早之を止めるものは海軍より外になきを以て、海軍としては陸軍と一戦を交ふるも之に屈する能はず。故に万一に備へ海軍省を警備する必要あり。此処に於て横鎮参謀長及首席参謀上京を求むると共に、省内主務課長を召集して其の準備に関し打ち合わせをなす」

井上は、海軍省の警備について軍務局第三課長久保田芳雄機関大佐に対して、次のような指示を出した。

「世の中が不穏で、陸軍にそそのかされた右翼が暴れて、いつ海軍省が孤立させられるかもしれぬ。建物は陸戦隊で防備してあるから大丈夫だが、水道と電気を切断されると、省内に籠城する三千名が水洗便所を使えなくなると一大事。至急対策を立てるように」

昭和十四年八月十八日付『朝日新聞』夕刊に、「ボンヤリの醍醐味」と題して、井上の横顔が紹介された。

「清純な眼、見るからに聡明を思わせる広い額、そしてここばかりは妙に愛嬌のある、しかも嘘のつけない小さい口許―井上成美少将が海軍の大番頭といわれる軍務局長の椅子についてから満一年十か月、その間、当面の支那事変の処理はもちろん、西太平洋の制海権確保に、対欧策の樹立に、黙々として米内さんと山本次官を補佐して行く内助の功は、まったく並大抵ではない。それに朝の八時に登庁すると、もう海軍首脳トリオの協議、外部との煩瑣な折衝、山のような書類の処理と、隙のない多忙な一日が待っていて、海軍の軍務局長は休みたくても休めない『海軍の心臓』なのである。

大佐時代に喜久代夫人に先立たれてからは、一粒種の靚子さんの幸福を唯一の楽しみに、不自由なやもめ暮らしを続けること八年、五十一歳という働き盛りの全精力をただもう激しい軍務一筋に打ち込んで、『海軍の心臓』は一向に疲れることを知らない。そして、ひとくぎり仕事が途切れると井上さんはやおら立ち上がり、『俺は用のない時はいつもこの椅子で居眠りするんだよ』と窓際に据えられた愛用の肘掛け椅子に五尺五寸、十九貫カッチリという巨軀を投げかける。

『趣味と訊かれても何もないね。ただ何もしないでボンヤリしているのが一番休息になるし、唯一の趣味だね。君もすこしボンヤリする事を覚えんといかんね』どりゃ、ひとつボンヤリしようかなと、今まで海軍省の一角から支那を、太平洋を、欧州を睨んでいた射るような眼から度の弱い老眼鏡を外すと、暫《しば》くは底知れぬボンヤリの醍醐味に沈潜してゆく」

この井上の近況記事を書いた記者は、たぶん黒潮会《こくちょうかい》（海軍省記者クラブ）所属のベテラン記者に違いないが、記事全体は三国軍事同盟阻止のために体を張っている井上への好意に溢《あふ》れている。

次官の山本五十六は昭和十四年五月頃から、右翼のテロによる死を覚悟し始めており、毎日少しずつ身の回りの物を片付けるようになった。

その山本は五月三十一日付で、「一死君国に報ずるは素より武人の本懐のみ。豈戦場と銃後とを問はんや。……誰か至誠一貫俗論を排し斃れて已むの難きを知らむ。……此身滅すべし。此志奪う可からず」と遺書を認めた。この遺書は、昭和十八年四月、山本が連合艦隊司令長官としてソロモン上空で戦死した後、海軍省次官室の金庫の中から発見された。

さて、第二次近衛内閣の下で日独伊三国同盟が締結された時、この知らせを聞いた米内は緒方竹虎に対して、「われわれの三国同盟反対は、恰《あたか》もナイヤガラの瀑布を十二町上手で、流れに逆らって船を漕いでゐるやうなもので、今から見ると無駄な努力であった」と嘆息した。そこでさらに緒方が米内、山本、井上の海軍が続いていたら、徹底してこれに反対したかと訊いたのに対して、「むろん反対しました。……でも殺されたでしょうね」と答えた。

元老西園寺公望は、「陸海軍の対立がいけないとか、いいとかと言う事は問題じゃない。悪いものが一緒になってしまってはかえって国家のためによくない。悪いものと良いものが対立して初めて意味をなすんで、陸軍が悪けりゃ海軍が非常に正しい立場を守ってこそ、バランスがとれるんじゃないか」と語っていた。

ともかく三国同盟問題がドイツの背信行為によって崩壊した後、天皇は参内した米内に向かって、「海軍のお陰で国が救われた」と漏らされたのであった。

第16章　日独伊三国軍事同盟の成立

平沼内閣総辞職のあとを受けて、昭和十四年八月二十八日に突然、阿部信行陸軍大将に組閣の大命が下った。天皇は、「阿部を総理にして適当な陸軍大臣を出して粛清しなければ、内政も外交も駄目だ」と考えていた。

阿部内閣が発足した翌々日の九月一日、ドイツ軍はポーランド侵略を開始した。九月三日、英国はドイツに対し宣戦布告し、ここに第二次欧州大戦が勃発した。

九月四日、阿部内閣は欧州大戦不介入も方針を発表した。日本の世論はソ連と手を握ったドイツに対する不信感で溢れていた。このような中にあって親独派の影は薄くなり、反対に外務、海軍、財界方面の親英米派が勢いを盛り返してきた。

九月二十五日、親英米派の野村吉三郎海軍大将が外相に起用されることになった。一方、大島、白鳥の両大使は更迭され、代わりに来栖三郎と天羽英二が、駐米大使と駐伊大使にそれぞれ任命された。

さて井上は、横鎮参謀長から海軍省軍務局長に転じたのを機会に渋谷区幡ヶ谷に移り住んで、一人娘の靚子と暮らしていた。井上は妻喜久代を亡くして以来、幾つかの再婚話にも耳をかすことなく、ひたすら靚子の成長を見守ってきた。

昭和十二年三月、お茶の水高等女学校を卒業していた靚子に、海軍軍医科士官との縁談話が持ち上がった。井上の許に縁談を持ち込んだのは、医務局長として海軍省に勤める高杉新一郎軍医中将だった。

高杉の親友に、丸田幸治予備役軍医少将がいた。丸田幸治は、昭和六年頃、予備役になってからは、日本橋芳町で開業医をしていた。その丸田幸治の長男吉人《よしんど》軍医大尉が靚子の縁談相手だった。

この時井上は、生涯でただ一つの嘘をつくことになった。それは靚子の釣書《つりしょ》に、じつはお茶の水尋常小学校五年生の時結核で一年間休学したことがあったにもかかわらず、「未だ病気したことなし。犬好き」と認《したた》めたのであった。

昭和十四年九月二十六日付『朝日新聞』の「東人西人」欄に、次の記事が載った。

「海軍省軍務局長の井上成美少将はこの十月で丸二年軍務局長の重職に座ることになるが、同局長は先年令夫人を喪ったので自邸には一粒種の令嬢だけが留守を守っていた。何しろ事変勃発以来というものは家庭を顧みる暇はないし、時には省内の破れが蚊帳の中で寝泊まりもしたので、部内でも大いに同情されていた。所でこの令嬢が今度若い士官と目出度く華燭の典を挙げることになり、井上局長今日この頃は家庭にあっては、慣れぬ嫁入り支度の準備に大童の体だが、井上少将『娘は嫁に行くし、之からは完全に俺一人だ。後顧の憂いが無いとは俺の事だよ。益々生命がけで御奉公が出来るわい』と大したはりきり方」

靚子と丸田吉人の華燭の典は、昭和十四年十月十日、芝の水交社で執り行なわれた。媒酌人は高杉新一郎海軍軍医長夫妻で、来賓には、この年八月、平沼の後を受けて首相に就任したばかりの阿部信行夫妻が列席した。

阿部首相夫人は井上の亡妻喜久代の姉であり、靚子は高女時代の半分以上を阿部家に寄寓していた。

十月二十三日、井上は支那方面艦隊参謀長に補され、日本を去った。また米内海相は平沼内閣総辞職にともなって軍事参議官となり、山本五十六次官も同日付で連合艦隊司令長官に補され、霞が関を去った。

ところが阿部内閣は国内経済面で無能ぶりを曝《さら》け出し、昭和十五年一月十日、発足からわずか四ヵ月半で崩壊することになった。

一月十四日、世間の予想を裏切って、組閣の大命が米内光政大将に下った。米内内閣成立の裏には、天皇の意を体した湯浅倉平内大臣の働きがあった。

阿部内閣の末期、天皇は湯浅に対して、「次は米内にしてはどうかね」と言われた。従来の慣行である元老による首相推薦ということからして、天皇ご自身が後継首相の選任にイニシアチブをとられることは、全く異例なことであった。

一月十四日、侍従職から畑俊六陸相に、参内するようにとの連絡があった。陸軍側ではてっきり大命降下があると思っていたが、畑が参内してみるとすでに米内に組閣の大命が下っていた。

畑陸相に対して天皇より、「陸軍は米内内閣にはどんな様子か？」とお尋ねになられた。このためさすがの畑も、「新内閣について参ります」と奉答せざるを得なかった。

天皇は一言、「それは結構だ」と述べられた。このような経緯からして、陸軍側としては、米内内閣発足当時から含むものがあったのである。

一九四〇年（昭和十五年）春、ヨーロッパ戦線における独軍と英仏軍の対峙の状態は終わりを告げ、四月九日、ドイツ軍はデンマークを占領し、さらにノルウェーのオスロ、ベルゲン、トロンハイム、ナルヴィクに上陸し、この地を占領した。

五月十四日、ドイツ軍の前にオランダが降伏し、同月十七日、ベルギーの首都のブリュッセルが占領され、さらに六月四日、英国軍はダンケルクから撤退した。そしてついに六月十四日、ドイツ軍はパリに入城し、二十二日、ペタン政権との間で休戦協定を結んだ。

ドイツ軍の圧倒的勝利に日本中が湧き立ち、暫《しばら》く鳴りをひそめていた親独派が活気づくことになった。

一方英仏は、ドイツ軍の勝利によって東南アジアからの撤退を余儀なくされ、この地域は力の空白状態になった。

日本の世論はドイツの勝利に目を眩《くら》まされ、「バスに乗り遅れるな！」の世論の下、南進論を叫ぶ声が大きくなった。陸軍内でも、ドイツ軍による英国本土上陸が目前との観測が有力になった。このため有田八郎外相は、ドイツによる日本の参戦を義務付けられない程度において日独伊三国同盟を図りたいと考えるようになった。

一方、陸軍側から見ると、米内内閣の日独提携と南進論はあまりにも消極的であるように思われた。「バスに乗り遅れまい」として焦る陸軍は、畑陸相を辞職させることによって米内内閣を倒す謀略に出た。

七月十一日、武藤章陸軍軍務局長は石渡荘太郎内閣書記官長に向かって、「この内閣はすでに国民の信望を失っている。速やかに退陣したらよかろう」と述べ、七月十二日、今度は畑陸相が直接米内首相を訪れて、次のような申し入れを行なった。
(一)、情勢において独伊と積極的に手を握り、大東亜を処理する方針に出るの要あるべし。
(二)、内閣にては外交方針の転換困難なるにつき、より良き内閣が出現することを前提として総辞職してはどうか。
(三)、自分は部下の統率上非常に困難なる立場にあり、ますます困難を来す状況に立ち至るべきを憂慮する。
米内はこの畑の行動の裏面の動きが容易に察せられたため、「組閣以来、今日まで何ら意見の疎隔があったとは思わないし、お互いにこの際は覚悟を新たにして難局に当たるべきではないか」と述べ、畑を慰撫した。しかし陸軍内の強硬派は、こんなことでは納得しなかった。

七月十四日、畑陸相は「今や世界情勢の一大転換期に際会し、国内体制の強化、外交方針の刷新は焦眉の急となっている。しかるに政府は何らなすこととなく、いたずらに機会を逸している。これでは事変処理のためにも支障がある。すべからくこの際人心を一新し、新体制の確立を促進するため、現内閣は進退を決すべきである」旨の文書を提出し、米内に総辞職を迫った。

同日、天皇は木戸に対して、今もなお米内内閣を信任していることを米内に伝えるように依頼したが、当時陸軍の立場に近かった木戸幸一内府は、この天皇の意向をすぐに米内に伝達しようとせず、翌日の十六日、米内内閣が総辞職した後にこのことを伝えた。

辞職する直前、米内は畑を招いて、「陸軍の所見は現内閣の所見と異なるから、都合が悪ければ辞めてもらいたい」と言明すると、畑は辞表を提出した。そこで米内は後任の陸相の推薦を求めたのに対して、陸軍側は三長会議を開いた結果、後任の陸相に応ずる者がいないことを理由に断ってきた。

翌七月十七日、組閣の大命が近衛文麿公爵に降下した。組閣に先立って近衛は、七月十九日、陸、海、外相に予定されている東条英機陸軍中将、吉田善吾海軍中将、松岡洋右を荻窪の私邸の「荻外《てきがい》荘《そう》」に招いて、今後の方針について協議した。

欧州戦争以前、より正確に言えばドイツの西方攻勢以前の日独（伊）提携強化論と決定的に異なる点は、次の通りだった。

（一）、ドイツの軍事的成功に幻惑され、英国の早期敗北を予想した、きわめて機会主義的なものであること。

（二）、南方資源地帯を確保する千載一遇の好機であるとの南進論が露骨に出ていること。

（三）、南進に際して米国との衝突も予想しており、東亜新秩序建設の妨害者として米国が完全に視野に入っていること。

七月二十二日、第二次近衛内閣発足の当日、水交社において陸海首脳懇談会が開催された。

この懇談会には、陸軍側から阿南惟幾陸軍次官、武藤章軍務局長、沢田茂参謀次長、富永恭次参謀本部作戦部長、海軍側から住山徳太郎海軍次官、阿部勝雄軍務局長、近藤信竹《のぶたけ》軍令部次長、宇垣纏第一部長が出席し、意見を交換した。

懇談会では、独伊との提携問題に関して話し合われた。陸軍側が三国軍事同盟の締結を主張したのに対して、海軍側は七月十六日、陸海外の当局者間で決定された日独伊提携強化案以上のものは考慮していない旨言明した。当時、陸海軍間には大きな見解の隔たりが存在した。

松岡は外相に就任した直後、担当の安東義良《よしろう》課長から、日独伊提携強化問題の経緯についての説明を聞いた。席上安東は、七月十六日に陸海外三省事務当局によって決定されたところの日独伊提携強化案を提出した。

すると翌日、松岡は安東に対して、「こんなものでは駄目だ」と言って書類を突き返してきた。その書類の欄外に、「虎穴に入らずんば虎児を得ず」との松岡のメモが書き込まれていた。これを見た安東は、松岡が陸軍の主張に沿った日独伊三国軍事同盟締結を望んでいることを悟った。

七月二十六日、近衛内閣は「基本国策大綱」を決定し、翌二十七日、大本営政府連絡会議は「世界情勢の推移に伴ふ時局処理要綱」を決定した。しかし、この時点で日独伊三国間の提携を軍事同盟にまで進めることは、海軍側の反対によって停止していた。

七月三十日、松岡の意向を体した外相側近の手によって、「日独伊提携強化に関する件」と題する文書が作成された。この文書は、七月十六日の日独伊提携強化案に比べると、提携の度合いが著しく強化されていた。そしてこの文書が、近衛内閣の日独伊提携強化の基礎案になった。

その後、この案は陸海軍間で協議修正され、八月六日付「日独伊提携強化に関する件」というものになった。

八月二十三日、来栖三郎駐独大使はリッベントロップ外相からスターマーを、公使の資格で日本に派遣したい旨の連絡を受けた。このため八月二十八日、松岡は斎藤良衛と白鳥敏夫を外務省顧問に任命して、外務省人事の刷新を図った。

九月一日、斎藤、白鳥両顧問に大橋忠一次官、西春彦欧亜局長を加えて、すでに陸海軍の承認を得ていた「日独伊提携強化に関する件」の再検討を行なった。

九月六日、四相会議（九月五日、吉田善吾海相は病気のため辞任、後任に及川古志郎大将が就任）が開催された。

九月七日、シベリア経由で東京に到着したスターマー公使は、九月九日と十日の両日、オットー大使を同伴して密かに千駄ヶ谷にある松岡の私邸を訪れた。

席上スターマーは、「まず三国間の約定を確立せしめ、然る後直ちにソ連に接近するに然ず。日ソ親善に付独は『正直なる仲買人』たる用意あり。而して両国接近の途上に越ゆべからざる障害ありとは覚えず。従てさしたる困難なく解決し得べきかと思料す」と述べた。

そこでスターマーは松岡に対して、日独伊三国軍事同盟は米国を欧州大戦に参加させないための牽制策であること、さらには三国同盟をソ連をも引き込んでの四国同盟に発展させる用意があると説いたのだった。

松岡の試案は、端的にいえば日独伊による世界分割案であり、さらにまた日本の極東、東南アジアにおける指導的地位を認めるというものであった。

これに対してスターマーは、翌十一日、松岡の第三条を左記のように修正して、対米軍事同盟の性格を明確にするドイツ側第一次案を提示した。

(三)、日本、ドイツ、及びイタリアは前述の趣旨に基づく努力について相互に協力し、且つ協議することと、並びに右三国のうち一国が現在のヨーロッパ戦争又は日支紛争に参入していない一国によって攻撃された場合には、凡《あら》ゆる政治的、経済的及び軍事的方法によって相互に援助すべきことを約す。

スターマー対案をめぐって、九月十二日朝、四相会議が開催された。松岡外相と東条陸相はその受諾を主張した。これに対して及川海相は留保的態度を示した。このため結論を得ることが出来ず、外務省側と海軍の間で意見の調整が必要になった。

同夜、松岡外相と豊田貞次郎海軍次官、岡敬純軍令部第三部長が会談した。ここにおいて海軍側は、本文の他に付属議定書と交換公文を設け、その中で事実上、参戦の自主的判断を各国政府が保有するとの趣旨の規定を謳《うた》い、さらに日本が委任統治する旧ドイツ領の南洋諸島問題と対ソ国交調整問題にも触れるということで、最終的に同意した。

翌十三日、海相官邸において、省部首脳(伏見宮軍令部総長を除く担当部局長、すなわち及川海相、豊田次官、阿部軍務局長、近藤軍令部次長、宇垣第一部長)による会議が開催され、海軍側の同意を最終的に確認した。

席上、及川海相は、日独伊三国同盟が今後の日本にどのような影響をあたえるかの分析を行なわずに、ただ「もう大体やることにしてはどうかね」と述べ賛成した。反対者は宇垣纏第一部長ただ一人だけだった。

かくして九月十四日、四相会議と引き続いて政府大本営連絡会議の準備会議が開かれた。出席者は、近衛首相、松岡外相、大橋外務次官、東条陸相、阿南陸軍次官、武藤陸軍次官、沢田参謀次長、及川海相、豊田海軍次官、阿部海軍軍務局長、近藤軍令部次長であった。

近藤次長は「速戦即決ならば勝利を得る見込みがある」と述べるとともに、「来春(昭和十六年)

になれば、戦争としては一段と有利である」と語った。この発言の裏には、日本海軍の対米比率がこれまで最高の七割五分になる事から、英仏の撤退によって生じる東南アジアの力の空白をドイツによって占められる前に日本が獲得しようとする計算があった。

松岡外相は、「日独伊を前々内閣のように曖昧にしてドイツの提案を蹴った場合、ドイツは英国を倒し、最悪の場合は欧州連邦を作り、米国と妥協し、英蘭等を植民地にして、日本には一指も染めさせないだろう。残された道は、独伊との提携以外にない」と述べた。

こうした発言を受けて及川海相は、「それ以外道はあるまい。ついては海軍軍備の充実につき、政府や陸軍当局も考慮してもらいたい」と述べた。及川海相のこうした発言は出席者に、海軍予算の増額と三国軍事同盟を取引したかのような印象をあたえた。

第17章　井上の日独伊三国軍事同盟反対の理由

昭和十四年七月、山本海軍次官は「海軍という所は、誰が来てもその統制と伝統には少しも変わりがなく、誰が大臣になろうとも、誰が次官になろうと、無責任ないわゆる独伊との攻守同盟のようなものに乗る事は絶対にない」と述べた。

昭和十四年八月三十日、米内に代わって海相に就任した吉田善吾は山本とは海兵同期であり、心を許し合った仲だった。

三国同盟に海軍が反対する根本理由は、日本がドイツに引き込まれて米国と戦うようになった時、勝算が全く立たないところにあった。

軍令部では、昭十五年五月十五日から二十一日にかけて、蘭印を占領した場合における「対米持久戦」に関する第一回図上演習を実施した。この図演の結果は、次のようなものであり、その後に起こる太平洋戦争の推移をほぼ正確に予測していた。

（一）、開演当初は青軍（日本）の作戦は極めて順調に経過したが、時日の経過に伴い青軍の兵力は漸減し、損傷艦艇の修理は手一杯で、新造艦艇増加するも赤軍（米国）に比し格段の差を生じた。赤軍はその国力に物を言わせ、海上兵力の増勢目覚ましく、青赤両軍の兵力比は開戦後一年半にして一対二以上となる。

(二)、作戦の様相は完全に持久戦となり青軍の頽勢顕著で、勝算は如何に贔屓目《ひいきめ》に見ても全く認められなかった。
(三)、軍需物資に関する日米の差が意外に大きく、日本に十分あると思われていた物が米国の十分の一、少ないものだと百分の一にも及ばないものもあった。さらに日本は軍需物資を、長大な距離を海上輸送して日本内地に持ち来って加工して初めて戦力化するという甚だ不利な態勢にある。南方地域には日本が利用できる工業力は絶無である。米国は日本とは対照的である。

五月二十五日、宇垣第一部長は中沢佑軍令部第一部第一課長を伴って図演の報告を行なったが、その際、吉田海相は、次のような所見を述べた。
(一)、蘭印における資源要地を占領しても海上交通線の確保は困難にして、資源を日本に持ち帰る事は不可能ではないか。そうだとすれば蘭印攻略は無意味ではないか。
(二)、本年度の物動計画において、海軍の要望を貫徹する事は困難と思う。重点主義にて再検討すべきである。南洋方面の防備の強化は賛成である。
(三)、七月一日頃、米国は対日全面禁輸を行なうかも知れない。軍令部としては要注意されたい。
(四)、一旦緩急に処し戦備を行なう際は、企図秘匿のため演習として行なう事を予め考慮されたい。
(五)、海軍大演習終了後全艦隊を同時に編替し戦力を低下させることは非常に懸念される。第二艦隊と第三艦隊はそのままにして、艦隊の半分は従来の戦力を保有するような方策を採れないものだろうか。人事局長のみならず軍令部においても研究されたい。

この頃から吉田海相と中堅層との認識のズレは極限まで拡大した。平沼内閣が総辞職する時、山本五十六次官は米内海相に対して、「吉田とは同期です。吉田の強みも弱みも知り尽くしています。

彼の弱みは私でなければ補強できません。私を次官として残して下さい！」と述べて残留を懇請したが、右翼による五十六へのテロを心配する米内の容《い》れるところとはならなかった。

五十六に代わった新次官の住山徳太郎は温厚な人柄であり、米内海相下の五十六のような働きは到底期待出来なかった。

軍令部次長の近藤信竹も親独派で、以前は中立的だった軍務局長の阿部勝雄も次第に枢軸論者になった。

吉田はその手記において、次のように述べている。

「大臣として義務遂行上、極めて精細なる指導と監視を必要とすることとなり、部内の統制に心苦することと甚大なるに至れり。毎週金曜日の局部長会議（次官が主宰）日を選び、直接これに臨席したるが如き。重要な案件には次官、局長の認印あるものと雖《いえど》も、深く其の当否を検討するの必要に迫られ、以て国策推進の方途に遺憾なきを期したる次第なり。固《もと》より当然のことながら細大の事務加重し、心身の過労日を追ふて加はるを自覚す」

八月に入ると、吉田は心身ともに衰弱した。八月のある日のこと、大臣室を訪ねてきた近藤軍令部次長の胸ぐらを摑《つか》んで、「この日本をどうするんだ！」と叫んだ。

八月三十日、大臣室で書類の仕分けをしていた秘書官の福地誠夫少佐と杉江一三少佐は、吉田が「このままでは日本は滅亡だよ……」と独り言を言うのを耳にしている。

九月四日、吉田は「曩《さき》に大命を奉じ、微衷を尽くして報効を万一に期せり。然るに今回所労に因り其の任に堪えざるに至れるを以て、仰ぎ願わくば臣が重責を解き給わんことを」との辞表を認《したた》めた。

第一次近衛内閣以来、三国軍事同盟に一貫して反対してきた海軍が突如賛成に態度を豹変したことについて、近衛は手記の中で次のように批判している。

「吉田海相が組閣当初に於いて三国枢軸強化といふ事は同意した。然《しか》しながら進んで軍事上の援助を含む三国同盟となっては海軍として大問題である。果たして吉田海相は大いに煩悶したらしい。而して心臓病が嵩《こう》じ俄《にわ》かに辞職した。然るに及川大将が海相となるや、直ちに海軍は三国同盟に賛成したのである。余は海軍の余りにあっさりした賛成ぶりに不審を抱き、豊田海軍次官を招きて其の事情を訊ねた。

次官曰く。『海軍としては実は腹の中では三国条約に反対である。しかしながら海軍がこれ以上反対することはもはや国内の政治事情が許さぬ。故に止むを得ず賛成する。海軍が賛成するのは政治上の理由からであって、軍事上の立場から見れば未だ米国を向こうふに廻して戦ふだけの確信はない』。

余曰く。『これは誠に意外の事を承る。国内政治の事は我々政治家の考へるべきことで、海軍が御心配にならんでもよいことである。海軍としては純軍事上の立場からのみ検討せられて、もし確信なしといふならば、飽く迄反対せらるるのが国家に忠なる所以ではないか』。

次官曰く。『今日となりては海軍の立場もご了承願いたい。ただこの上は出来るだけ三国条約における軍事上の援助義務が発生せざるよう外交上の手段によりて之を防止する外に道がない』」

九月十五日夕刻、海軍首脳会議が開催された。参集者は、各軍事参議官（大角峯生、永野修身、百武源吾、加藤隆義、長谷川清）、各艦隊司令長官（山本連合艦隊兼第一艦隊、古賀第二艦隊）、および各鎮守府司令長官だった。

上京に際して山本五十六長官は、海軍省部首脳が、対米戦争に関して果たして勝算を得られると考えているか否か問い質すべく、連合艦隊参謀長の渡辺安次中佐に命じて日米の兵力比と戦略物資についての詳細な資料を用意させていた。

会議に先立って及川は五十六に対して、「軍事参議官は先任の永野より、間に合えば大角より、三国同盟の締結に賛成の発言がある筈に付、艦隊としても同意の意味を言って貰いたい」と頼み込んで来た。

会議では豊田次官が司会をして、阿部軍務局長がこれまでの経過を説明した。その後、伏見宮総長が、「ここまで来たら仕方ないね……」と述べた。これを受けて大角が賛成の旨の発言をした。

こうした会議の空気に抗するかのように五十六が立ち上がって、次のように述べた。

「私は大臣の海軍部内の統制に対して絶対に服従するものであるから、大臣の処置に対して異議を挟む考えは毛頭ありません。但し一点心配に堪えぬ所がありますので、それをお尋ねしたい。昨年八月まで、私が次官を務めていた当時の企画院の物動計画によれば、その八割までが英米勢力圏の資材で賄われることになっていたが、今回三国同盟を結ぶとすれば必然的にこれを失うはずであるが、その不足を補うためどういう物動計画の切り替えをやられたか？　この点を明確にして連合艦隊長官としての私に安心を与えて頂きたい」

ところが、及川はこの五十六の質問に直接答えず、「いろいろご意見もありましょうが、先に申し上げた通りの次第ですから、この際は三国同盟にご賛成願いたい」と逃げた。

会議後、五十六が及川の態度を追及したところ、及川は「事情やむを得ないものがあるので勘弁してくれ……」と懇願した。五十六は「勘弁で済むか！」と重ねて迫ったが、後の祭りだった。

これより二ヵ月半後、五十六は同期の嶋田繁太郎支那方面艦隊司令長官宛昭和十五年十二月十日付書簡の中で、「日独伊同盟前後の事情、その後の物動計画の実情を見るに、現政府のやり方は全てが前後不順なり。今更米国の経済圧迫に驚き憤慨困難するなどは、小学生の刹那主義にてうかうかと行動するに似たり」と海軍の姿勢を批判した。

海軍首脳会議のため上京した際、五十六は近衛首相と会談したが、席上五十六は「今の海軍本省は、余りに政治的に考え過ぎる」とし、さらに「（日米戦争は）是非やれと言われれば、初めの半年や一年の間は随分暴れてご覧にいれる。しかしながら二年三年となれば全く確信は持てぬ。三国同盟条約が出来たのは致し方ないが、かくなりし上は、日米戦争を回避するよう極力ご努力願いたい」と述べた。

ところで五十六は嶋田宛書簡の中で、近衛が海軍の突然の三国同盟賛成について訝《いぶか》ったことについて、「随分人を馬鹿にしたる如き口吻《こうふん》にて不平を言はれたり。これらの言い分は近衛公の常習にて驚くに足らず。要するに近衛公や松岡外相等に信頼して海軍が足を土から離す事は危険千万にて、誠に陛下に対し奉り申し訳なき事なりとの感を深く致し候」と批判している。

このような及川海相や伏見宮総長等の海軍首脳部および近衛首相や松岡外相に対する辛辣な五十六の批判は、井上の思いと同じものであった。

十月十四日夜、原田熊雄と懇談した際、五十六は次のように述べた。

「実に言語道断だ。しかし自分は軍令部総長及び大臣の前で、これから先どうしても海軍がやらなければならないことは準備として絶対に必要である。自分は思う存分準備の為に要求するから、何とかして出来る様にして貰わなければならん。自分の考えでは、アメリカと戦争すると言ふことは、殆ど全世界を相手にするつもりにならなければ駄目だ。要するにソヴィエトと不可侵条約を結んでも、ソヴィエトなどと言ふものは当てになるもんじゃない。アメリカと戦争しているうちに、その条約を守って後ろから出てこない、と言ふことをどうして誰が保証するのか。結局自分は、もうかうなった以上、最善を尽くして奮闘する。さうして長門の艦上で討ち死にするだろう。その間に、東京あたりは三度ぐらい丸焼けにされて、非常にみじめな目に合ふだろう。そうして結果において近衛だのなんかが気の毒だけれども、国民から八つ裂きにされるやうな事になりゃせんか。実に困ったことだけれども、もうかうなった以上は止むを得ない」

昭和十四年十月十八日、海軍軍務局長から支那方面艦隊参謀長に転出した井上成美は、当時の状況を次のように回想している。

「日独伊三国同盟は、昭和十五年九月、及川大臣豊田（貞次郎）次官（豊田大臣及び及川次官と言った方がピッタリ）の時結ばれ、日本海軍数十年の伝統を破って海軍までが親独に踏み切った。その後ある席上で、『我々が生命を賭してまで守り戦った三国同盟に、その後一年経つといとも簡単に海軍が同意したのはいかなる理由によるものか』と当時に責任者に訊ねたら、『君たちの反対した自動参戦の条文は抜かれたので、あとは問題ないんだよ』との答弁で、我々の時はドイツは戦はしていなかったのに、今度独伊と結んだ時は、彼は不徳千万な侵略戦争やっている最中であるという大事なことを考えもせぬ。呑気と言うかおめでたいと言うか、全く評するに言葉のなしで唖々唖然とした」

さて、戦後の昭和二十年十二月から翌年一月にかけて都合四回にわたり、開戦前後の海軍首脳二十九名を集めて、特別座談会が開かれた。

席上、日独伊三国軍事同盟に日本海軍が賛成した経緯について、出席者の間で活発かつ率直な論議がたたかわされた。

吉田（善吾）　私は十四年八月から十五年九月初迄（海軍）大臣をやったが、在任中同盟の話は出なかった。近衛内閣組閣前、首相と私と東条、松岡が荻外荘で会談した時、枢軸強化の話が出たので、それは結構だが同盟なんて夢想だにせぬと言って置いた。前米内内閣は陸軍のために倒されたのだ。当時南方に一気に突っ込んで取ってしまうという空気もあったので、これにも一本釘を刺しておいた。就任後独伊と情報交換および宣伝を緊密にやるという案が外陸海間で出来ており、これで律しようと言う事になったが、この意見が一向に実現しないで東条と二人で松岡に催促したが、松岡は実行しない。その内私は病気で引き入れ入院中突然同盟成立を聞き、余りに早いのでびっくりした。スターマー（独外相特使）は、その三ヵ月前に日本に来たことがある。そこでこれはてっきり陰謀で出来たと直感した。同盟については、陸軍、松岡らの間で早くから話が進められていたと思われる。スターマーが来た時、松岡らは一週間余りも見えなかったが、この間に陸軍らと一緒に決めてしまったのではないか。正面からでは海軍の反対で駄目と思って、裏から来たのだろう。東条の案でもなかったろう。下の方の暗躍組で作って、成案として持ってきたのではないか。私は松岡は気狂いとみている。彼を外務の要職に就けたのは大失策である。一旦要職に就けたら権限があるので、なかなか反対は困難である。

豊田（貞次郎）……即ち支那事変解決の為、日本の孤立化を防ぐため、米参戦を防止するには、ソ連を加えて四国同盟の他なく、この度は自動的参戦の条件もなく、平沼内閣当時海軍が反対した理由はことごとく解消したのであって、出来た時の気持ちは他に方法がないという事だった。

大野（竹二）、三代（辰吉）　軍令部としては、少なくとも一部長（宇垣纏）、一課（一課長中沢佑）、私は反対であった。……理由（は）結局自動的参戦の域を不脱。

近藤（信竹）　連絡会議の席上……松岡は米と戦争をせぬためのものだから、曲げて賛成して貰いたいと頼んだ。我々としては自動参戦は具合悪しと答えたところ、彼は和戦は天皇の大権に属し、国家が自主的に決するのでスターマーとも話が出来るという。そこで従来の海軍の反対理由はなくなり、次長として困ったことになったという気持ちであった。

榎本（重治）　松岡さんが大丈夫と言うので、押さえつけられてしまった。

竹内（馨）……近衛手記には、従来同盟反対なりしに、海軍が海相更迭後急に賛成云々の記事あり。

及川（古志郎）　先ほど豊田大将の言の如く、反対理由解消せり。但し陸軍の策動により海軍の反対理由を巧みに糊塗されしやも知れず。

豊田　当時陸海軍の対立極度に激化し、陸軍はクーデターを起こす可能性あり。延いては国内動乱の勃発を憂慮せられたり。何と言っても（陸海軍派は）車の両輪、股肱の皇軍として、かかる事態は極力避けなければならぬ。

及川　真に然り。

井上（成美）　先輩を前にして甚だ失礼ながら敢えて一言す。過去を顧みるに海軍が陸軍に追随せし時の政策はことごとく失敗せり。二・二六事件を起こす陸軍と仲良くするは、強盗と手を握るが如し。同盟締結にしても、もう少ししっかりして貰いたかった。陸軍が脱線する限り国を救うものは、海軍より他にない。内閣なんか何回倒しても良いのではないか。

藤井（茂）　ここに考えねばならぬのは、日本の政治組織と当時の情勢なり。輔弼の責を有する外相、陸相の所掌に関し、その主張を押さえんがためには、天皇、総理の権限を要し、海相としては事故の責任外に逸脱せざる限り、よくなし得ざる所なり。また陸軍の政治工作に対抗し、何故海軍も政治工作をなさざりしやと言われればそれまでなるも、海軍は政治力貧弱にして、事務当局は政府、陸軍との接触面においては、刀折れ矢尽きて屈服せるものなり。

井上　閣議というものは、藤井君の言うが如き性質のものではない。海相と雖《いえど》も農相や外相の所掌に関しても、堂々と意見を述べて差しつかえなし。閣僚の連帯責任とはこういうものだ。意見が合わねば内閣は倒れる。国務大臣はそれが出来る。また海軍は政治力がないと言うが伝家の宝刀あり。大臣の現役大中将制これなり。海相が身を引けば、内閣は成立せず。この宝刀は戒慎すべきも、国家の一大事に際しては、断固として活用せざるべからず。私は三国同盟に反対し続けたるも、この宝刀あるため安心していたり。

榎本　法理上より言うが、井上大将お説の通りなり。近衛公手記に、政治の事は海相心配せずともよい、とあるは公の誤解なり。

吉田　外交権と言うが常識に過ぎず。海軍でも外交委の事はどんどん言える。

井上　軍令部は政治に関係なきが如きも、三国同盟の如く最後に戦争に関係する件については、軍令部が引き受けなければ、大臣なんとも出来ぬ訳なり。

日独伊三国軍事同盟に無定見のまま同意した、当時の海軍首脳陣に対する井上の厳しい批判は、戦後になっても緩むことはなかった。

第18章　天皇の憂慮

昭和十五年（一九五〇年）九月十五日、木戸内府は、前日の十四日、三国軍事同盟に関して陸海軍の間で了解が成立したことを報告するために参内した。

その際天皇は、

「近衛はまた嫌気がさして辞めるようなことはあるまいね」と質《ただ》された。

九月十六日、閣議は三国同盟を承認した。閣議報告のため、近衛が天皇の許を訪れると、天皇から次のようなお言葉があった。

「今回の日独軍事協定については、なるほど考えて見ると今日の場合已むを得まいと思ふ。アメリカに対しても、もう打つ手がないといふならば致し方あるまい。しかしながら万一アメリカと事を構へる場合には海軍はどうなるだろうか。よく自分は海軍大学の図上作戦では、いつも対米戦争は負けるのが常である。と言ふことを聞いたが大丈夫だろうか。……自分はこの時局が誠に心配であるが、万一日本が敗戦国となった時に一体どうだろうか。かくの如き場合が到来した時には、総理も自分と労苦をともにしてくれるだらうか……」

これに対して近衛は、次のように答えた。

「明治天皇が日露戦争直前の御前会議において対露態度を決した時に、その会議の後ですぐ伊藤公を別室にお招きになって、『いよいよ廟議決定の通り、我が国は露国と一戦を交えなければならないことになったが、万一戦に敗れた場合は一体どうするか。この点自分は誠に深憂に堪《た》へん』と言われて、伊藤公の考えを聞かれた。その時伊藤公は、『万一、国が敗れました場合は、私は爵位勲等を拝辞致します。単身戦場に赴いて討ち死に致す覚悟でございます』と奉答した所が、明治天皇は非常に感動されて『よく言ってくれた』と言わんがばかりに頷《うなず》かれたといふ話を聞いていたので、『かういふ事もあったといふことでございます』と言ふ事を陛下に申し上げ、なほ『陛下の御軫念は誠に御同情に堪へません。自分も及ばずながら誠心御奉公申し上げる覚悟でございます』と申し上げたところが、陛下は頷かれておられた」

最後の元老の西園寺公望は、近衛の政治を非常に危惧していた。しかし、三国同盟問題に関して近衛は西園寺の意見を聞くことはなかった。

九月二十六日、原田熊雄が西園寺の許を訪れ、この時初めて三国同盟条約について説明した。この時、西園寺は原田の説明を黙って聞いていたが、十月十四日、「やはり尊氏が勝ったね……」と寂しそうにポツンと言った。

その時から四十日ばかり経った十一月二十四日、西園寺公望は、国事を憂いながら、満九十一歳でこの世を去った。

一方、米国のハル国務長官は、九月十一日、駐日グルー大使より、それまでの穏健政策から積極政策に転換すべきとした「青信号」電報を受け取った。

グルーの十月一日付日記の中で、次のように述べている。

「ここ日本における事実上の諸条件と現在の観望に基づいて見れば、今や米国側が忍耐と自制の行使を継続することが、日米両国関係を益々不安定にする時が来たと私は信ずる。私は日本政府と日本国民がやり過ぎていると感じさせられる時が来れば、振子は反対の方向に揺れ、その時こそ米国と日本の親善関係を再建することが出来るという希望を抱いている。私にとってこれ以外のことは絶望と思われる。九月の日記を書き終える私の心は重苦しい。これは過去に私が知っていた日本ではない」

第19章　支那方面艦隊参謀長に就任

昭和十四年（一九三九年）十月二十三日、井上成美は海軍省軍務局長から支那方面艦隊参謀長兼第三艦隊参謀長に補された。この人事の裏には、日独伊三国軍事同盟阻止に体を張った井上がテロの標的になっていることを案じた米内海相の配慮があった。

十月二十四日付『東京日日新聞』は、井上の異動を次のように報じた。

「頭脳明晰、沈着の武人で、殊に軍務局長時代は米内海相の下にあって、事変下の重大機における海軍の内外多端な事務の処理に剃刀の切れ味を見せ、優れた政治的手腕を謳われたもので、同少将の今回の栄転はあらゆる意味から期待されている」

この「人事消息」を書いた記者は、当時の政治状況によく精通していると思われる。三国同盟問題をめぐって政局が上へ下への大騒動している事を十分に踏まえながらも、これについてはやんわりとぼかしながらも、井上のこれからの活躍に大いに期待している。

さて支那方面艦隊は、いかなる理由で編成されたものであっただろうか。

昭和七年一月、第一次上海事変が発生し、中国にいる日本人の安全と権益の保護の必要性がでてきた。このため同年二月二日付で第三艦隊が編成された。

旗艦は海防艦「出雲」（九千七百七十三トン、もと装甲巡洋艦）で、第一遣外艦隊、第三戦隊、第一航空戦隊、第一水雷戦隊、水上機母艦能登《のとろ》（一万四千五十トン）、および上海特別陸戦隊の各部隊から成っていた。初代司令官には、野村吉三郎（二十六期、のち大将）が起用された。

ところが昭和十二年、盧溝橋事件が口火となって第二次上海事変が起こり、やがて日中戦争へ発展した。このため同年十月、支那方面艦隊が創設されることになった。

これはこれまで五年余り中国方面の作戦に従事してきた第三艦隊を、同日付で新設された第四艦隊と合わせて編成されたものだった。さらに翌十三年二月一日には、新たに編成された第五艦隊をもこれに加えて、三つの艦隊を持つ大部隊になった。

井上が上海在泊中の旗艦「出雲」に着任した時の司令官は、及川古志郎中将（三十一期、のち海相）だった。

昭和十四年後半になると、支那事変も三年目に入り、持久戦の様相になった。同年九月一日、ドイツ軍はポーランドに侵攻し、第二次欧州大戦が勃発した。このため独対英米仏日をめぐる国際関係は、緊張の度を増した。

日本としても支那事変を解決するために持久戦態勢を整えるとともに、日米開戦という万一の場合にも備える必要に迫られることになった。

こうした事態を踏まえて海軍中央は、昭和十四年十一月十五日付で艦隊全般の編制を改編した。その結果、支那方面艦隊麾下の第三、第四、第五艦隊は、第一遣支艦隊（中支那担当）、第二遣支艦隊（南支那担当）、そして第三遣支艦隊（北支那担当）に改編された。

司令官の及川古志郎は艦隊改編と同時に十一月十五日付で大将に昇進すると、参謀長の井上成美も中将に昇進した。

井上が着任した昭和十四年、中国戦線は膠着状態にあった。中国方面での海軍作戦は、海上ルートによる第三国からの援蒋物資の搬入を阻止することを目的にした沿岸封鎖作戦と、重慶にある蒋介石政権の潰滅を目的とした航空作戦の二つを主軸にしていた。

翌昭和十五年五月、及川司令長官は横須賀鎮守府司令長官に転出し、新長官として呉鎮守府司令長官の嶋田繁太郎中将が就任した。その嶋田は、「自分の任期中に支那事変を片付けたい」と抱負を語った。

同年三月、親日派の汪兆銘政権が南京に成立した。この頃日本の軍内部では、重慶の蒋介石政権の崩壊は間近いとの希望的観測が流布していた。

汪兆銘政権の発足時の二月十九日、大本営海軍参謀部は、「支那事変処理に関する意見」を支那方面艦隊司令部に送付した。それには「近き将来実行性ある作戦」として、次のように述べられていた。

「陸上進攻作戦はこれ以上進むことなく沿岸封鎖を続行し、占領地域の保安を確保しつつ、専ら航空機を以てする敵航空兵力の攻撃、敵輸送路の攻撃遮断、奥地の要地攻撃を実施す」

また、謀略としては「最も効果あり実効性に富む謀略は、既定方針通り汪政権の樹立育成並びに……対重慶工作」とされた。

昭和十三年頃から日本は、元国民政府副主席汪兆銘による親日政権の樹立に努めていた。これは近衛内閣時代に御前会議で決定されたところの「支那事変処理根本方針」、および「支那事変処理要綱」の方針に基づくものであった。

日本は中国に対する領土的野心が全くないと声明していた。しかし現地の陸軍部隊においては必ずしもこの方針は徹底されず、密かに重慶の蒋介石政権と連絡を取って直接和平を模索する者もあった。もちろんこうした動きは、汪政権を育成して重慶政権を崩壊させるというわが国の国策に反していた。井上は政府の方針にしたがって対処したが、中にはそうでない者もいた。

昭和十五年二月二十七日と二十八日の両日、上海で支那方面艦隊麾下の第一、第二、第三遣支艦

隊司令長官の会議があった。これには各艦隊の幕僚をはじめ、中央からも課長級が参加した。

会議の休憩中、第三遣支艦隊司令長官の野村直邦中将（三十五期、のち大将、海相）は井上に対して、「自分にも重慶と特別のルートがあるに付、一つやってみようと思うが、どうだろうね？」と聞いてきた。これに対して井上はすかさず、「クビを覚悟ならどうぞ！」と冷たくあしらった。

そのような中で昭和十五年五月一日から、日本軍は四川省方面の中国空軍撃滅のために、大規模な航空作戦を展開することになった。この作戦は「百一号作戦」と呼ばれたが、この作戦をめぐって井上は中央と厳しくやり合うことになった。

この「百一作戦」では、零式戦闘機が初めて参加して大いに活躍した。八月六日、その成果をさらに徹底すべく、参謀長の井上が自ら東京へ飛んだ。

八月七日午前、井上を迎えて省部の関係者が集まって作戦会議が開かれた。

席上井上は、「この作戦は、日露戦争における日本海海戦に匹敵するものであるとの認識のもとに全力投入している。これを連続することで、日支問題の解決の目途を探ることが出来ると考える」と弁じた。

途中で井上は語調を改めて、「ところで仄聞《そくぶん》するに、中央には対支作戦の完遂を期するとしながらも、その上に第三国との開戦に備える動きがあるやに承っておるが、万一そのような事実がありとすれば、もっての外のことである。支那事変だけでも重大な段階に突入し、その泥沼から抜け出す見通しすら立ちかねている現状で、さらに好んで第三国たる大国を相手に事を構えるが如きは論外の沙汰である」と語った。

井上のいう第三国とは、言うまでもなく米国のことであった。この井上の発言は、中央の対米強硬路線に対する痛烈な批判であった。井上はこの事を言いたいがために、わざわざ上海から東京に飛んで来たのだった。しかし、当時の海軍中央には、井上の言に耳を傾けようとする人間はいなかった。

ドイツ軍の電撃作戦の成功に眼を奪われた軍部は、昭和十四年七月十六日、米内内閣を倒壊することに成功した。

その後、七月二十二日、第二次近衛内閣が成立した。この第二次近衛内閣の下で、日本は三国同盟締結に直進することになる。

東京の大本営にドイツ軍の快進撃の情報が頻りに入って来たころ、支那方面艦隊の参謀をしていた中山定義《さだよし》少佐は井上に所感を求めた。すると即座に井上は、「ドイツ軍は必ず負けるよ」と明瞭に答えた。

さて、ここに登場する中山定義少佐は、戦後、海上自衛隊幕僚長に就任された。私の日本海軍史研究に道をつけてくれた方は、中山氏の後に海幕長に就任された内田一臣海将であるが、その内田海幕長に連れられて、原宿にあった中山氏が顧問をしていたギリシャの船会社を何度か訪れたことがある。

中山氏の顧問室に入ると、壁には米内光政が玉音放送を直筆で認めた額が掲げられており、同氏の米内に対する並々ならぬ傾倒ぶりを示していた。中山氏は、帝国海軍軍人の面影を宿す実直な提督であった。

その頃、第二遣支艦隊参謀にあった大井篤中佐（五十一期、のち中佐）は、作戦打ち合わせのため支那方面艦隊司令部に呼ばれた。「出雲」の司令部に行くと、海軍省から軍務局員の大前敏一《としかず》（五十期、のち中佐）が来て、司令部要員に対して、世界情勢に関する中央の認識や国策の転換についてレクチャーしていた。その骨子は、「バスに乗り遅れるな」ということに集約された。

話題がドイツ軍に押しまくられている英国の運命に及んだが、その時の井上の発言を、大井は、日記に次のように記している。

「昭和十五年七月十八日、『出雲』に於いて　ＣＳＰサチ（支那方面艦隊参謀長）は独伊との提携にては支那（事変）は片付かぬ。英国の力が入用だ」

ところが、当時の海軍中央は、井上の見解とは全く違う判断をしていた。

ある日、大井中佐は、馬公要港部司令官の高橋伊望《いぼう》中将（三十六期）から、「大井君、イギリス政府はどこへ逃げるかな。南アか、オーストラリアか、それともカナダかな？」と問いかけられたことがあった。

大井が「イギリス政府は決して逃げませんよ」と答えると、高橋は「いや、先般東京へ行って来たが、中央では専らそういう話をしていたよ」と語った。

八月十二日、中山をともなって旗艦「出雲」に帰任した井上を追うようにして、大本営海軍部は、八月十八日付で「北部仏印作戦のため、第一連合航空隊を九月五日に内地に引き揚げさせることに手続き中」との電報を送付して来た。

漢口へ進出中の主力航空部隊の引き上げは、兵力増強どころか全作戦の中止を命じられたようなものである。しかも北部仏印作戦の準備のための引き上げであった。

これに激怒した井上は、嶋田艦隊司令長官の了解を得たうえで、軍令部次長の近藤信竹中将宛に、再度の意見具申をした。しかし、さらに海軍中央は、中国に対する援蔣ルート遮断を、陸軍と協同作戦でする事を決めていた。

井上は、彼の作戦構想を全否定したこの軍令部の決定に激怒したものの、もはやどうにもならなかった。最後の詰めが甘かったことを、井上は大いに悔いた。

「責任は俺が取る。海軍を辞めることにする！」と井上は断言した。しかし、この井上の決断は、同艦隊参謀副長の中村俊久少将の必死の説得によって、かろうじて撤回されることになった。

九月五日、北部仏印進駐の奉直命令が出された。当初は平和裡の進駐の方針だったが、九月二十三日、陸軍部隊が強引に進駐を開始したため、武力衝突が発生した。

その直後の九月二十五日、井上は海軍中央に対して次のような抗議電報を送り、大義名分のない戦争の挑発を止めることを強く訴えた。

「仏印交渉は今日迄の経過を通観するに、現地交渉纏りかくるか又成立後に於いても、陸軍部隊は一部不羈の行動を取りて、友好関係を破壊に導きたる状況を呈せり。……支那方面艦隊としても対支作戦に死力を尽くしつつあるこの際、かくの如き戦闘に兵力を晒すが如きは実に忍び難く、不逞分子の点火せる作戦への協力の如きは無意味な理との見解を有す。よってこの際、大本営に置かれても十分陸軍と連絡を取られ、かくの如き無名の戦争を惹起せしめざる様此の上ともご努力あり度。一時の陸海軍間の摩擦を回避せんが為、国の大事を誤り、支那事変処理を有耶無耶に葬らるる如きことなきよう特に御配慮煩度」

九月二十六日、陸軍護衛のためハイホン沖にいた麾下の第三水雷戦隊司令官藤田類太郎少将（三十八期、のち中将）は、西村兵団が説得に応ぜず武力行動を開始したことに憤慨して、敵地に友軍の陸軍部隊を置き去りにしたまま引き上げた。

この報告を受けた井上は、「そうか。それでよし！」と言い放った。

日本陸軍が引き起こしたこうした不祥事は、すぐさま世界中に報道されたが、日本国民に知らされることはなかった。九月二十七日付の日本の新聞は、日独伊三国軍事同盟調印式の記事で埋め尽くされた。

かくして「百一号作戦」は中途で終結となり、重慶の蒋介石政権を崩壊に導くという戦略目的は達成されなかった。支那事変は依然として続くことになった。しかも日本は対米戦争への危険をはらむ北部仏印進駐と日独伊三国同盟を決断した。こうして井上が最も懸念した方向へ日本が踏み出した直後、井上の転任が発令された。

第20章　日本海軍史上最も評価されるべき井上の「新軍備計画論」

昭和十五年十月一日付で、井上成美は支那方面艦隊参謀長から海軍航空本部長に転出した。この職に任ぜられたことによって、井上は航空戦術の急速な発展ぶりを改めて認識させられることになった。

翌昭和十六年一月、軍令部の「㊄計画」を聞くための省部首脳会議が開催されることになった。ここでなぜ日本海軍が「㊄計画」と名付けた軍備計画を策定したのか、その経緯を見ることにしたい。

日本海軍では、大正十一年に締結したワシントン海軍軍縮条約と昭和五年に締結されたロンドン海軍軍縮条約を受けて、「第一次」と「第二次」の軍備計画を進めてきた。

「第一次海軍軍備計画」は、昭和六年から十一年にかけて継続され、条約の制限内で海軍軍備が進められた。この計画に含まれる代表的な艦船の建造は「最上」型（巡洋艦）四隻であった。また航空軍備では十四隊を増強した。

次の「第二次海軍軍備補充計画」は、昭和九年から十二年まで継続され、やはり条約の制限内で進められた。この計画の代表艦船は「飛龍」型（空母）二隻と「利根」型（巡洋艦）二隻であり、航空軍備を八隊増強した。

昭和五年、ロンドン海軍軍縮条約の政府回訓をめぐって統帥権干犯問題が起こり、同年十一月の浜口雄幸首相狙撃事件を引き起こした。日本は昭和の大恐慌の最中であったにもかかわらず、海軍は英米と均等な海軍軍備を求めた。

ロンドン軍縮条約の取りまとめに尽力した、海軍次官の山梨勝之進中将や軍務局長の堀悌吉少将、山本五十六少将、そして井上成美大佐らは、ワシントン・ロンドンの両海軍条約は、「日本が英米に十対六に押し込められているのではなく、むしろ日本が英米を十対六に押し込めているのだ」と考えていたが、こうし客観的視野を持った海軍軍人はほとんどいなかった。

かくして昭和十年に開催された第二次ロンドン海軍軍縮会議において、日本は対英米均等を要求した。

昭和十一年一月、ロンドン海軍会議の脱退を通告して、ワシントン・ロンドンの両条約を廃案することになった。

こうした状況の下で策定された「第三次海軍軍備補充計画（㊂計画）」は、軍縮会議からの脱退に備えて策定されたもので、昭和十二年から十七年まで継続された。

代表的な艦船としては、「大和」型（巨大戦艦）二隻（「大和」および「武蔵」）、「翔鶴」型（空母）二隻で、航空軍備の方は十四隊増強されることになった。

さらに昭和十四年から十九年まで継続された海軍軍備計画は、「第四次海軍軍備充実計画（㊃計画）」と改められ、大幅に拡充されることになった。

この「㊃計画」は、米海軍の軍備計画である「第一次ビンソン案」および「第二次ビンソン案」に対応するものとして策定された。

「第一次ビンソン案」は、海軍軍縮条約の制限内で米海軍の保有量を満たすものであったが、その後、軍拡のペースは速まった。

「第二次ビンソン案」では、軍縮条約の兵力量に対して、約二割の増勢と航空機三千機を意図した。こうした米国海軍の両案に対応するものとして、日本側では「㊃計画」が策定された。

代表的艦船としては、「大和」型二隻（「武蔵」および「信濃」。信濃は空母として竣工）、「大鳳」型（空母）一隻、「阿賀野」型（巡洋艦）四隻であり、航空軍備を七十五隊増強することによって飛躍的な強化を図った。

「㊃計画」が完成すると、「第一次計画」以前の十七隊を加えて、航空軍備は合計百二十八隊三千三百四十一機となった。

日本海軍の軍備計画の目標は、明治末期から昭和十六年十二月の対米開戦に至るまで、つねに「対米七割」を目指して策定されてきた。

ロンドン軍縮会議を脱退した昭和十一年における日本海軍の見通しは、今後十年間、対米七割から八割の比率を維持できるというものだった。この考え方が全くの希望的観測に過ぎなかったことは、その後の歴史が証明している。

それではここで、なぜ日本海軍が対米比率主義的思考に陥ったかを考えてみたい。

海上戦闘の場合は、敵味方の双方が同じ条件下で戦うことになる。陸上戦闘の場合と違って、一方だけが地形や天候のため著しく不利な状況下で戦わなければならないということはない。

また、海上戦闘の場合では、敵味方の双方が数千メートル、あるいは数キロと離れた所から撃ち合う訳であり、相手の姿を視認しながら撃ち合うという事はあまりない。

さらには一般兵員の士気の高低が勝敗を左右するという事もあまりない。艦が沈没する事は死を意味するから、兵員たちは生き残るためには必死で戦わざるを得ない。

同一条件下で戦うとなれば、勝敗を分けるのは、破壊力の差、すなわち大砲の口径の大小という事になる。破壊力を大きくするためには、口径の大きい砲を積まなければならない。口径が大きい砲を搭載しようとすれば重量がかさむことになるから、それだけ排水量の大きい艦を造らなければならないことになる。また、艦船の機動性を高める速力も非常に重要になってくる。

日露戦争の日本海海戦の日本側の旗艦「三笠」は一万五千三百六十二トンで、主砲は三十センチ砲四門だった。日本海軍は、戦艦六隻、巡洋戦艦六隻のいわゆる「六六艦隊」でロシアのバルチック艦隊と海上決戦をして完勝した。

太平洋戦争開戦時の連合艦隊旗艦である「大和」の場合は、全長が二百六十三メートルで、最大幅三十八・九メートル、公試排水量六万九千百トンで、速度二十七ノット、主砲は四十六センチ砲九門を搭載していた。

ちなみに米海軍の場合であるが、たとえば太平洋戦争緒戦、日本海軍による真珠湾奇襲作戦によって撃沈された戦艦「アリゾナ」の排水量は二万九千六百二十六トンで、最大速力は二十一ノット、十四インチ（三十五・六センチ）三連装×四だった。

なぜ米戦艦の場合は、排水量が約三万トンほどなのかであるが、それは大西洋から太平洋に渡るにはパナマ運河を通る必要があったからである。

このパナマ運河を通過できる船の最大のサイズは、「パナママックス」と呼ばれているが、閘門《こうもん》のサイズによって、通過する船舶は、全長二百九十四・一メートル、全幅三十二・三メートル、喫水十二メートルをマックスとするものと制限されていたのである。

そこで日本海軍としては、米国艦船に対して口径、排水量で絶対的に有利なものを造り、万一、日米海軍が衝突した場合には完勝すべく目論んだのであった。

しかしながらこの考え方が通用するのは、あくまでも戦艦同士が同一海面上で撃ち合う場合であって、潜水艦や飛行機も攻撃参加するような三次元の立体的な海上戦闘は想定されていなかった。

ところが軍令部の担当者は、米国海軍について「建艦競争の陣頭に立つが如きは、彼また容易ならざるを以て、我に対し七対十すなわち八対十を以て満足し、必ずしも六対十の比率を固執せざるべし」と楽観視していた。

昭和十四年（一九三九年）九月一日、ドイツ軍のポーランド侵略によって第二次欧州大戦が開始された。このため米海軍は「第三次ビンソン案」を成立させるとともに、さらなる増強を目指した「スターク案」も策定した。

「第三次ビンソン案」は、米国の既存の兵力量の十一パーセント増強の十六万七千トンであり、また両洋を見渡した「スターク案」の場合は、じつに百三十五万トンもの膨大なものであった。

「第二次ビンソン案」までは、主として対日作戦的な内容であったが、のちの二つの増強案は日本のみならずドイツをも対象にしていた。とくに「スターク案」の場合は、「両洋艦隊法案」と俗称されたように、太平洋と大西洋の両洋を睨んだものだった。

一方、日本海軍では、「第三次ビンソン案」についての情報が入り始めた昭和十四年頃からその対応策を検討し始め、昭和十六年初めになって「第五次海軍軍備充実計画案・㊄計画」を策定した。

この「㊄計画」は、戦艦三隻、超巡洋艦二隻、空母三隻、潜水艦四十五隻などを含む百五十八隻、六十五万トン、航空兵力は百六十隊の増強という厖大なものであった。

ところが「㊄計画」をもってしても、艦船では米国の六割、航空兵力では二割五分にしかならなかったのである。

日米間の兵力差を埋めることは、当時の日本の工業力では到底不可能だった。さらに資材、人員、生産設備の面でも、陸軍の協力は得られなかった。

こうした中で、「㊄計画」の予算的措置を求めるための省部首脳会議が、開催されることになった。

省部首脳会議では、まず主務担当の軍令部第二部（軍備）長の高木武雄少将（三十九期、珊瑚海海戦の時、井上の下で機動部隊指揮官を務め、その後、第六艦隊司令長官としてサイパンで戦死、のち大将）から「㊄計画案」の説明があった。

海軍省側では、その量の膨大なことを知って、実現が容易でないと感じていた。しかしながら軍令部の鼻息があまりにも強かったため、海軍省側からこれに敢えて反対する事はしなかった。

この会議には、井上も航空本部長として列席していた。

ワシントン軍縮会議の際、全権の加藤友三郎海相が随員の堀悌吉中佐に口述させたものの中に、彼の国防観が表明されている。それには「国防は国力に相応する武力を整ふると同時に、国力を涵養し、一方外交手段に依り戦争を避くることが、目下の国防の本義なりと信ず」とあった。井上の脳裏には、加藤（友）のこの言葉が焼き付いていた。

井上は軍令部の体質を、次のように見ていた。

「軍令部というものはね、海軍の象牙の塔ですよ。自分たちがエリートで、あとは有象無象の田舎侍だ。……軍令部は毎年作戦計画というものを出します。そうして陛下にご覧を願う。結論として、『現在の軍備で国防は安全でございます』と、そんな無責任な文句で結ぶのが慣例になってしまいました。私はそんなことは言わん方がいいと思う。『刻下の国防は、これでは不安があります。しかしながら日本の国から見て、これ以上軍備をすることは無理でしょう。従ってそういう強国との関係は、外交でもって諍いを起こさないようにして行くのが、日本の生きる道じゃないかと思いますす』と、それぐらいの事は陛下に申し上げたらいいんじゃないかと思うが、軍令部は『国防は安全です』と言う。どう安全だと聞きたくなります。だから軍令部という所にいる連中は、さっぱり進歩しない」

軍令部が説明する「㊄計画」を非常に危惧した井上は、日米不戦の立場から「この計画は、明治、大正時代の軍備計画である。……アメリカの軍備に追従して各種の艦艇をその何割に持って行くだけの誠に月並みの計画で、……どんな戦は何で勝つのか、それが何程必要なのかというような説明もなければ計画にも表れていない。……軍令部はこの案を引っ込めて、篤と御研究になったらよいと思います！」と厳しく批判した。この井上の批判のため、軍令部の面目は台無しになった。

戦後、井上は元毎日新聞記者の新名丈夫に対して、この時の発言は軍令部に対する「一トン爆弾だった」と自嘲気味に語っている。

首脳会議の午後、早速「㊄計画」の担当部長の高木武雄が肩を怒らして、井上のもとに怒鳴り込んできた。

「航空本部長、一体どうすればいいんですか！」

「どうすればいいのかって。……わからないのか!?」

「わかりません。教えてください！」

「それならば教えてやろう。海軍の空軍化だよ」

高木武雄の下に、軍令部第二部第三課長で柳本柳作《りゅうさく》（のちミッドウェー海戦で、空母「蒼龍」艦長として戦死、少将）大佐がおり、この柳本が軍備計画の担当課長だった。

会議の二、三日後、井上が食堂で食事をしていると、航空本部のある部員がやって来て、次のように語った。

「本部長、さっき食事の時、柳本大佐が『本部長にあんなにひどくやられては、軍令部の面目丸潰れで、私は切腹ものだ』と言ってましたよ」

「『切腹したつもりで勉強しろ！』って航空本部長が言っていたと、柳本君に言いたまえ！」

井上の「㊄計画」批判で、軍令部の面子《メンツ》は丸潰れとなった。部内からは、「井上は破壊的な議論ばかりする」という声も上がった。その様に言われるのも不本意な井上は、それから一週間ばかりかけて、年来の持論である「戦艦不要論」と「海軍の空軍化」を骨子とした次の「新軍備計画論」

と名付けた意見書を、一月三十日付で及川海相に提出した。

この「新軍備計画論」は、日本海軍の伝統的戦略思想である速戦決戦主義、主力艦決戦主義を根底から覆すものであった。この考え方に従えば、いまだに航空兵力が十分整っていない日本海軍としては、対米戦争などは絶対に不可と結論づけられるはずのものであった。

ところがこの井上の意見書が、日本海軍の戦略の中核に採り上げられることはなかった。海軍首脳からは完全に黙殺された。

井上の「新軍備計画論」は、これまでの日本海軍の戦略論の中で最も評価されるものであるので、その中核部分を抜粋して紹介したいと思う。原文はカタカナで書かれているが、読者の便宜を考えてひらがな表記とする。

［総論］

一、海軍軍備は根本的に改定を要す

軍令部説明軍備計画を見るに、その考え方は戦艦、巡洋艦、駆逐艦、その他の艦種及び航空兵力につき、対米比率をある一定水準の保持を目途となし居るやに見え、口に言ふ質を以て量の不足を補ふと言ふも、その行き方は単に個艦能力の優を求め、これに依りて勝てそうに考へ居る迄なり。しかもその口に言ふ質の考え方も、其の内容を突き詰むる時は、結局大砲口径の大、搭載数の大等を狙はんとするものにして、矢張り量的競争に過ぎず。海軍軍備全体として質の考へ方、甚だ少なきが如く感ぜらる。

殊に潜水艦勢力の対米比率迄も気にし居るが如きものの考へ方を見るに至っては、何処に自主的なる軍備計画ありやを疑わざるを得ず。もともと潜水艦は決して相手国の潜水艦と相戦ふを本質とする艦種に非ず。想定敵国と潜水艦保有量の比較は、軍備条約に於ける両国の建艦の権利を比較したる軍縮条約時代の単なる政治的の思想にして、その間少しも兵術的思想を表現し居らざる素人の

考え方なり。（中略）

二、日米戦争の形態

帝国が米国と交戦する場合、其の戦争の形態を考察するに、帝国は米国に敗れざる事は軍備の形態次第により可能にして、又是非とも然るべきも、又一方日本が米国を破り、彼を屈服する事は不可能なり。其の理由は極めて明白簡単にして、

（一）、米国の本土は極めて広大なるを以て、其の国土全土を攻略する事は不可能なり。

（二）、米国の首都攻略も（一）と同一理由により不可能なり。

（三）、日本は米の作戦等を殲滅する事は不可能なり。

（四）、米国は物量豊富にして其の国外依存の程度少なきを以て、封鎖による苦痛僅少にして、彼の死命を制するに至らず。

（五）、米国の海岸線長大、帝国より遠大距離あること及び太平大西両洋に海岸線を有する為、日本軍による海上封鎖は不可能に近し。

（六）、北米大陸の中央を占め、陸境を有する地理的関係より、米国の完全封鎖は不可能なり。

米国の対日作戦は、日本が米国より遠大距離に占位し在るの一事ある為、米の吾に対する作戦困難なると同様の共通点あるも、他の状況は日の米に対すると大いに趣を異にし、

（一）、日本全土の占領も可能

（二）、首都の占領の可能

（三）、作戦群の殲滅も可能なり

（四）、海上封鎖による海上制圧による物資窮乏に導き得る可能性大

（五）、海上封鎖も技術的に不可能に非ず

右に述ぶる如く日本の対米戦争の場合、米に対しあらゆる弱点を有するを以て、吾に於いて万一

此の弱点を守る方策に欠く処あるに於いては、彼吾の弱点を突く公算多く、帝国国防の安泰を期し難し。

　旧時に於いては戦術的に対米決戦に敗れざるの兵力を有する事に依り、前述の弱点の手当てが完全に行はれ、帝国の国防の安泰を期し得たるも、潜水艦及び航空機の発達は海防上の大革命を来し、旧時代の海戦の思想のみを以ては何事も之を律するを得ざることに注意の要あり。


　井上によれば、対米作戦上空母はきわめて有用であるが、反面非常にもろい面も持っているため、優秀な航空基地兵力による制海権の確保や、潜水艦や、船団護衛用の艦艇、さらには有力な機動水上兵力を整備する必要があるとした。

　井上の「新軍備計画論」は、主力艦の対米パリティ主義を覆して、航空機、潜水艦による立体的戦略を提示したもので、実際太平洋戦争の推移は、井上の推論の正しさを証明することになった。

　それでは井上の「新軍備計画論」に対する米国側の評価は、いかなるものであったろうか。

　妹尾作太男《せのおさだお》という人がいる。妹尾氏は大正十四年生まれで海兵七十四期である。巡洋艦「大淀」乗組を経て潜水学校で終戦を迎えた。

　戦後は、復員船輸送に引き続いて瀬戸内海の機雷掃海に従事した後、昭和二十七年に海上警備隊に移り、その後、米海軍砲術士官学校に留学し、防衛研修所戦史編纂官になった。平成二十年、八十五歳で他界されたが、私はこの妹尾氏に市ヶ谷の戦史編纂室や軍事史学会、水交会などで、何度かお目にかかったことがある。

　妹尾氏は米国海軍に留学している時、井上の「新軍備計画論」を米国海軍誌に発表したが、以下はそれに対する米海軍側の反応である。

　当時、米海軍学校長だったスタンフィールド・ターナー海軍中将（のち大将、NATO軍南部方面司令官、ＣＩＡ長官）は、妹尾宛に次のような手紙を寄せている。

「井上提督は（あの建白書の中で）戦艦はもはや主戦兵器ではないと指摘されましたが、航空母艦が現在でもやはり主戦兵器たりうるかについて、真剣に検討しているでしょうか。現在われわれの考えている海軍戦略構想は、果たして将来の事態に対処するのに適したものだろうか。特に小官は、井上提督の『潜水艦の存在する今日における制海権の意義は、旧時の如く絶対的ならず』という部分が気に入りました。この考え方は、当時において一歩先んじていたばかりでなく、現在においてさえも、われわれはその事を十分深く認識していないように思います」

一九五五年から六年間にわたって米海軍作戦部長を務めたアーレイ・バーク大将からも、「彼（井上）はきわめて思慮に富む実際家で、彼の考えが採用されたのなら、太平洋戦争はよもや生起する事はなかった」との読後感の書簡を受け取った。

リントン・ウェルス米海軍大佐は知日派の高級将校だが、「新軍備計画論」を次のように評価した。

「井上提督の『新軍備計画論』の大きな貢献は―太平洋の両岸で多くの人が主張していた―航空兵力の主張だけにとどまらない。航空兵力の主張よりむしろ彼の貢献は、航空兵力、潜水艦、海上通路、および後方補給の相互依存性が、いかに決戦思想ばかりでなく、地勢の重要性をも変化させたか。従って海戦の性格をも変化させるに至ったかについて、総合的な考察をしている点にある。より根本的な点について述べると、日米両国の利点および欠点についての、彼の比較分析が責任ある当局者により真剣に検討されていたら、一大悲劇は避けられたかも知れない。軍人には、その内容の如何にかかわらず、その軍の予算の大幅増額を歓迎すべき事として、支援するという傾向があまりにもしばしば見受けられる。井上提督が『㈤軍備補充計画』要求を進んで批判したことは、明晰な考えばかりでなく、大きな勇気を持っていたことを示している。彼の分析は完全ではなかった。

彼は航母の影響力を低く評価し、陸上基地航空兵力を強調しすぎている。とはいえ、彼の考え方は、戦前の重要戦略家の一人としての地位を確立させた。彼の著作を研究する事により、今日の軍事情勢について多くの教訓を学ぶことが出来る」

話は飛ぶが、昭和五十八年（一九八三年）一月、時の総理大臣であった中曽根康弘氏による「不沈空母発言」なるものがあった。

この発言は、『ワシントン・ポスト』紙のドン・オーバードーファー記者氏が、日本の安全保障問題について質問したことに対して、中曽根氏は「日本の防衛のコンセプトの中には海峡やシーレーンの問題もあるが、基本は日本列島の上空をカバーしてソ連のバックファイアー爆撃機の侵入を許さないことだと考えている。……万一有事の際は、日本列島を敵性外国航空機の侵入を許さないように、周辺に高い壁を持った船のようにする」と答えたことが物議をかもし出した。

この発言が「不沈空母」と意訳されたわけだが、中曽根元首相の発言にも見られるように、井上の「真軍備計画論」は、今日においてもその意義は、決して失われていないと私は考えている。

第21章　海軍第一員会

太平洋戦争開戦における日本海軍の戦争責任問題については、昭和十六年六月五日に決定された海軍第一委員会報告書、「現情勢下に於いて帝国海軍の執るべき態度」の評価とも絡んで、研究者の間でさまざまな議論が交わされてきた。

この第一委員会報告書がなぜ注目されたかと言えば、昭和十六年六月初旬の段階で、すでに日本海軍が、「和戦の決の最後的鍵鑰《けんやく》を握るもの帝国海軍を措いて他に之を求め得ず」との決意の下に、三国同盟堅持—南部仏印進駐—米英蘭による対日石油禁輸—対米英蘭参戦、というシナリオを作成しており、それ以後の日本の歩みが、この第一委員会報告書が想定した通りに推移して行ったからである。

報告書の結論には、次のように記されていた。

(一)、帝国海軍は皇国安危の重大時局に際し、帝国諸施策に動揺を来さしめざる為、直ちに戦争(対米を含む)決意を明定し、強気を以て諸般の対策に臨むるを要す。

(二)、泰、仏印に対する軍事的進出は、一日も速に之を断行する如く努るを要す。

この「第一員会報告書」は、海軍省軍務局第二課長石川信吾海軍大佐の手によって作成されたものだった。

日本海軍部内には、加藤友三郎の思想を継承する日米不戦派（海軍省派あるいは条約派）と対米敵視派（軍令部系あるいは強硬派）の二つの思想的流れがあった。

それが昭和八年から九年にかけて行なわれた大角人事によって、日本海軍の主流は、米内海相（昭和十二年二月〜十四年八月）、山本海軍次官、井上海軍省軍務局長の一時期を除いて、対米強硬派に移ることになった。

第一委員会の構成員である高田利種《としたね》、石川信吾、富岡定俊、大野竹二、柴勝男、藤井茂、小野田捨次郎《すてじろう》らはいずれも親独論者・対米強硬派であり、その中での中心的人物と言えば、経歴と地位から言って当然、石川信吾となった。

海軍中央部より米内、山本、井上たちが去ると、海軍首脳の中で中堅層に対抗できるだけの胆力と知力を持った人物は見当たらなくなった。米内、山本、井上以後の海軍首脳はいずれも凡庸で大勢順応主義者だった。

これに加えて海軍も一つの典型的な官僚機構であるのであり、その堅固な稟議制度の下では、担当者が決定した政策を上層部が完全に覆すことは、容易ならざる事であった。

第22章　第四艦隊司令長官に就任

昭和十六年八月十一日、井上は、高須四郎中将が第一艦隊司令長官に転じた後を引き継いで、第四艦隊司令長官に親補された。

この人事について榎本重治書記官は、「井上さん、邪魔にされましたね……」と評した。すなわち井上が英米との開戦に強く反対している事から、強硬派が台頭しつつある海軍内で、煙たがられてしまったという訳である。

井上は呉から岩国へ、そして岩国から大型飛行艇に乗り継いで、八月二十一日、ようやくサイパン島に到着した。

サイパン島には、第四艦隊旗艦の「鹿島」が碇泊していた。井上を乗せた「鹿島」は、時をおかずトラックへと向かった。

ところで「トラック」とは、トラック環礁内にあるトラック諸島の総称のことである。同島は、南洋庁東部支庁（本庁はパラオ諸島のコロール島）が置かれている夏島をはじめとして、春島、秋島、冬島らの四季諸島、月曜島、火曜島らの七曜島、その他二百数十からなる島々によって構成されていた。夏島周辺の海は水深も深く自然の良港を成していた。したがって連合艦隊の泊地になっていた。

第一次世界大戦後、独領から日本の委任統治領となって以来、トラック諸島は、「南の生命線」を守る日本海軍の一大根拠地であった。

井上が指揮する第四艦隊の防備区域は、東経百三十度より百七十五度、北緯零度より二十二度にわたっており、東西五千キロ、南北二千四百キロの海域に散在するマリアナ諸島（サイパン島など）、カロリン諸島（トラック島など）、マーシャル諸島など大小一千四百余の島々から成っていた。

ここで井上が第四艦隊司令長官に就任した当時の、日本を取り巻く国際情勢について説明しておく。

日米国交調整問題は、昭和十五年十一月にウォルシュとドラウトの両神父が来日し、近衛文麿首相の側近の一人である産業組合金庫理事である井川忠雄を訪問して、両国の国交調整を申し入れた事をもって始まった。その後、両神父は、陸軍の意向を打診するために、井川の紹介で陸軍省軍務局長の武藤章にも面会した。

十二月二十八日、帰国の途についた両神父は、翌十六年一月二十三日、ウォーカー郵政長官の斡旋でルーズヴェルト大統領とハル国務長官に会見し、東京の様子について報告した。

一月二十五日になって、両神父より井川の許に、「大統領往訪の結果有望進捗中」との電報が届いた。

そこで井川は、二月十三日に急遽東京を出発した。続いて三月六日には陸軍省軍事課長岩畔豪雄《いわくろひでお》大佐も渡米し、その後、井川、岩畔、ドラウトの三人の間で日米国交調整案が検討された。その結果、四月十六日になって、ようやく「日米了解案」が作成された。

東京には四月十八日の閣議の最中に、この「日米了解案」が接到した。近衛首相は、事柄の重要性に鑑み、即日、政府統帥部連絡懇談会を召集することにした。

会議の出席者は皆、米国側の柔軟な態度を喜んだ。しかしながら大橋外務次官の提案によって、米国側への返事は、数日内と見られている松岡外相の帰国を待って行なうことにした。

四月二十二日、訪欧の旅から帰国した松岡外相は、自分が関与していない「日米了解案」に甚だ不満だった。そこで五月十二日、松岡は「日米了解案」の根本的な趣旨を修正した日本側対案を作成して、これを野村大使に送った。

先の「日米了解案」は、日独伊三国軍事同盟の実質的弛緩を暗に示していたのに対して、日本側対案では三国軍事同盟の厳守を明らかにしていた。

六月二十二日、独ソ戦争が勃発した。ここに米英ソの連合国側と日独伊の枢軸国側の二大陣営が完全に形成されることになったのであり、大局的に見れば、独ソ開戦は第二次世界大戦の勝敗を左右する世界史的大事件であった。

この独ソ開戦は、米国側の対日姿勢に大きな影響をあたえた。すなわち、それまで米国は日本に対して硬軟両様の構えで対処していたが、独ソ開戦後は対日宥和政策を放棄し、硬直的な姿勢になった。

しかるにハル国務長官は、独ソ開戦を十分に確信した六月二十一日、野村大使に対して米国側の態度を一層明確にした米国案を提示するとともに、暗に松岡外相を非難した「オーラル・ステートメント」を手渡した。

一方、松岡外相は、「日本軍の南部仏印進駐は対英米戦争につながる」として強く反対した。しかしながらこれは軍部の容れるところとならず、六月十二日の連絡会議で永野軍令部総長は「南方施策促進に関する件」を提案し、六月二十五日、同会議はこれを正式に採択した。

七月十六日、米国政府から忌避された松岡外相を更迭するために、近衛首相はいったん内閣総辞職することにした。そして七月十八日、新外相に豊田貞次郎海軍大将を迎えて、第三次近衛内閣を成立させた。

この第三次近衛内閣の使命は、言うまでもなく日米交渉の促進にあった。ところが、それからわずか十日後の七月二十八日、日本軍による南部仏印進駐が強行された。この南部仏印進駐は、日米関係の改善を意図する近衛内閣の使命とは完全に矛盾するものであった。

八月一日、米国側は対日石油全面輸出禁止をもってこれに応じた。この米国側の対抗措置によって、日本海軍は対米参戦に追い込まれることになった。

八月二十八日、近衛首相は「近衛メッセージ」をルーズヴェルト米大統領に送り、日米首脳会談の実現によって、大乗的見地から日米交渉を打開しようとした。しかしながら米国側の近衛首相に対する信用は全く失墜していた。

九月六日、近衛内閣は御前会議において「帝国国策遂行要領」を採択し、「外交交渉に依り十月上旬頃に至るも尚我要求を貫徹し得る目途なき場合に於いては、ただちに対米（英蘭）戦を決意」することを決定した。

九月二十五日、日本政府は松岡外相時代の三国同盟厳守の方針を変更して三国同盟弛緩を謳《うた》う日本側対案を提出した。しかしながら日米交渉は、その十月になっても進展を見せなかった。このため十月十六日、近衛内閣は総辞職した。

そして軍部を抑え得る内閣という宮中方の期待から、十月十八日、東条英機内閣が成立した。しかし石油資源確保の道を失った日本には、もはや徒《いたずら》に交渉に日時を費やす余裕などはなかった。

十一月一日から二日にかけての連絡会議は、「武力発動の時期を十二月初旬と定め、陸海軍は作戦準備を完遂す」とした「帝国国策遂行要領」を採択した。

十一月二十六日、米国側よりいわゆる「ハル・ノート」が送られてきた。これには、中国、仏印より日本軍の完全撤退や、三国同盟の否認などの厳しい条件が付けられており、日本側としては到底容認できるものではなかった。

翌二十七日に開催された連絡会議は、これを米国側の最後通牒と断定した。かくして日本政府は、ついに十二月一日、御前会議において全会一致をもって対米英蘭に対する開戦を決定した。

これまで井上は軍政畑が長かったが、ここで初めて指揮官として作戦を遂行すべき当事者になった。ところが現地には、旧式の武器しか揃っていなかった。

井上は『思い出の記』の中で、次のよう述べている。

「八月初めに、私は四艦隊に転出し、自分の主張した南洋島嶼防備に責任を負わされた。行ってみて何も出来ておらず、また開戦になっても何もやってもらえず、誠に驚きもし、また苦労もした」

昭和十六年十一月六日、井上は山本連合艦隊司令長官から、「作戦打ち合わせのため、参謀長および関係幕僚を帯同して上京せよ」との電報を受け取った。

十一月八日、井上ら一行は飛行艇にてトラックを出発し、東京において十一月五日付の「大海令第一号」と「大海指第一号」を受け取った。さらに瀬戸内海の柱島在泊の連合艦隊旗艦「長門」艦上において、同日付で「機密連合艦隊命令作戦第一号」を受領した。

十二月八日、真珠湾奇襲作戦の成功を知らせる電報が、第四艦隊司令部に届いた。飯田秀雄通信参謀が井上に向かって「おめでとうございます」と言うと、井上は硬い表情を崩すことなく、ただ一言「馬鹿な!」と吐き捨てた。

第23章　珊瑚海海戦

緒戦の第一段作戦によって南方資源地帯の確保に成功した大本営海軍部は、明確な方針もないままに第二段作戦に踏み出した。

米国が本格的な対日反攻に乗り出すのは、昭和十八年以降と見ていた作戦指導部は、反攻の拠点となるオーストラリアを孤立させるため、米豪遮断作戦を試みることにした。

そのため重要戦略基地であるラバウルを強化するとともに、ニューギニア島南部にあるポートモレスビーを攻略し、ここを足がかりにしてオーストラリア北東部の基地を叩こうとした。

これがいわゆる「ポートモレスビー作戦（ＭＯ作戦）」といわれるものであった。これを阻止せんとする米機動部隊と、井上が指揮する南洋部隊との間で交わされた海戦が、「珊瑚海海戦」であった。

昭和十七年五月一日午後三時、井上は第四艦隊司令長官として旗艦「鹿島」に座乗して、トラック環礁を出港した。

ラバウルは太平洋戦争中、日本軍の主要基地だった。ニューブリテン島の北東端にあり、日本軍が占領するまでは、オーストラリア委任統治領であるビスマルク諸島の首都機能を果たしていた。

ちなみにビスマルク諸島とは、ニューブリテン島、カビエンのあるニューアイルランド島、アドミラルティ諸島などを総称したものである。

五月四日午前八時、「鹿島」はラバウル港の中央に投錨した。

ポートモレスビーは、現在はパプアニューギニア共和国の首府であるが、当時のニューギニア島は西半分がオランダ領で、東半分の南部がオーストラリア領、北部がビスマルク諸島と、共にオーストラリアの委任統治領となっていた。

井上が占領しようとする当時のポートモレスビーは、オーストラリア領ニューギニアの首府で、委任統治領ニューギニアも含めて政治、経済、交通、通信の中枢だった。この地は地政学的にもオーストラリアの北東部防衛の要衝だった。

井上がトラックにいる時に発信した「四月二十三日付機密南洋部隊作第十三号」などによれば、ポートモレスビーに上陸するのは、堀井富太郎陸軍少将（陸士二十九期、のち中将）が指揮する陸軍南洋支隊三個大隊と呉鎮守府第三特別陸戦隊の大部であり、海軍輸送船六隻、陸軍輸送船七隻に分乗するとされていた。上陸予定日は五月十日未明であった。

五月四日午後四時、輸送船団は井上らに送られてラバウルを出港し、ソロモンに向けて一路南下した。

梶岡定道少将が指揮する第六水雷戦隊他が直接護衛に当たり、さらに五藤存知《ごとうありとも》（三十八期）少将が指揮する重巡「青葉」「加古」「衣笠」「古鷹」からなる第六戦隊と軽空母「翔鳳《しょうほう》」他が全般支援に当たった。

かつてオーストラリア首相ヒューズは、一九一九年に下院において、「オーストラリアの安全は、ビスマルク諸島、ソロモン諸島、ニューヘブライズ諸島、ニューカレドニア島の保持にかかっており、ニューギニアを保有するものがわが国を保有する」と演説したことがある。

このヒューズの言葉に従うならば、ラバウルに続いてポートモレスビーが日本軍の手に落ちるとすれば、オーストラリアの心臓部である東部海岸地方が、日本軍の脅威に直接晒されることになった。このため連合軍は、必死になって日本軍の進攻を食い止めようとした。

この海戦の主役になったのが、正規空母の「ヨークタウン」と「レキシントン」であり、日本の正規空母の「瑞鶴《ずいかく》」と「翔鶴《しょうかく》」だった。かくして五月七日と八日の両日、日米両軍は海戦史上初めて空母同士で戦うことになった。

戦場となった海域は、珊瑚海北部、ルイジアード諸島周辺海域からガダルカナル島南西海域にかけてであった。

ガダルカナル島についてはよく知られているので説明の必要はないと思われるが、ルイジアード諸島については若干説明する必要があるだろう。この諸島を知らなければ「珊瑚海海戦」は理解できない。

ニューギニア南東端には泊地として良好なミルン湾があり、そこから東方にかけて、サマライ島、モレスビー島、パナポンポン島、ニバニ島、パニート島、ミンマ島、タダラ島、ロッセル島などのルイジアード諸島が点在している。これらの諸島がソロモン海と珊瑚海とを仕切っているが、この島々に沿って長大なサンゴ礁地帯が東西に延びている。このため北部のソロモン海西部と南部の珊瑚海との交通は、サンゴ礁の隙間にある狭い二、三の水道を通らざるを得なかった。

井上たちは、作戦計画の段階で、攻略部隊の航路に悩んだ。サンゴ礁を避けてルイジアード諸島の東方を迂回するとなれば、ラバウルからポートモレスビーまでの距離は九百六十カイリにもなった。一方、最短の距離は、サマライ島近くのチャイナ水道を通過するものだったが、水道が狭いうえに、水路の途中にサンゴ礁が点在し、さらに潮流も激しいことから、船団の航路としては適当ではなかった。また最短距離と言っても六百七十カイリもあった。

残された航路としては、ルイジアード諸島の中央部にあるジョマード水道を通るものだったが、これでも八百四十カイリもあった。

このように攻略部隊の輸送船団の航路が長大なことと、通過水道が限定されていることが、この作戦をきわめて難しくしていた。

したがって米空母側としては、日本の船団がソロモン海からジョマード水道を通って珊瑚海に南下することを十分予想することが出来た。

一方の日本側であるが、船団の航路の後半に珊瑚海北岸に沿って二昼夜航行しなければならないにもかかわらず、ラバウルからの基地航空機による哨戒では、この航路の南方を十分カバーすることが出来なかった。

このため井上は、まずツラギ島を占領して、ここに水上基地を設け、大艇を進めて珊瑚海の哨戒を行なうことにした。さらにルイジアード諸島のジョマード水道に近いデボイネを占領して、ここに水上機を進め、ラバウルからの航空哨戒と船団警戒に当たらせようとした。

デボイネ基地は、ニバニ島に設置された。ニバニ島には砂浜があり、この島とパナポンポン島の中間水域は、良好な水上機の発着場として使用することが出来た。

デボイネを占領して基地が設営されたのは、五月六日のことであった。

井上は、特設水上機母艦の「聖川丸」を直率した。これには指揮下の第八根拠地隊の他、一隻の特設水上機母艦である「神川丸」が随行した。

「聖川丸」飛行機隊七機と「神川丸」飛行機隊八機が、デボイネ基地に進出し、「神川丸」分隊長の峰松秀男大尉が、水上機隊の指揮を執った。

軽空母「翔鳳」は、五月七日午後三時、デボイネに入港した。ここで燃料補給を受ける予定になっていた。

ルイジアード諸島東端に位置するロッセル島は、ツラギおよびデボイネと並んで第六戦隊の「衣笠」「古鷹」の水上機隊の航空哨戒の起点になった。

珊瑚海海戦から一ヵ月後の六月五日のミッドウェー海戦の時には、日本海軍のかなりの部分が米側に解読されていた。そのため米側の正規空母である「ヨークタウン」「エンタープライズ」「ホーネット」の三隻が、ミッドウェーの北東海域で、密かに南雲忠一中将の正規空母四隻の進攻を待ち伏せした。このため日本側は大敗を喫することになる。

珊瑚海海戦が順調に進展しなかった原因の一つに、この米側による暗号解読があった。

米国統合参謀本部、とくに海軍作戦部長兼米艦隊司令長官のキング大将は、対日反攻として、フィジー諸島、ニューカレドニア島、オーストラリア東部海岸地方からソロモン諸島、ビスマルク諸島方面へ向かう事を決意し、一九四一年末からこの方面の兵力を増強していた。

一方、井上のポートモレスビー作戦は、それまで日本軍が経験した南方資源地帯の攻略作戦や、グアム島、マキン、タラワ、ウェーク島、カビエン、ラバウル、ラエ、サラモア、ビルマ作戦などとは全く異質の新手の兵力を準備して、立ち上がった連合国軍と真正面から対決しようとした。この認識が、軍令部や連合艦隊司令部はもちろんのこと、井上の第四艦隊司令部においても不十分であった。したがって、連合艦隊の総力を挙げて決行する覚悟でもない限り、井上指揮下の寄せ集めの弱体な兵力では、客観的に見てポートモレスビー作戦など到底成功するはずはなかった。

井上がトラックで作戦の基本命令をまだ発出していない四月十六日以前の段階で、ハワイの太平洋方面軍司令官のニミッツ大将とフィリピンからオーストラリアに退避した南西太平洋方面司令官のマッカーサー大将は、日本海軍の通信の分析と暗号解読から、軽空母「祥鳳」と大型空母二隻を含む攻撃部隊に護衛された輸送船団が珊瑚海方面に進出した。そして、その目標がポートモレスビー攻略にあって、戦闘は五月三日に始まると予想していた。

ニミッツとマッカーサーは、ただちに井上を迎え撃つ態勢を敷くことになった。

ニミッツが井上のポートモレスビー攻略計画を知った時、太平洋艦隊には五隻の正規空母があったが、すぐ使えるのは二隻だけだった。

ハルゼー中将が指揮する「エンタープライズ」と「ホーネット」は、四月十八日、ドーリットル陸軍大佐指揮下のB25機でもって東京空襲を決行したため、まだハワイに帰着していなかった。また同年一月、伊号第六潜水艦に雷撃され、その内の一本が命中した「サラトガ」は、太平洋岸のピュージェットサウンドで修理中だった。

こうしたことからただちに使用できるのは、トンガタブリにいた「ヨークタウン」と、四月十七日、整備を終えて真珠湾を出港した「レキシントン」だけだった。

トンガタブリ島はサモア諸島の南西、フィジー諸島の南東それぞれ四百カイリにあって、昔から南太平洋上の交通の要衝だった所である。

ニミッツは、「ヨークタウン」を指揮するフレッチャー少将と、「レキシントン」を指揮するフィッチ少将に、ニューヘブライズ諸島西方において合同のうえ、「五月一日以降珊瑚海において作戦すべし」と命令した。

海戦の主役となる飛行機隊は、「ヨークタウン」の艦戦二十一機、艦爆三十八機、艦攻十三機の計七十二機。「レキシントン」の艦戦二十一機、艦爆三十八機、艦攻十二機の計七十一機で、合計百四十三機であった。米側は、珊瑚海海戦では完全に空母中心の戦略戦術思想の下に、艦隊編成をして作戦を展開した。

これに対して日本軍は、空母中心の戦略戦術思想が希薄だった。これは井上の責任というよりは、戦艦中心主義から航空機中心主義に脱皮する速度が、米海軍の方が日本海軍よりも徹底的に進んだためであった。

ニミッツは当時、ニューカレドニアのヌーメア港にあった戦艦や、マッカーサーの指揮下に入れていた艦艇も集めて、二隻の空母群に合同させる処置を採った。

フレッチャー指揮下に編成された米空母機動部隊は、正規空母二隻、重巡七隻、軽巡一隻、駆逐艦十三隻、水上機母艦一隻、タンカー二隻の計二十六隻もの大部隊となった。

一方の日本の空母機動部隊は、正規空母二隻、重巡二隻、駆逐艦六隻、タンカー一隻に過ぎず、しかも指揮官は重巡に座乗していた。

「ヨークタウン」と「レキシントン」が組んだ機動部隊の飛行機隊は、かつて日本の艦艇や船舶に対して攻撃をしかけた経験があった。

ブラウン中将指揮のもと、三月十日、ポートモレスビー南方海域で発艦し、オーエンスタンレー山系を越えて、ラエとサラモア沖の日本の艦艇と船舶を猛攻した。

所在した艦艇や船舶十八隻は、井上の指揮下で同地の攻略作戦に従事していたものであった。うち十三隻が何らかの被害を出した。輸送船四隻が沈没して、軽巡「夕張」や施設艦「津軽」にも命中弾があった。

ブラウン攻撃を受けるまでは井上としては、四月にポートモレスビー攻略作戦を実施する計画でいたが、損傷艦を内地に帰投させて修理する必要が出て来たため、作戦を一ヵ月遅らせることにした。

米空母部隊は、引き続いて南東方面で作戦している可能性があった。またオーストラリア北東部の米軍基地の航空兵力も次第に増強されてきたため、航空対峙戦の戦況になることが予想された。そこで井上は連合艦隊司令部に対して、ポートモレスビー作戦のため、有力な空母部隊の派遣方を強く要請することにした。

開戦以来、日本軍の南方進攻作戦は順調に進み、昭和十七年三月までには赤道を越えてビスマルク諸島や東部ニューギニアのラエ、サラモアを占領して、航空基地を設地することが出来た。

四月上旬、連合艦隊では、第二段作戦として五月上旬にポートモレスビー、六月にはミッドウェーを攻略する構想を立てた。

ポートモレスビーはニューギニア東南部にあり、ここを基地としてニューカレドニア、フィジー、サモアを次々に攻め落として米豪連絡線を遮断し、オーストリアの対日反攻基地になるのを阻止しようとした。

元来、短期決戦を企図していた山本五十六長官は、第二段作戦でも攻勢を維持して、敵に痛撃をあたえる必要があり、したがって守勢に回って米側に時間を稼がせるのは不利だと考えていた。そのためには海軍航空兵力でもって敵を圧倒する必要があると考えていた。

ところが、このポートモレスビー作戦においては、インド洋作戦を終えて四月下旬に帰国予定の南雲中将麾下の機動部隊を使用すること自体に無理があった。

初めは内地で修理中の「加賀」と軽空母「祥鳳」を用いる予定でいたが、その中核となる第四艦隊側からは、基地航空兵力の整備不足から、さらなる空母の増強の要請があった。そのため、第五航空戦隊（「祥鶴」「瑞鶴」）が、「加賀」に代わって本作戦に参加することになった。

五航戦としては、機動部隊の中では一番編成も新しく練度も低いため、実践の経験を積む必要があった。ポートモレスビーとともにソロモン諸島フロリダ島のツラギ攻略も合わせて実施する事を決定した。

この「ポートモレスビー攻略作戦」は「MO作戦」と呼称され、この作戦を遂行するために、次のようなMO機動部隊とMO攻略部隊が新編成された。

［MO機動部隊］

本隊　第五戦隊（重巡「妙高」「羽黒」）、第七駆逐隊（駆逐艦二隻）。

　航空部隊　第五航空部隊（空母「翔鶴」「瑞鶴」）、第二十七駆逐隊（駆逐艦四隻）。

補給部隊（特設給油艦「東邦丸」）。

［ＭＯ攻略部隊］

主隊　第六戦隊（重巡「青葉」「加古」「衣笠」「古鷹」）。

空母「翔鳳」。

駆逐艦「漣《さざなみ》」。

掩護部隊　第十八戦隊（軽巡「天龍」「龍田」）、特設水上機母艦（「神川丸」「聖川丸」と所属飛行隊）、

第五砲艦隊（特設砲艦三隻）、第十四掃海隊（特設掃海艇二隻）。

これにツラギ攻略部隊（敷設艦「沖島」、駆逐艦二隻、特設掃海艇七隻、特設運送艦など二隻）と、ポートモレスビー攻略部隊（軽巡「夕張」、施設艦「津軽」、駆逐艦六隻、掃海艇一隻、海軍輸送艦六隻、陸軍輸送艦六隻、一部ツラギ攻略部隊の兵力を含む）をともなって構成されていた。

他に奇襲部隊として、第二十一潜水隊（潜水艦二隻）と、補給隊（給油艦など二隻）があった。攻略部隊の指揮官は、第六戦隊司令官の五藤存知少将だった。

この作戦は、ＭＯ主隊と掩護部隊支援の下にまずツラギを攻略した後、ルイジアード諸島やニューギニア南東端東側の島にも基地を設け、基地航空隊の協力と水偵、「祥鳳」の艦上機の支援のもとにポートモレスビーを攻略しようというものであり、四月下旬発動の予定であった。

ところが、真珠湾にある米軍戦闘情報班は、日本海軍の暗号を一部解読することに成功した。このため日本軍のポートモレスビー攻略計画を察知するとともに、その内容を推定した。

この情報は、四月十七日までに米太平洋艦隊司令長官ニミッツ大将に報告された。太平洋艦隊司令部としては、日本軍の次期作戦がポートモレスビーを指向し、五月三日に開始されることを確認した。

真珠湾での修理を終えた空母「レキシントン」は、ニューカレドニア島基地を出港した空母「ヨ

ークタウン」を基幹とするフレッチャー少将麾下の第十七機動部隊と、五月一日、珊瑚海東方で合同するように命ぜられた。これには英海軍第四十四機動部隊所属の豪巡洋艦三隻も編入されることになった。

空母としては他に、「エンタープライズ」と「ホーネット」があったが、ドーリットル中佐の東京空襲から帰ったばかりだったため参加は見送りとなった。

ツラギ攻略部隊および掩護部隊は、四月二十八日、ラバウルに進出して作戦準備を完了し、翌二十九日から五月四日にかけて、次々にツラギに向けて出撃した。

攻略部隊はソロモン西方を南下し、五月二日、ツラギ港外に到着した。同日朝、掩護部隊の「神川丸」の飛行隊が先制攻撃をかけたこともあって、抵抗を受けることなく攻略することが出来た。

早速、水上基地が設けられ、飛行艇三機が進出した。ツラギ作戦は一応成功したものの、その途上において米哨戒機に発見されたため、逐一報告されてしまった。

一方、MO主隊は四月三十日、MO機動部隊は五月一日にトラックを出撃し、南下を開始した。

MO主隊はブーゲンビル海峡を通過し、三日朝にはツラギ西方に達した。「祥鳳」は艦上機六機を発進させて、ツラギ上空の警戒に当たった。

MO機動部隊も五月二日朝、ラバウル北東沖に達したため、ラバウル基地への飛行機空輸を図ったが、天候不順のため中止せざるを得なかった。

三日、「祥鳳」から五航戦に対して、戦闘機三機の移譲を要望したが叶えられなかった。この時、「祥鳳」搭載の零戦は八機しかなく、指揮官は上空直衛に不安を感じていた。

この頃、合同を終えた米空母機動部隊はふたたび分離して、珊瑚海でそれぞれ給油した。合同によって兵力を増強した第十七機動部隊の編成は次の通りである。

空母　「ヨークタウン」（旗艦）、「レキシントン」の二隻

重巡　　七隻（内二隻はオーストラリア籍）
軽巡　　一隻（オーストラリア籍）
駆逐艦　十三隻
給油艦　二隻
空母二隻にはＦ４Ｆワイルドキャット戦闘機、ＳＢＤドーントレス急降下爆撃機、ＴＢＤデヴァステーター雷撃機百四十一機が搭載されており、その他ヌーメア基地にはＰＢＹカタリナ飛行艇十二機と水上機母艦一隻があった。
三日夕刻、日本軍のツラギ上陸を知ったフレッチャー少将は、「ヨークタウン」を率いてツラギに向け北上を開始し、四日朝、ＴＢＤ雷撃機十二機、ＳＢＤ爆撃機二十四機からなる第一次攻撃隊を発進させた。
同隊は全機帰還して、爆弾や魚雷を積み直すや、雷爆機十一機、爆撃機二十七機から成る第二次攻撃隊を派遣した。さらにＦ４Ｆ戦闘機四機を送って、飛行艇基地や駆逐艦を銃撃させた。
この日の米側の攻撃によって日本側は、駆逐艦「菊月」と第一、第二号掃海特務艇や特設掃海艇「玉丸」の四隻が沈没し、敷設艦「沖島」、駆逐艦「夕月」の二隻が小破、重軽傷者二十数名を出した。これに対して米側の損傷は三機だけだった。
ツラギ支援の後、北上中だったＭＯ主隊は、敵機動部隊によるツラギ来襲の報告を受けてただちに反転南下して、四日夜、ニュージョージア島南方に達した。しかし敵情不明なため、ふたたび反転して北上した。
「祥鳳」と「漣」は、ＭＯ主隊から分離してポートモレスビー攻略部隊の支援に向かい、第六戦隊は補給のためショートランドを目指した。また、掩護部隊はすでにショートランドに帰っていたが、ツラギ空襲のことを知るに及んで、「神川丸」の水偵三機を発進させて、同地の上空警戒に当たった。

　ＭＯ移動部隊は、ツラギ北方三百四十カイリにあった。五日朝、ソロモン諸島南東端に達して、敵機動部隊を探したものの発見出来なかった。

　五月四日、ラバウルを出撃したポートモレスビー攻略隊は速力八ノットで南下し、五日に「祥鳳」等と合同して上空の直衛を受けた。また、ツラギ攻略部隊から参加した輸送船一隻を船団に加えて、ひたすら目的地に向けて航行した。

　一方、米哨戒機は活発に活動していたが、この日、ＭＯ主隊を発見し、このことをポートモレスビーに緊急報告した。米陸軍では爆撃機で船団を攻撃すべく待機していたが、このことを海軍側には通知しなかった。

　六日朝、ツラギを発進した大艇は、その南方で米機動部隊を発見して、四時間にわたって接触した。ツラギの西方で補給中にこれを知ったＭＯ機動部隊は、五航戦に駆逐艦二隻を付随させて南下した。七日朝には、米機動部隊を補足して攻撃する予定にしていた。

　この日、「ヨークタウン」は給油艦「ネオショー」から補給を受けた後、同艦に駆逐艦一隻を付けて分遣した。しかしながら日本軍機に発見されていることは、全く知らなかった。

　七日早朝、ＭＯ攻略部隊は敵機動部隊を求めて、索敵機を発進させた。すでにＭＯ攻略部隊は敵の哨戒機に発見されたため、敵の来襲前に攻撃する必要があったからである。

　やがて「祥鶴」の索敵機から「敵空母発見！」の情報が入り、待機していた攻撃隊七十八機（零戦十八、艦爆三十六、艦攻二十四）が勇躍飛び立った。その三十分後、ＭＯ攻略部隊からも、敵機動部隊発見を報じて来た。同隊では水偵を用いて索敵を行なっており、まず「古鷹」機が、続いて「衣笠」機がこれを見つけたものだった。機動部隊の西方に当たり、攻撃機が向かったものとは位置が異っていた。

ＭＯ機動部隊では、敵機動部隊が東西二隊に分かれているものと判断して、現在攻撃中の敵を撃滅してから、これに向かうことにした。

午前七時十分、目標の上空に達した攻撃隊が発見したのは空母ではなく、給油艦「ネオショー」と駆逐艦「シムス」だった。すなわち空母発見の報告は、誤りだったのである。

艦爆機三十六機がこれを襲い、駆逐艦に三発、給油艦に七発命中させた。被弾した一機は体当りを敢行した。攻撃隊は「シムス」を撃沈し、「ネオショー」を大破炎上させて引き上げた。同艦は漂流中のところ、五日十一時、米飛行艇に発見され、駆逐艦が乗員を救助したうえで自沈させた。

この日、米第十七機動部隊はロッセル島南方百十五カイリに達し、英クレース少将指揮の支援隊（豪重巡「オーストラリア」、米重巡「シカゴ」、軽巡一、駆逐艦二）を分離して西進させた後、針路を北に転じた。

早朝、「ヨークタウン」が放った索敵機は日本艦隊を発見して、「空母二隻、重巡二隻」と報告した。その位置は、敵機動部隊の北西約二百二十五カイリにあたり、ルイジアード諸島を挟んでちょうど反対側であった。その後、「タウスビル」の米陸軍偵察機も、「日本空母発見」の報告を入れて来た。

フレッチャー少将は、これを日本機動部隊と判断して、猛然と迎撃し始めた。

七時二十六分、日本艦隊の南東約二百カイリに達したところで、「レキシントン」と「ヨークタウン」は、次々に攻撃隊を発進した。それは戦闘機十八、艦爆五十三、雷撃二十二の計九十三機から成っていた。しかし、これも誤報であることが判明した。

索敵機が帰還後、「空母二、重巡二」は「巡洋艦二、駆逐艦二」の誤りで、暗号の組み違えから生じたものであることがわかった。事実は、掩護部隊の軽巡「天龍」「龍田」と特設砲艦を発見したものであった。

一方、ＭＯ攻撃部隊では、七日早朝から敵の索敵機が飛来し始めたため、来襲必至と認め、西または北西に退避を命じ、船団も北西に避け始めた。

やがて「古鷹」などから「敵機動部隊発見」の報告が入った。敵機動部隊は東西二隊あり、東の方は五航戦が攻撃しているものの、同隊に最も近い西側の敵はそのままであることがわかった。

「祥鳳」は艦上機五機を発進させて船団の上空直衛に当たっていたところ、八時五十分頃から敵機十五機以上が飛来して襲いかかってきた。

誤報によって掩護部隊を機動部隊と考えて進んできた敵攻撃隊は、その付近でＭＯ主隊を発見した。

「祥鳳」は搭載機の発進に務めていたが、なんとか三機を飛び立たせたところで、敵機九十三機が殺到してきた。「祥鳳」は懸命に敵弾をかわしたが、九時三十分までに爆弾十三発、魚雷七本が命中したため、船体は火炎に包まれて、九時三十五分に沈没した。

その位置は、ルイジアード諸島北方、デボイネ島五十三カイリの地点であった。防戦に努めた艦戦六機のうち三機を失い、他はデボイネ島に不時着し、乗員六百三十六名が戦死した。

一方の米軍機の損失は三機だけだった。

この報に接した時の心境について、井上は手記の中で、次のように書いている。

「此の時のＳＦ司令部作戦室の状況は実に悲壮なるものにして、余は作戦室の一隅arm chairにて煙草を吹かし、何気なしを粧はんとするも凡人の悲しさ、笑ひ顔は出来ず。此の時（斯様なる時、東郷大将は如何になされしや）と想ひ出し、努めて平静を粧うも煙草は少しも甘《うま》くなし。酒保の菓子が置いてあったが一つ、つまんで見ても咽喉を通らず。心の中では（……お前は偉そうに４Ｆ長官等と威張っているが、お前は戦が下手だなぁ）と言われているような気持ちす。自分が戦が下手だと人に笑わるる位のことは私事なるも、大事な陛下の御艦、而も大事な空母を最初に沈めたのが自分だ思うと実に自責の念に耐えず。切腹済むなら易いことなるも、切腹したって沈んだ艦を如何せん。如何にしても申し訳なし。残念だ、不運だとも思う」

機動部隊は、敵空母を発見しながらも錯誤のため攻撃の機会を逃していた。米機動部隊を目指して西進はしたものの、飛行機隊の収容も終わっておらず、攻撃態勢も出来ていなかった。給油艦等を攻撃した艦爆隊が帰投したのは午後三時十五分で、この時にはもはや敵空母攻撃の機会を失していた。

「祥鳳」の復讐戦に燃えた五航戦では夜間攻撃を企図し、夕刻、艦攻十五機、艦爆十二機の計二十七機の攻撃隊を発進した。悪天候をついて進撃中、敵戦闘機と交戦して艦攻八機を失った。これは「レキシントン」の艦戦だった。米側も一機撃墜された。

攻撃隊はバラバラになったため、これ以上の攻撃を断念して帰途に就くことにした。

七時頃、空母二隻を発見した。母艦と思って着艦の合図を送ると信号灯が点滅して応えたため、編隊を解いて先頭機が着艦しようとした矢先に、母艦の様子が違うことに気が付いた。この空母は「ヨークタウン」だった。慌てて急上昇をしようとしたその時、米側が対空射撃をしかけてきた。危うく航空灯を消して難を逃れたものの、魚雷や爆弾を放棄した後だったため、敵空母を目前にしながらも攻撃することが出来なかった。

帰途ふたたび敵戦闘機と交戦して艦爆一機を失い、さらに燃料が尽きて一機が脱落したため、暗夜の中、母艦に帰投出来たのは十七機のみであった。

一方、米軍は、レーダーによってすでに日本機の接近を知っていた。

この日の朝、ラバウル基地を発進した哨戒機は、ロッセル島西方に戦艦二隻を含む敵艦隊を発見した。すかさずラバウルからは雷装した陸攻十二機、続いてラエから零戦十二機、ラバウルから爆装の陸攻十九機がこれに向かった。いずれも第五空襲部隊の所属機で、昼過ぎに敵を見つけて攻撃した。この攻撃でカルフォルニア型戦艦一隻を撃沈し、九機が損傷した。これはクレース少将指揮の支援隊だった。しかし実際には戦艦はなく、重巡（誤認）の被害もなかった。

井上は手記の中で、次のように記す。

「signして情況判断発電を令す。二〇〇〇頃と思う。之によって機動部隊を敵に正面よりぶっつける事となる。乗るか反るかの決戦なり。自分がこの様な大それたことを命じてよいかと云ふ気もした。然し新補式で、戦争四ヵ月前なるも大元帥陛下より直接『第四艦隊司令長官に補す』と御声を戴きたるものなり。然り、吾は4F長官なり。昔なら征夷大将軍也。大元帥陛下の御命じなるなりと思ひ落ち着く。（中略）夕暗に入るに及び敵の付近天候悪化、触接を失ふ。之にて悪戦苦闘の五月七日は暮る。此の一日にて寿命が大分縮まりし心地す。下士官兵が相変わらず明朗。羨ましき限りなり。又、日本海軍の敗戦を知らざる幸福もありと感ず」

翌八日朝、日米両機動部隊同士の海戦が始まった。

この日の払暁、「南西二百三十五カイリニ敵空母部隊ヲ発見！」の報告が入ったため、MO機動部隊は、七時十分から攻撃隊を発進させた。

「翔鶴」「瑞鶴」の両艦から飛び立ったのは、高橋少佐を指揮官とする零戦十八機、艦爆三十三機、艦攻十八機の計六十九機だった。途中、帰投して来た索敵機と遭遇したが、菅野兵曹長機は攻撃隊を誘導し敵上空に引き返した。このため菅野機は未帰還となった。

九時十分、米機動部隊を発見。指揮官は全機突撃を下命した。激しい対空砲火と護衛戦闘機の攻撃を受けながらも、攻撃隊は二隊に分かれて、「レキシントン」と「サラトガ」に襲いかかった。その結果、「レキシントン」に爆弾二発、魚雷二発を命中させることが出来た。「レキシントン」は炎上した。また「ヨークタウン」も直撃弾一発と至近弾二発を受けた。

「レキシントン」は旋回半径が大きく、雷撃機に挟撃されやすかった。このため魚雷を被り七度ほど傾斜した。三基の罐室に浸水し、三ヵ所で火災が発生した。バラストを移動させて水平を取り戻したものの、軽油タンクから漏れたガソリンに引火して、十時四十七分に大爆発した。

午後三時七分、総員退去が下命され、午後六時、駆逐艦によって処分された。乗員二百十六名と飛行機三十六機が艦と運命を共にした。

「ヨークタウン」は、二百五十キロ爆弾一発が飛行甲板を貫通して第四甲板の倉庫で爆発した。至近弾で水平線付近に損傷を受けたものの、作戦行動には支障なかった。

攻撃隊の方は、空中戦で敵機二十三機を撃墜したが、味方機も十二機ほど失った。さらに攻撃を終え、集合の途中で敵機に襲われたため、艦攻と艦爆十一機を失った。

米空母を攻撃中、「翔鶴」は米艦上機の攻撃に曝《さら》された。

この日の朝、「レキシントン」の索敵機は、北東百九十カイリの地点に日本機動部隊を発見した。七時十五分、「レキシントン」と「ヨークタウン」から、爆撃機四十六機、雷撃機二十一機、戦闘機十五機の計八十二機の攻撃隊が飛び立った。

八時三十分、「ヨークタウン」の攻撃隊は、日本機動部隊を発見し、攻撃にうつった。

「瑞鶴」は運よくスコールの中に入って身を隠したため、「翔鶴」に対して三十九機が集中することになった。少し遅れて「レキシントン」の攻撃機二十一機も、「翔鶴」に攻撃を仕掛けることができた。

「翔鶴」は必死で魚雷攻撃をかわしていたが、二十五キロ爆弾が三発命中した。このため飛行甲板が破壊され、リフトも使用不可能になってしまった。

それでも「翔鶴」は三十ノットで航行していたが、飛行甲板が大きく損傷し、飛行機の発着艦が出来なくなった。このため飛行機の発着を、「瑞鶴」に託さなければならなくなった。

「瑞鶴」は、「翔鶴」の分も含めて四十六機ほど収容したものの被弾機が多く、そのため十二機は修理不能となり海中投棄された。傷ついた「翔鶴」は火災の鎮火のため、「衣笠」に護られてソロモン諸島南西側に北上して戦線を離れた。それでも「瑞鶴」の方は健在だった。

十一時十五分、五航戦からの「敵空母一隻撃沈、他ノ一隻ニ確実命中」との入電に対し、井上は引き続き第二次攻撃を期待する意味を込めて「航空本隊本日ノ第一撃ハ見事ナリ」との電報を高木武雄（三十九期、中将）MO機動部隊指揮官（五戦隊司令官）宛に打たせた。

しかし十四時頃、五航戦から「我一時攻撃ヲ止メ北上ス」との報が入った。次いで十四時三十分入電した機動部隊指揮官の戦闘概報は、「敵空母二隻撃沈」として、さらに「兵力整理中ナルモ、本日第二次攻撃ノ見込ミナシ」と報告して来た。

そこで井上は、現地指揮官の判断を尊重してそれを追認する意味を含めて、「攻撃を止メテ北上セヨ」との緊急電を機動部隊指揮官宛に打たせた。さらに十五時〇〇分、MO攻略作戦延期を下命した。

ところが大本営海軍部や柱島泊地の連合艦隊司令部にとっては、この井上が執ったこの処置に大いに不満だった。

二十時〇〇分、連合艦隊司令部から井上のもとに、「此ノ際極力残敵ノ殲滅ニ努ベシ」旨の命令が発せられた。

連合艦隊および南洋部隊指揮官から「攻撃続行」が下命されたため、急遽、第四艦隊側では米機動部隊に対する追撃を検討することになった。

ところが飛行機の損傷が大きく、使用可能機は、艦戦二十四機、艦爆九機、艦攻六機の計三十九機に過ぎず、修理して使用可能な飛行機も、艦戦一機、艦爆八機、艦攻八機の十七機しかなかった。さらに「米空母二隻を撃沈した」と判断していたため、追撃する事は必要なしと考えていた。こうして二日間にわたる珊瑚海海戦は終わった。

ＭＯ機動部隊は九日以降も索敵を続け、ＭＯ攻略部隊を掩護部隊が護衛し指揮を執った。しかし、母艦航空兵力が不足となるとともに、さらに燃料補給問題なども生じたため、十日、連合艦隊はポートモレスビー攻略作戦の延期を決めた。

第四艦隊の航海参謀として珊瑚海海戦に従事した土肥一夫少佐は、海戦直後の昭和十七年六月、連合艦隊参謀に転出し、第四艦隊から提出された同海戦に関する報告書や電報綴りを見て驚愕した。それらには、赤字で「弱虫！」「バカ野郎！」等の罵詈雑言が書き込みされていた。

当時、連合艦隊参謀長だった宇垣纏《まとめ》少将は、昭和十七年五月八日付『戦藻録』に次のように書いている。

「午後更に敵艦その他に攻撃加うべきものとせるが、午後の攻撃不能なる報告あり。第四艦隊司令長官は午前の働きに対し見事なりと称揚せるに関わらず、機動部隊の攻撃行動を止め北上すべきを下命せり。其意甚不可解なるに依り、参謀長宛進撃の必要ある所、状況承知し度旨発電督促せり。然るに本伝に対する回答を与えざるのみならず、モレスビー攻略を無期延期し、オーシャン、ナウル島の占領を予定通実施（せんと）し、各隊を夫々防守的に配備せんとす。茲に於いて参謀連は憤慨して躍起となり、第四艦隊は祥鳳一隻の損失により全く敗戦思想に陥れり、戦火の拡大残敵の殲滅を計らざるべからずと参謀長宛電を以て迫る。今より引き返すも時既に遅し」

また当時、大本営海軍部参謀であった佐薙毅《さなぎおさむ》（五十期、のち大佐）も、井上の戦いぶりが消極的であったと批判している。

「かくの如く四艦隊の作戦指導は極めて消極的にして、多大の戦火を収めたるにも関わらず追撃に移らず、むしろ戦線を縮少し整理するの挙に出たり。実に其の意図する所消極的なり。総長（永野修身）も、上村将軍の例に同じ、中央より連合艦隊を通じ追撃して敵を撃滅する如く云ってはどうかと話しあり。総長色をなして憤慨されたる形なりき」

昭和十七年十二月、中原義正少将（四十一期、のち中将）に替わって海軍省人事局長に就任し中沢佑（四十三期、のち中将）は、その引き継ぎの時メモした将官人物評を残しているが、その中に嶋田海相の井上評と見られる次の記述がある。

「ウェーキ、コーラル（さんご）海、戦機見る明なし。次官の望なし。航本の実績上がらず。兵学校長、鎮長官か。大将はダメ」

太平洋戦争緒戦の真珠湾奇襲作戦は、米国側からみれば、飽く迄も「だまし討ち」であった。日米両軍が同じ条件下でがっぷり四つに組み合ったならば、双方の痛み分けに終わるのが相当だった。ところが日本海軍は、初戦の勝利に酔いしれて米英側を舐《な》めてかかっていた。このため痛み分けに終わった珊瑚海海戦の司令長官の井上に対する評価は、非常に厳しいものになった。

後年、井上は「談話収録」の中で、この珊瑚海海戦について次の見解を明らかにしている。

「私の執った攻撃中止の処置は、当時軍令部及び連合艦隊司令部において大変不評判であった。と後で聞いたが、機動戦というのはサッと行ってサッと引き返すべきものである。後方には何がいるか解らない。ぐずぐずしてはいけない。当時の連合艦隊の命令は無茶だと、今日でも甚だ不満である」

そして井上は珊瑚海海戦に関して、次のように総括している。

「六月十日の珊瑚海海戦の大捷の新聞記事をみる。結果においては勝利なるも、今日これを回顧するに幾多の失敗あり。要するに本海戦は、将軍は失敗し、兵が勝ちたるものなり。上下相互信頼は、帝国海軍伝統の美風なり。然れどもかくの如き失敗を将軍が繰り返すならば、高級指揮官に対する下級者の信頼は失われるに至らん。これを想ふ時、誠に慄然たるものあり。珊瑚海海戦は主将として全く祝勝気分になれず。兵術失敗と精神力にて償い勝ちたるものなり」

第24章　海軍兵学校長に就任

昭和十七年（一九四二年）六月五日を中心にハワイの西北西一〇〇〇カイリのミッドウェー島付近で行なわれた日米の海空戦において、日本は完敗した。南雲忠一司令長官指揮下の第一航空戦隊は、虎の子の「赤城」「加賀」「蒼龍」「飛龍」の四隻の正規空母と巡洋艦を失うと共に制海権も喪った。

それから二ヵ月後の八月九日、米軍はガダルカナル島へ上陸を開始し、本格的反攻に出た。

これ以降、日米両海軍の激突は、南太平洋海域で起こることになる。昭和十七年八月九日の第一次ソロモン海戦、続いて八月二十四日の第二次ソロモン海戦、十月十二日のサボ島沖海戦、十一月十二日の第三次ソロモン海戦と、日米海軍の激戦が続くことになった。

十月九日、井上はトラック島に進出していた連合艦隊旗艦「大和」に滞在中の海兵同期の草鹿任一中将を訪ねた。草鹿は、十月一日付で海軍兵学校長から第十一航空艦隊司令長官に親補されたため、任地のラバウルに向かう途中だった。

山本五十六司令長官を交えての会食中、同席していた近藤信竹中将（三十五期、当時第二艦隊司令長官、のち大将）が、「草鹿君、君の後任の兵学校長には、誰が行くんだい？」と訊ねた。すると脇に座っていた山本が井上の方に顎をしゃくって、「井上、君が行くんだよ。嶋田から君を兵学校長に貰いたいと言って来たので、承知しておいたよ」と言った。

驚いた井上が、「あなたもよく知っておられる通り、私はリベラルですから近頃のような教育には向きませんよ」と抗《あらが》うと、「まあ、海軍省へ行ってみろよ……」と山本は微笑しながら答えた。

その夜、草鹿から引き継ぎを受けた井上は、急遽トラックから空路帰国して、嶋田繁太郎海相に挨拶した。

井上は嶋田海相に対して、「私は高い所に立って、聖人君子の道を言って聞かせることは最も嫌いな変わり種で、一言で申せばいわゆる教育家などと言われる人からは程遠い人間だと思っております。如何なるの理由で兵学校長にしたのですか?」と言って抗議した。

すると嶋田は次のように答えた。

「君はそう言うが、私は君が適任だと思っているよ。そのうえ君が昭和十二年に約一年かけて研究して結論を出した一系問題を実施しようと思うので、そのため行ってもらうことにした」

この嶋田の言葉に井上は一応納得したが、次のように付け加えた。

「当局は兵学校長のような大事なポストの人を、一年ぐらいで次々と替えて来たようですが、あれでは何も出来ません。私は立派な士官を育てて戦場に出してやりたいと思っていますから、三、四年ぐらいは兵学校長に置いて下さい」

「そうもいかんよ。あと二年もすれば君は大将だよ」

「私は別に大将などになりたいとは思いません。その時が来たら私を中将のまま予備役に編入し、即召集して兵学校長にして下さい」

「そうもいかないよ。……ではこうしよう。私が大臣の間は、君の兵学校長を替えないよ」

このような経緯から自称「教育に不向き」の井上は、昭和十七年十一月十日、江田島に赴き、三十三年前に卒業した兵学校の校長に就任することになった。

しかし、井上の教育方針は歴代の校長とは大幅に違っていたため、校内にいろいろな波紋を投げかけることになった。

井上は、『海軍の思い出』の中で、次のように語っている。

「私は校長として、個性を出し過ぎたくらいに出しました。……私はすべて、個性のないようなオーガニゼーション（組織）のプレジデント（長）というものは、無くてもいいと思っている。非常な高禄を頂いて、階級的にも非常な尊敬を国家から貰って、そうして若い人の一番大事な時期に、その人の将来を決めるような教育、そこまで言うのは過言かも知れないが、そういう時に私は巡り合わせたのですから。少し、私の個性を強く出し過ぎた感がありますけれども……」

作家の阿川弘之氏は、かつて海兵七十五期のクラス会誌に、「井上さんのこと」と題して寄稿されたことがあったが、その中で次のように述べている。

「戦争中一介の予備学生出の士官であった私は、鈴木貫太郎さんも米内さんも山本さんも、あるいは山口多聞、小沢治三郎といった人々も個人的には知らないが、私が出会った限りの旧海軍軍人の中で私が最も尊敬する人は井上成美提督である。……井上さんが兵学校の校長時代、英語廃止を絶対させなかったとか、軍事学よりも普通学を重視せよと主張したこと、生徒が一日一遍、心から愉快と思われる様な機会を作ってやれ、もっと遊ばせてやれ、と言ったことなど……私はかねて井上さんの教育方針というものは何を考えてのことだったのか、果たして敗戦後の兵学校生徒らの生きる道まで思いをめぐらしての措置であったろうかと、不思議に思っていた。それで今年（昭和四十三年）の初め、またお邪魔に上った折、その事を聞いてみた。『いや当時のことですから、私もその所まで考えていたわけでありません』と答えられるかと思ったら、井上さんは非常に強い口調で、『無論そうです。あと二年もすれば日本が戦争に負けることははっきりしている。その時社会の荒波の中に投げ出されるこの少年たちに、社会人として生きて行く為の基礎的な素養だけは身につけさせておいてやるのが私たちの責任だと考えたのです』と言われた。あの時代に大変な、というより、とんでもない海軍中将がいたものだと、私は舌を巻く思いがした」

さらに阿川氏が井上に対して、「戦後或るジャーナリストが、『井上さんは生涯をリベラリストとして貫かれたと言う事ですね』質問すると、『いや、その上にラディカルという字が付きます』と井上は澄まして答えた」という。

着任した井上の眼に映ったものは、朝から晩までこせこせと走り回っている生徒たちの姿だった。生徒の表情にゆとりがなく、緊張のあまり顔が引きつっていた。

これを見て井上は、「これではいかん。士官というものは、何を、いつ、どこで、どうすべきかを、自分で考えて、決定しなければならない。つまり士官にとっては自由裁量が一番大切だ。しかるに生徒たちの生活には少しのゆとりもない。セレモニーが多すぎるし、型にはめ過ぎている」と思った。井上は、兵学校の生活をもっとゆとりのあるものに改めなければならないと考えた。

井上は、教育参考館に掛けてあった歴代大将の額を全部取り外させた。それは単に生徒に出世主義の意識を持たせぬためだけではなく、「歴代大将の半分は国賊だ。学生の手本となる者はほとんどいない」と考えていたためである。

井上自身は歴代海軍大将の額を取り外させた理由について、次のように語っている。

「許し難いと思うのは、太平洋戦争が始まる時の、ぐうたら兵衛に追従して国を危うくした奴、私はこいつらの首を切ってやりたいと思うぐらいに憤慨していました。それで私は、『兵学校の校長の時には飾ってある大将の額をみんな降ろせ！』と言った。誰と誰は残せという訳にはいかないから、みんな降ろさせたんです。『そんなことが出来るのは、井上中将だけでしょうねえ』と言っていたが、あの傍に、特殊潜航艇で戦死した少尉や中尉の遺品が並べられて本当に頭が下がる思いがしたが、それと比べてどっちが偉いのだ」

草鹿任一の後任として井上を迎えた兵学校の教官たちの胸の内は複雑だった。

当時、井上についての海軍部内の一般的な評判は、「峻厳な提督ではあるが、戦下手」というものだった。前任の草鹿が豪放磊落で野武士風な人物だっただけに、井上を敬遠する空気が強かった。生徒たちにとって兵学校長は雲の上の存在である。草鹿の場合は「任ちゃん」と呼ばれて皆から敬愛されていた。それだけに今度校長に就任した井上には近寄り難かった。

当時の生徒数は、井上の海兵時代の約五百名に対して、二千五百名にまで膨らんでいた。さらには戦局の悪化にともなって、教育期間の短縮を目指す中央の要求も日増しに強くなった。

戦局の方は悲劇的様相にあった。大本営は躍起になって米軍に占拠されたガダルカナル島を奪取しようと試みたが、ガ島が遠いこともあって、昭和十八年二月、二万五千人にものぼる戦死者を出して敗退した。

本格的反攻を開始した米軍に日本軍は、ニューギニア、中部ソロモン方面などで敗北を重ねた。さらに昭和十八年四月十八日には、連合艦隊司令長官の山本五十六大将はソロモン上空で米軍の待ち伏せに遭って、あえなく戦死した。

そんな中で陸軍側は、この際、広がり過ぎた太平洋方面の戦線を縮小して兵力を集中すべきであると主張した。しかし一方の海軍は、依然として前線での艦隊決戦に望みをかけていた。

陸軍の主張する範囲には、当初、太平洋最大の根拠地であるトラック島や艦隊決戦が想定されていたギルバート諸島やマーシャル諸島は含まれていなかった。それは陸軍としては、これらの地域の防衛はそもそも不可能と考えていたからである。

昭和十八年九月三十日、東京の大本営は、「今後採るべき戦争指導の大綱」を決定し、第一線を大幅に後退させた「絶対国防圏」を決定した。

これによれば、日本が絶対確保すべき地域としては、千島、小笠原、内南洋（中西部）、および西部ニューギニア、スンダ、ビルマを含む圏域とし、圏内の海上交通路（シーレーン）の確保をすべしとしていた。

大本営陸海軍部は、御前会議に先立って現地部隊に新方針の主旨を説明するために、中沢佑第一（作戦）部長を派遣した。ところが連合艦隊側はこれに大いに不満で、「マーシャル、ギルバートの事が記載されていないが、艦隊決戦をやるのに書いていないのは遺憾なり。あれは棄てるのか！」と強く抗議した。

現場からは、「積極的に作戦してもすぐに兵力が無くなる。消極的にやってもいずれなくなる。結局補給を続けてくれなければ自滅の他ない。損耗補充戦。補給の早き方が勝つ」との抗議の声が上がった。

実際、南東方面の航空隊の状況は、悲惨をきわめた。大本営海軍部第一部長に同行してトラックからラバウルを回った源田実参謀は、「南東方面航空戦力。実働の三分の一、病人多く、最近は四十五～五十パーセントの罹病率、過労に起因す。中尉級優秀の士官は前線に出てほとんど全部戦死す。搭乗員の交代を必要とす」と報告した。

日本の有識者の間で、終戦を模索すべきであるという声が上がったのは、戦局が厳しくなった頃からであった。

ここで、「終戦の軍師」ともいうべき一人の海軍軍人が歴史の裏舞台に密かに登場することになる。その海軍軍人の名を高木惣吉（少将）と言う。

高木は昭和二年、海軍大学校を首席で卒業すると、同年十二月からフランスに海軍武官補佐官として赴任することになった。高木と井上の初めての出会いは、井上がイタリア大使館付武官としてパリに立ち寄った時だった。

昭和四年十一月、高木は帰朝し、昭和五年六月、海相副官になった。ところが無理がたたって右肺尖炎に罹《かか》ったため、医師より二ヵ年の静養を言い渡されてしまった。

昭和七年三月十六日、高木は妻と子供と共に茅ケ崎の借家へ都落ちすることになった。その最中、高木が家族を連れて新橋駅のホームで下りの列車を待っていると、横須賀線の上りホームに背広姿の井上が降り立ったのだった。

やつれた高木の顔を見た井上は、「その病気はね、豆腐を固めるようにそっと大事に養生してさえおれば大丈夫だから、くれぐれも功を焦らず自重したまえ……」と、自分の弟を諭すように真心のこもった忠告をした。

この時、井上もまた、結核の妻を抱えて四苦八苦していた。実際、井上の妻は、この時から九ヵ月後の昭和七年末に他界することになる。

新橋駅のプラットホームで井上がかけてくれた慰めの言葉を、高木は一生忘れなかった。

これは後年の事であるが、昭和五十年十二月、横須賀市長井町の「勧明寺」で行なわれた井上の葬儀に際して、寒風の中で一人たたずむ高木の姿があった。この光景は両者の人間的結びつきの強さを表わすものとして、参列者の胸に深く刻み込まれた。

その時から十二年後、高木は井上海軍次官の下で、終戦工作に取り組むことになる。

海兵七十三期の卒業式は、昭和十九年三月二十二日、天皇の名代である高松宮宣仁《のぶひと》親王大佐（五十二期）臨席のもとに行なわれた。式のあと、井上は同宮の宿舎に招かれて夕食を共にした。その際、高松宮から「教育年限をもっと短縮できないものか」と問われた。

井上はすかさず、「その御下問は宮様としてでございますか、それとも軍令部員としてでございますか」と問い返すと、同宮は「無論後者である」と答えた。

そこで井上は、「お言葉ではございますが、これ以上短縮する事は御免蒙《こうむ》ります」と、明確に返答した。さらに井上は日頃生徒教育について考えている所を説明した。

その時のやり取りについて、晩年井上は、かつての生徒たちを前にして次のように語っている。

「宮様は『そうか、そうか』と頷《うなず》いておられました。年限短縮の問題は宮様ご自身のお考えではなく、軍令部あたりの者が宮様に頼んで、頑固な井上を動かそうとしたのでしょう。その人たちは、『前線で士官が不足して困っている時に……』と、私が卒業を早めることに反対するのを怒っていたようです。私を密かに『国賊だ』などと言う者がいたのもその頃でした」

それから二ヵ月後の十九年五月十九日、永野修身元帥の副官を通して、「永野元帥が兵学校を視察したい」と言って来た。

永野は昭和十六年四月から三年近く軍令部総長を務め、この年の二月にその職を嶋田繁太郎大将に譲ったばかりの現役最先任の大将だった。

その永野は、郷里高知で開かれる元帥就任祝賀会に、急迫した戦局にもかかわらず出席する途中に、江田島に立ち寄ろうとした。

永野元帥来校の知らせを受けるや井上は、「御来校は光栄であるが、公式の訪問と考えられないので、行事は全て簡略なものにしたい」旨を副官に伝えた。

副官として随行した関口鑛造少佐（五十九期、のち中佐）の回想によれば、井上は江田島に来校した永野に対して、生徒教育の現状と問題点について次のように説明した。
（一）、兵学校長としての生徒教育の理念は、生徒を常識あるジェントルマンに育てる事である。すなわち人間を造る事であって、必ずしも部隊ですぐ役に立つ職人を作る事は考えていない。
（二）、最近本省教育局から、戦局の推移に鑑み、生徒教育期間をさらに数ヵ月短縮する案を示してきたが、生徒教育の大目的からして絶対不賛成である旨回答した。このような要求は、「実らざる稲を刈って糧を求むる」に等しい暴挙であると考える。東京に帰られたら、大臣・総長にも井上の意のある所を伝えて頂き、教育期間短縮および軍事実技課目の増加というような近視眼的措置は再考されるよう取計って頂きたい。生徒教育の目的は、予備学生教育のそれとは根本的に異なる事を当局者に再認識させて欲しい。

井上はあくまでもリベラルアーツを基調とする教育を貫こうとした。生徒の日常生活を律するルールが吟味され、あまり意味のないものは廃止された。

生徒を訓育指導する立場にいる生徒隊監事は、「校長はみんなぶち壊してしまう……」と言って嘆いた。

学術教育に関しては、必ずしも井上の意図通りには行かなかった。それは生徒に採用すべき中学生の学力が勤労奉仕などで低下していたからである。さらには生徒の大量採用によって生徒間の学力格差が拡大した。このため生徒にゆとりを持たせることは、実際不可能だった。

それにもかかわらず井上は、生徒教育の目標を、単なる兵隊の育成ではなく、ジェントルマンシップの形成に置こうとした。具体的には、英国のパブリックスクールやオックスフォードやケンブリッジの精神である「ジェントルマンシップ」である。

井上がヨーロッパ滞在中に学んだものの中に、「ノーブレス・オブリージュ」の精神があった。「ノーブレス・オブリージュ」とは、「高い身分の者に伴う義務」という意味である。井上は第一次世界大戦を概観して、ジェントルマンシップを身に付けていれば、指揮官として戦場に行っても立派に戦うことが出来るとの信念を持っていた。

井上の教育の根幹は、軍事学より普通学に重点を置くものであった。それゆえに、武官教官の一部から強い反発を招くことになった。

井上にとっては、太平洋戦争が日本の敗北に終わる事は自明の事であった。だからこそ井上は兵学校長を退任して海軍次官になると、ただちに終戦準備にとりかかったのであった。

井上が海軍兵学校に着任したのは、太平洋戦争二年目の昭和十七年十一月十日のことである。その井上は昭和十九年八月には海軍次官就任のため兵学校を退任したため、在任期間はわずか一年九ヵ月ほどしかなかった。

井上の兵学校長在任中、七十一期生は在校期間三か年で約六百名卒業、七十二期生は在校期間二年九ヵ月で約六百五十名卒業、七十三期生は在校期間一年五ヵ月で約九百名卒業、七十四期生の入学時期は十七年十二月で約一千名（入校から井上退任まで一年九ヵ月）、七十五期生は十八年十二月入学で約三千五百名（入校から井上退任まで九ヵ月）が学んだ。

井上は「自分は教育者には向かない」と言っていたが、これは軍国主義時の教育には向かないという意味であって、内心は教育者としての自分に大いに生きがいを感じていた。

井上は軍務局長時代、『朝日新聞』記者の杉本健から「やってみたいポジションは？」と訊ねられて、「兵学校長か練習艦隊司令長官」と答えたことがあった。しかしさすがの井上でも、時局柄、彼の理想とする教育の実践は容易ではないと思っていた。

井上の眼に宿っていたのは、即戦力としての期待を担った生徒たちを見る厳しい眼差しではなく、敗戦後の社会で生き抜かなければならない若者たちに対する慈愛の眼差しだった。

井上はこの事を、他人に漏らすことなく実行しようとしたのである。

七十三期生の堀実は、卒業直前に渡された井上の『青年士官教育資料』に触れた時の感激を、次のように書いている。

「『青年士官教育資料』は、わずか二十余ページの小冊子に過ぎないが、私はこれによってその人となりとものの考え方を幾分でも知り、それまで漠然と井上校長に抱いていた『プロフェッサー』のイメージから『偉大なる教育者』へと、認識を深めたのであった。……ある日校長はぶらりと講堂へ入って来られ、生徒の授業を視察されたことがあった。力学か、物理か、とにかく普通学の時間であったと思う。校長はゆっくり座席の間を回り、生徒のノートなどに目を注がれたりしたが、たまたま誤謬《ごびゅう》を発見されると、即座にそれを指摘された。私なども曖昧な筆記を指摘された口であるが、私には少なからず驚きであった。校長が兵学校で普通学を学ばれたのは三十余年も昔のはずである。校長が卒業後も多忙な軍務の傍らこうした普通学に時たま親しんでおられたものならば、その場合は別の意味で感嘆しなければならなかった。この事は現在われわれが、当時の校長の年齢に近くなった時点で考えてみると、ひとしおその感を強くする。そしてこの逸事は、『青年士官教育資料』に校長自ら述べられた次の言葉と対照した時に、一段と冴えてくるのである。

『私は記憶の非常に悪い事は、若い時から充分自認している。……私の読む本の選択は、自分の思索に役立つと言う事を考へてやっている。……ものを知って居るよりは、ものを理解出来るようになる様心がけて居る。世の中には所謂もの識りが居り、万巻の書を読破し、非常に良く記憶して居る人が居るが……斯様な人に本当の意味で教育のある人とは言えない。本箱学者である。斯様な人間からは識見等といふものは到底生まれて来ないと思ふ』

そう言えば校長の指摘には、学習のポイントを教示する風があって、私がもちっと頭が良ければ、大の苦手の物理方面にも多少の学習開眼があったろうものをと、今にして思いみるのだ。しかし私は『ものを知っているよりは、ものの理解出来る様』という言葉がひどく気に入ったもので、自己の記憶力の問題は校長の言葉で救済されたかに思いなし、すっかり安堵してしまったのである」

さらに堀は、当時の井上の兵学校の生徒に対する姿勢にも言及している。

「我々の卒業する頃は戦況も急迫を告げ、即戦的な専門技術の習得を、まずわれわれは要請されたはずである。第一、苛烈な戦場へ送り出すべき教え子に、呑気にも読者や教養を説くこと自体、どうやら時代錯誤じみている。そう言えば短縮された修業年限にも拘《かかわ》らず、語学を後生大事に教科として残すと言った方針も、奇異なものと考えれば考えられる風なものがあった。校長の戦争姿勢について、心ない私語が、校庭の一隅で密かにささやかれたのを聞いた覚えもある。しかしこうした怪しみは、戦後にならなければ到底解明する筈のものではなかった。校長が既に終戦についての処理を、腹中に置いていたなどとは夢想だにし得なかったからである。それ故にこそ、我々を送り出す校長の胸の内は、また複雑この上もなかったろうと想像される。どれだけ生き残れるか知れない。例え一割でも残った者に国の再建を託そうとする、それが校長の祈りではなかったろうか」

当時、海軍兵学校企画課長だった小田切政徳大佐も、次のように証言している。

「表面に出しては言えないが、井上校長は早くも終戦を考えていた。日本が敗れれば、兵学校の生徒は民間の学校に転校せねばならない。その時英語が出来なくては困るだろうと言う配慮から、井上校長は英語ならびに普通学『数学、物理、化学』を奨励されたようだ」

戦後、井上は元毎日新聞記者だった新名丈夫に対して、兵学校長時代を回想して次のように述べた。

「私の兵学校長時代というのは、戦争はますます敗色が濃くなってきましてね。なんぼ兵学校の生徒を三年の所を二年で出そうが、三千人も四千人も卒業させようと、戦争なんて出来るもんじゃない。もう急坂に車を転がすように、ドブの中に落ち込んでしまうんだ。当時、あと二年と私は思った。そうすると、もし日本の海軍が存在していたとしても、もう船なんかはほとんど無くなっているし、今いる五千人の生徒のうち十分の一も海軍士官として残れば十分余るくらいだろう。すると大部分は、世に放り出されるに違いない。方向転換を迫られる。これは大変なことになる。それで軍事学なんていうものは減らしてやれと考えた。大学に教養学部というのがあるが、ああいうふうな、いわゆる人の上に立つ者の教養をしっかり身につけさせて、その上ゆとりがあれば軍事学でも結構だ。だから普通学の方が先だと考えた。しかしこんな考えを、当面表面に表わすわけにはいきません。それともう一つは、東大を出たような学士様なら戦場でも十分使えると見たのです。いわゆるジェントルマンならばデューティの観念があって、レスポンシビリティを身に付けた人間ならば、そのまま戦争に出しても使えるという信念を私は持っていた」

井上はこうした教育理念を、どのように具体化して行ったのだろうか。

『教育漫語』から見ていくことにする。

昭和十六年十二月八日、太平洋戦争が始まると、米国ではアナポリスの海軍兵学校をはじめとしてさまざまな機関で、日本をよく知るための日本研究と教育が組織的かつ専門的に始められることになった。これに対して日本では、敵性外国語の廃止が進められた。

野球の「ストライク」「ボール」を、「よし」「だめ」と称したことは、ご承知の通りである。敵性外国語廃止の風潮に同調した多くの中学校では、英語の授業を減したり廃止するようになった。陸軍士官学校では、採用試験課目から英語を除くことにした。

この問題に関して、海軍省教育局は兵学校側の見解を非公式に問い合わせてきた。

つまり「優秀な中学生が、英語の試験を嫌うあまり兵学校を敬遠し、みな士官学校を目指してしまう。だから兵学校も士官学校同様、採用試験の課目から英語を除いた方が良いか否か」についての見解である。ちなみに教官会議では、英語科以外の教官が全員英語の廃止に賛成した。

会議の司会をしてきた教頭から決裁を求められた井上は、明快な口調で次のような断を下した。

「兵学校は将校を養成する学校だ。およそ自国語しか話せない海軍士官などは、世界中どこへ行ったって通用しない。英語嫌いな秀才は陸軍に行っても構わん。外国語一つも出来ないような者は海軍士官には要らない。陸軍士官学校が採用試験に英語を廃止したからといって、兵学校が真似をすることはない」

この井上の決断によって、兵学校、機関学校、経理学校から英語が外されることはなかった。

井上は、外国語排斥の風潮に関して、『教育漫語』の中で次のように語っている。

「最近日本精神運動勃興し、排外思想を排斥する思潮盛なり。誠に結構なる事なるも、此等の運動に従事する人物の主張する所概ね浅薄軽率にして島国根性を脱せず。外国語をも眼の仇の如く為す者多く、為に中等学校に於ける英語熱の誠に振るわざるものあるは遺憾なり。本職は明言す。『此等浅薄なる日本精神運動家の外国語排斥の如き似而非なる愛国運動家の言に雷同すべからず』と。（日本精神は此の如く狭量なる又左様に簡単なるものに非ず。精神運動を起こさねばならずと感じ居る人こそ、自身日本精神に欠くる有るに非ずや。運動せずとも日本精神は日本人の血の中に厳然として存在す）。再言す「外国語は海軍将校として大切なる学術なり」

当時の井上の生活ぶりを誌した、次のような記録がある。

「朝八時、校長官舎を出て歩いて庁舎へ、歩幅一定、手を振り、午後四時退庁、道順も一定、時計より正確。毎夕五時近く将校集会所で食事。（和服に着替え）。一定時間ピアノを弾く。毎朝、官舎を出て庁舎に向かう途中、教育参考館前面の階段に立ち講堂へ向かう生徒隊の行進を見送るのが日課」

毎朝、「課業始メ」のラッパと共に、生徒たちは隊伍を組んで講堂へ向かうが、参考館の前あたりに来ると、必ず宿舎を出て庁舎に向かう井上とすれ違うことになった。

生徒の「頭、右！」の敬礼に、井上は一人一人の目をジーッと射抜くようにして答礼をした。

戦後、井上は、当時の生徒が彼のもとを訪ねた際、次のように答えている。

「私は毎朝、生徒隊の行進を見送っていた時は、一人一人の生徒に対し、校長はお前たちを一人もないがしろにせず、大切に思っているんだぞ。私が大切にしているのではない。国家が大切にしているんだという気持ちで、生徒たちの目をジッと見ていました。一人も見逃すことのないように努めました。本当に精神を込めて答礼したのです。それがあなた方に通じていたとは嬉しい事です」

昭和十八年八月十日、第一学年生徒の滝沢和夫が、水泳訓練中に死亡するという事故が起こった。

当時、運用科長兼滝沢が属する第四部監事であった福地《ふくち》周夫《かねお》中佐は、滝沢の通夜の晩に見た井上を、次のように回想している。

「病室の中の通夜室で、私は校長が来られるというので、どんな焼香をされるのかと思いながら静かに待っていた。校長は副官を従えて室内に入り、遺体の前に直進され、焼香も何もせられず、生ける者に対する如く、『許せ！』と叫ばれた。そして悲痛な顔をして、スイと室を出て行かれた。校長は日頃謹厳な顔をしておられたが、この時ほど恐ろしい、悲痛な顔を見たことがなかった。校長は翌日から水泳訓練の時は必ず陣頭指揮に立たれるようになった」

井上は、純白な第二種軍装に身を包んで、炎天の直射日光にさらされながら、表桟橋に立ち、訓練を終えて全生徒が陸に上がるまで、ジーッと見届けた。

一部の者から井上が国賊視されていた頃、鈴木貫太郎大将（十四期、終戦時の首相）が私服で江田島を訪れた。

校長室で鈴木が、「教育の成果が表われるのは二十年先だよ、井上君！」と言うと、井上はわが意を得たりとばかり大きく頷《うなず》いた。なぜならば井上が三十数年前の候補生の時、練習艦「宗谷」の艦長であったかつての鈴木貫太郎大佐から聞いた言葉と同じだったからである。

筆者の知人に奥田四郎氏という方がいる。この奥田氏は海兵出身で、戦後、京都大学に学士入学され、その後、大東文化大学で自然科学の教授をされていた。筆者とは神宮外苑テニスクラブでご一緒させていただいた。ロッカーが二つ隣りだったこともあって、いつしか話をするうちに、奥田氏が海兵のご出身であることがわかった。

昨年の暮れにお会いした際に、「現在、井上成美海軍大将について執筆している」と言うと、「それなら、来年の二月に水交会で我々七十五期のクラス会があるから、その時に井上さんについて取材されたらどうだろうか……」という耳よりのお話をいただいた。その時から三ヵ月ばかりした今年二月、筆者は原宿の水交会のロビーで、井上校長をよく知る七十五期生の方々数名から直接お話を伺《うかが》った。

その内の一人が元最高裁長官の三好達氏であるが、その他にも戦後京都大学理学部物理学科を卒業して、三菱原子力工業の常務取締役として日本国内の数々の原子力発電所の建設に携われた小倉成美氏や、東京大学文学部哲学科を卒業後、大学で哲学の教授をされている山内孝郎氏と言った方方の面識を得ることが出来た。

ここにご登場いただくのはその中の一人の小倉成美氏である。小倉氏の名前は、井上と同じ「成美・しげよし」である。そもそもこの「成美」という名は、井上を敬愛していた父親の小倉信二氏（海兵四十三期）が、井上の許しを得て付けた名前である。

小倉信二氏は、第一次世界大戦の際は「淀」の航海士であった。その上司の航海長が井上だった。一年間同じ艦内で生活しているうちに、すっかり井上に傾倒するようになった。そこで信二氏は三男が誕生するに際して、その名を「成美」と付けることにした。その時から十七年ほど経過して、三男の成美君はどうしても海兵に入りたいと、父親である信二氏に懇願する事態になった。

信二氏は、同年の青年よりだいぶ体格の劣る息子を心配して、海兵に入ることに反対した。しかし、海兵に憧れている成美君を翻意させることは出来なかった。

そこで井上校長に頼んで、兵学校の厳しい生活ぶりを息子に直接見せることにした。

当時、井上は兵学校に着任して間もない頃であったが、信二氏の願いを受け入れ、昭和十八年の春休みに、成美君を校長官舎に泊まらせて見学できるようにアレンジしてくれた。

成美君が江田島に到着すると、すでに成美君を案内指導する教官が一人決められており、一休みするとその教官の引率の下、丸一日の日課で見学できるようになっていた。夜は巡検前に寝間着姿のまま三号生徒が廊下に整列させられて上級生に説教をされ、「修正」をされているところを見たし、朝は起床ラッパ前から寝室の廊下に立ち、起床動作がアッという間に完了する様も実際に見聞した。

校長官舎に二晩泊まり、朝晩は井上と一緒に食事をした。成美君を一人の独立した青年と認めて接した井上の態度は、じつに誠実であった。

帰宅して「どうだ。やれると思うか?」という父親の質問に対して、成美君は、見学で多少ショックを受けていたものの、「やれそうもない」とは断固として言わなかった。その息子の態度に信二氏は非常にがっかりしたとのことである。

成美君は、学習院中等科五年生の一学期にひどい下痢に苦しみながらも、何とか頑張って夏の学科試験に合格し、身体検査にも無事通過した。

早速この事を井上校長に報告したところ、すぐ返事が来て、いまだ合格が確定したわけではなかったが、入校までの心がけを綴った手紙を送ってくれた。

(一)、英語の辞書を引かずに読める様にせよ。そのためにはシャーロックホームズ等の探偵小説を読むとよい。

(二)、間食をしないで済むような癖をつけておくよう。

(三)、数学の問題を送ったから、解いて送り返せ。

成美君としては、英語の方はあまり捗《はかど》らなかったものの、数学の方は何とか解いて返送すると、すぐ次の問題が来た。それからが大変で、送り返すとまたすぐに次の問題が送られて来た。

兵学校に入学して成美君も兵学校の生活に慣れて来ると、日曜の外出時には校長官舎に井上を訪問するようになった。

成美君が一人で伺《うかが》った時などは、井上から「どうだ上級生は?」と聞かれた。成美君がおずおずと、「一号は大変大変恐ろしいです」と話すと、井上は微笑しながら、「三クラスの全部が同じ年代の少年たちだ。だからそんなに恐ろしくはないんだよ。もっとゆとりを持った生徒生活をしてくれればいいのだが……。君が恐ろしがっている一号も、じつは君たちとそう違わないのだよ」と優しく言った。

筆者の取材に際して、齢《よわい》九十一歳の小倉成美氏は、海兵校長時代の井上について、このように話してくれたが、その類は少年のように紅潮していた。

以下の文章は、海兵七十五期の会報誌に、戦後、井上が寄せたものである。

「諸君は私の教え子であります。然し諸君の内には、井上から何も教わらなかったという人もあるでしょう。考え方によっては、まさにその通り。諸君のクラスは三千人以上の人数で、このような人数を教育するには、教官を教育し、『リモートコントロール』による教育しかできなかった。私は生徒に直接ものを言うのは、入校式と卒業式の時だけ、と決意し、教官に対し井上の考えを知らしめるため『教育漫語』の題で『パンフレット』を出し、之によって『リモートコントロール』教育を行なった次第でした。之は学校内限りの文書で、『門外不出』としていたのだが、あれから四分の一世紀経った今日には、あちこちで文書になって世に出て来て、井上の恥をさらすことになりました。

以上のような次第で、私は教育方針だけを教官に示し、生徒教育は教官任せだったから生徒の方から言えば、校長からは、何も教わらなかったことになります。

井上は兵学校事務長でありました。私の自分でやった事は、軍令部、海軍省が強く主張する『生徒の卒業をもっと繰り上げろ』の圧迫に反抗した事、軍令部、海軍省は井上が頑強なので、最後の切札として井上を畏怖させようと、軍令部総長が江田島に、来校の機会に井上に直談判して貰ったり、更に畏れ多い身分の方にまで井上説得をお願いしたりしたが、井上は穏やかにお断りした。

(井上は不忠か?)　私は生徒の教科を基礎学重点に組み換え、また英和辞典の使用を禁止し、官費で英語辞典を買って生徒に貸与した。また英語の授業の英文和訳を禁止、英語のままで意味がわかればよろしと言って、直読直解を目標とする事を命じた。以上が井上が示した方針の一部である。生徒のために働いたが、直接には生徒に教えなかった。しかし、私は諸君を教え子と考え、またそう呼ぶことに喜びと誇りを感じております。

話は飛びますが、昭和二十八年の夏、私は胃潰瘍で吐血がひどく、手術を要し、横（須賀）病（院）に入院、胃を三分の一切除し、体力衰えていたため、入院七十五日、兵学校時代の教官および生徒の皆さん達が、私に知らせず入院料を払って下さいました。お陰で一命が助かりました。何ともお礼の言葉なしです。この意味で諸君は私の命の親であります。親には一生感謝し、子には限りなき愛を感じます。

諸君は昭和二十年八月、帝国海軍の滅亡と共に、誠に無情な世の中に放り出されまして、その日から、食べることから、寝ることまで、自分で何とかしなければならなかった人もあり、会いたい近親の消息も知れなかった人もあったことでしょう。また家族的に恵まれた人でも、大学を受験すれば一割までしか入学を許せぬとの差別扱いや、不遇を見事に克服し、今日では『吾ここに在り』と胸をたたいて、堂々と立派な社会活動をやっており、世人に高い評価を受けております。ここ、二、三年の海軍ブーム!!　之を招来したのは諸君！　吾が教え子でなくて、他に誰がありますか!!

吾が子よ、春秋に富む諸君よ。今後も、健康で、現在の堂々たる態度で、社会に貢献して世の後進を導き、海軍精神を後世に残したまえ！」

昭和十九年八月五日、海軍兵学校江田島本校において、校長の退任式が行なわれた。千代田艦橋前に事業服で整列した兵学校の生徒に向かって、「井上は、今般海軍次官に補せられ、本日退庁！」と宣言した。

生徒総員の敬礼に対して、井上はいつものように折り目正しい挙手の礼で応えると、さっと純白の第二種軍装の背を向けて、軽やかに艦橋を駆け降りた。

井上は教官たちに対する離任挨拶の中で、「私は過去一年九ヵ月、兵学校長の職務をおこなってきたが、離職に当たって誰しもが言うような、『大過なく職務を果たすことが出来た』などとは言わない。私にやったことが良かったか悪かったか。それは後世の歴史がこれを審判するであろう」と述べた。

その後、井上は兵学校企画課勤務の帯刀与志夫《おびなたよしお》（短現九期）をただ一人随行させて、小用《こよう》の港から呉へ渡り、そこから汽車で東京へ向かった。

車中、それまで「帯刀大尉」と呼んでいたのを「帯刀君」と呼び変えた井上は、仙台で育った頃の思い出をポツリポツリと語り出した。

その途中で井上は何かの思いにとらわれたのか、ふっと「歴史は政治史であれ経済史であれ、曲げて伝えてはならない。最近日本では、歴史を表面的できれいごとで終わらせようという風潮があるが、あれは良くない事だ。その点、一度君も英国の政治史などを読むと勉強になるよ」と語った。

さらに井上は、英詩に自分の好きな一節があると言って、メモ帳に英詩を書いて、帯刀に手渡した。それには、十九世紀のイギリスのトーマス・キャンベルの詩が書かれていた。

“To Live Hearts We Leave Behind is Not To Die”（後に残る人たちの心の中に生きられるならば、死ぬことにはならない）

翌朝、東京駅に着いた時、井上は帯刀に対して「君らは次の世代の担い手になるのだから、この上とも勉強しなさい。近く必ず君たちの時代になるよ……」と言い残してプラットホームに降り立った。

第25章　海軍次官に就任、終戦工作を高木惣吉に密命

太平洋戦争はドイツ頼みのきわめて手前勝手の希望的観測のもとに始められたが、いかにしてこの勝ち目のない戦争を終わらせるかは、日本民族の存続にかかわる大問題だった。

ここに井上から終戦工作の密命を受けた一人の軍人が登場することになる。それが「終戦の軍師」と称される高木惣吉少将だった。

井上が海軍次官に就任した約五ヵ月前の昭和十九年三月二十日のこと、同月一日付で教育局長に着任したばかりの高木惣吉（四十三期）は、第七十三期の卒業式に列席するために江田島を訪れた。その翌日の二十一日の夜、高木は密かに校長官舎に井上を訪れた。

前年の秋以来、高木は海軍大学校研究部員として調べた戦局の実相や中央の動きを、折に触れて手紙で井上に報せてきた。

井上に会うやいなや、高木は単刀直入に切り出した。

「校長には、この際ぜひ東京に出て来ていただいて、この戦局の収拾に当たっていただきたいと思いますが……」

高木の言葉が終わらないうちに井上は、とんでもない！　私は予備になるまで兵学校で御奉公させていただくつもりでいる！」と言った。

しかし、この時の両者の会話を契機となって、後日の井上の海軍次官就任につながることになった。

いわゆる「終戦工作」とは、太平洋戦争（大東亜戦争）を終結に導くため、井上の命を承《う》けた高木少将が中心となって、東条・嶋田による戦争指導体制を打倒するために行なった工作のことを指す。

具体的には高木が、重臣である岡田啓介海軍大将を梃子に、高松宮宣仁親王、木戸幸一内大臣、松平康昌内大臣秘書官長、さらには近衛文麿公爵、その秘書の細川護貞などを通して、天皇を取り込むための宮廷工作を行なうとともに、官界、学界、さらには陸軍、外務省に至るまで、隠密裡かつ広範な形で終戦工作を行なった。昭和十八年から二十年八月十五日まで、高木は文字通り「終戦の軍師」に相応《ふさわ》しい工作に従事したのである。

昭和十八年八月、高木は舞鶴鎮守府参謀長から支那方面艦隊参謀副長への転任の内示を受けた。ところが高木には肋膜炎の後遺症があったため、医師から外地での勤務は無理と診断され、九月下旬、軍令部出仕となってふたたび東京に戻ることになった。その後、高木は海軍大学校研究員となり戦況調査と海軍政策の作成に当たった。

高木はそれまで足かけ六年にもわたって、海軍調査課長（昭和十二年十月〜十七年六月）にあった。このことから高木は、海軍内外に心を許す多くの友人を持っていた。

高木が接した上記以外の人の名を上げるとすれば、海軍側では、及川古志郎大将（海上護衛総隊司令長官）、大西瀧治郎中将（航空兵器総局総務局長）、保科善四郎少将（海軍省兵備局長）、石川信吾少将（軍需相総動員局総務部長）、矢野志加三少将（教育局長）、矢野秀雄少将（軍令部第三部長）、有馬正文少将（航空本部教育部長）、中沢佑少将（軍令部第一部長）、矢牧章（海軍省調査課長）、それに池田成彬枢密顧問官、竹内可吉、山崎巌両海軍顧問、官界では、内務省の新井善太郎地方局長、町村金吾警保局長、古井喜美など。財界では藤山愛一郎、そして外務省では加瀬俊一（外相秘書官）、学界では西田幾多郎、西谷啓治、高山岩男、鈴木成高と言った主に京都学派の学者たち、そして東京帝国大学政治行政学の矢部貞治教授、それに通信院工務局長（のちに通信院総裁）の松前重義、さらに言論界では東京日日新聞（現、毎日新聞）記者の新名丈夫といった人々であった。

ちなみに筆者の大学院の指導教授は高山岩男先生で、先生の郷里が筆者と同じ山形県という事もあって、ずいぶん可愛がっていただいた。筆者は日本大学法学部で、高山先生の副手を務めていたことから、講義終了後の休憩時間などでは、高木惣吉少将の事や及川古志郎大将の事などについて、よくお話を伺ったものである。これが後年の筆者の日本海軍史研究につながることになった。

高木少将の御宅を初めてお訪ねした時には、高山先生より紹介状をいただいた。今から四十数年前の事である。

さて舞鶴から東京に戻って、こうした旧知の人々と接触するようになった高木は、しだいに嶋田海相をはじめとする海軍首脳による戦争指導のあり方に対して、強い疑問を持つようになった。

ちょうどその頃、東条体制下の陸軍の専横ぶりと嶋田海相の無能ぶりを印象付ける出来事が起こった。

それは昭和十九年二月十日、昭和十九年度の所要航空資材の陸海の配分をめぐって開催された陸海軍大臣、両総長（杉山元、永野修身）による四者会談の取り決めの際であった。

高木は風邪のため一月二十五日から二月六日まで二週間余り自宅で静養し、二月七日、久しぶりに出勤してみると、航空問題が急転落着しそうであることがわかった。

高木が陸海四者会談の中身について詳細に知ったのは、二月十二日のことである。

二月十二日付『高木日記』には、次のように記されている。

「海軍省軍令部、十日両大臣総長会見。航空問題話し合い。資材七千トンの差にて落着。機数に直せば、Bは二万四千（Aは二万六千）、機数パリティ（二万五千）としても、資材は一万八千トンの差はつくはず」

当時わが国の航空機生産は、原料、生産が完全に満たされたとしても、年産四万六千機が限界であった。

会議では最初海軍側が三万二千機、陸軍側が二万八千機を要求したため、合計で六万機にもなった。そこで陸海双方で要求削減を申し合わせた結果、海軍側が二万六千機に修正した。ここで一件落着かと思われたが、陸軍側が調査したら余裕があったとして、削減どころか三万二千機当初より四千機も増加させた修正要求を出してきた。このため問題が再燃することになった。

当時、陸軍の実際の生産能力は、一万六千機に過ぎなかったのであり、それにもかかわらずその二倍にもなろうとする陸軍側の要求は、高木の眼からすれば明らかに陸軍の策謀と映った。

高木は、陸軍側のこのような謀略になんら抗弁出来ないで唯々諾々としている、嶋田と永野の指導力に深く失望した。

陸海四首脳会談の結果、一応、陸軍側は二万六千四百機、海軍側は二万四千四百機に落着したが、連合艦隊司令部、軍令部、航空本部、兵備局などの中堅の実務担当者たちはこれに納得せず、さらに揉んだ末に資材を水増しして、陸軍側二万七千百二十機、海軍側二万五千百三十機の合計五万二千二百五十機に粉飾して紙上計画とした。しかし実際には、資材の面から計算すれば、せいぜい四万三千機といったところが生産の最大限度だった。

軍令部や航空本部の中堅層からは、艦隊海軍から航空海軍に脱皮すべしとの声が上がっていた最中の決着であったため、不満と動揺は大きかった。

このような中にあって、高木は隠密裡に海軍首脳の更迭を目指す工作に着手することにした。

高木が目指すのは東条独裁体制の崩壊であり、そのためにはそれを強力に支えている嶋田体制の打倒にあった。しかしながら高木が単独で真正面からぶつかっても潰されるだけなため、まず嶋田の後ろ盾になっている伏見宮博恭王（昭和七年二月〜十六年四月まで九年間にわたって海軍軍令部長および軍令部総長、元帥）を崩すことにした。

当時、伏見宮には誰も意見を挟むことが出来ず、海軍の大きなガンになっていた。そこで高木は、この伏見宮を御すことの出来る人物として岡田啓介大将に期待をかけることにした。

岡田は、昭和二年四月から四年七月まで、さらに七年五月から八年一月までの二回にわたって海相を務め、九年七月から十一年三月まで首相の座にあった。

岡田のネゴシエーターとしての真骨頂は、彼が昭和五年のロンドン海軍軍縮条約をめぐる艦隊派と条約派の抗争を取りまとめたことにも示されていた。また岡田は、首相在任中に発生した二・二六事件に際しては、辛くも生き残った強運の持ち主でもあった。海軍軍人の中にあって、珍しく「立ち技」も「寝技」も出来る人間だった。

昭和十九年二月二十一日、東条首相兼陸相と嶋田海相は、杉山元と永野修身を罷免して、現職のまま参謀総長と軍令部総長に就任した。二月二十六日、高木は人事局長に呼ばれて、教育局長の内示を受けた。

三月七日、岡田は熱海に滞在中の伏見宮を訪問して、米内大将の現役復帰と海軍の建て直しについて説得した。しかし同宮の嶋田支持が強いため、この時は米内の軍事参議官就任という線で妥協した。

岡田が東条体制の一角を崩す工作に着手している間にも、戦局の方は悪化の一途をたどった。三月三十日からパラオの日本軍基地が空襲を受け、艦船十隻以上が沈没し、飛行機百機以上が爆破された。さらに翌三月三十一日、パラオからフィリピンのダバオに移動中の古賀連合艦隊司令長官の乗った飛行機が、低気圧に遭遇して遭難するという重大事故が発生した。この極秘情報を、高木は四月八日になって知ることになった。

昭和十九年四月から五月にかけて、東条打倒工作は次第に熱を帯びて行った。しかしながら国務と統帥の両方を握って睨みを効かせている東条・嶋田のガードは固く、容易に崩すことは出来なかった。そこでこの際、可能性のある工作をすべしとする声が上がった。

それは当面、東条首相更迭の件は保留にして、まず不評の嶋田海相に代えて米内を海相に、また末次を総長に据えて、国務と統帥を切り離すことによって、とりあえず海軍だけでも立て直そうとする案だった。

第26章　東条暗殺計画

欧州戦線では一九四四年（昭和十九年）六月六日、連合軍がノルマンディ上陸作戦を敢行し、一方、太平洋の戦局では、六月十五日、米軍はサイパン島に上陸した。これにともなって六月十九日から二十日にかけてマリアナ沖海戦が展開された。

マリアナ沖海戦は日米の機動部隊同士による最大の海空戦であったが、日本側の一方的な敗北に終わった。海軍部内では、マリアナ諸島を失っては日本本土や朝鮮南部、フィリピン全島がB29の爆撃圏内に入り、死命を制せられることになる事から、是が非でも奪回すべきであるとする声が沸騰した。しかし六月二十四日、大本営は航空兵力不足のため奪回は出来ずと判断して、サイパン島の放棄を決定した。

サイパン戦前後から、政府統帥部の戦争指導のあり方に不満を持つ海軍中堅の間では、この際、合法的な手段を諦め、東条をテロによって倒すしかないとする切羽詰まった空気が濃化してきた。

高木の部下の教育局第一課長の神重徳や橋下睦男主計大尉などは、「大臣を殺《や》っければいいんだろう！」と公言して憚《はばか》らなかった。ここに至ってそれまで神大佐などに再三ブレーキをかけてきた高木も、東条暗殺計画の決行を承認した。

その決行日は七月二十日と決まった。ところがテロ決行の前日、東条内閣が突如総辞職したため、未遂に終わることになった。

昭和十九年七月二十日、朝鮮総督の小磯国昭陸軍大将と米内光政海軍大将に組閣の大命が降り、二十一日、小磯・米内内閣が成立した。

昭和十九年七月二十六日、兵学校の校長官舎に、海相秘書官の岡本功少佐（五十七期、のち中佐）から電話があった。

「大臣がお会いしたいと言われています。三十日午前八時に海軍省にお出《い》で下さい。なおご参考までに申し上げますが、大臣は二十八日、海軍大臣就任報告のため伊勢神宮に御参拝になり、その晩は京都の都ホテルにお泊まりになります」

「それではその晩、京都でお目にかかることに願いたい」と井上は返事した。

二十八日夜、井上は都ホテルの一室に米内を訪ねた。

「おい、やってくれよ……」

「何のことですか？」

「次官だよ」

「冗談じゃありませんよ。私の政治嫌いは、せんからご存じでしょうに……。私には政治を離れた江田島の方が余程いいです。何を好んで別天地の江田島を捨てて、政治のまっただ中に飛び込む人がありますか⁉」

「ううむ、困ったなあ。他に人がいないんだよ……」

「それはあなたが人を知らないからですよ。第一あなたは私を買い被《かぶ》っていますよ」

ここで両者は暫《しばら》く沈黙した。

「よし、政治の時は君は天井を向いていればいいよ」

「政治のことは知らん顔をしていいのならやります。部内に号令する事なら、必ず立派にやります。

ご心配はかけません」

　これで井上の次官就任は決定した。

　井上は「次官発令」を生徒の休暇明けの八月五日にするように頼み、あわせて大臣官邸階下のクォーター（部屋）を自分の住居に当てるよう依頼した。

　これより前、海相就任を前にして米内は、第二課軍務局員兼官房調査課員の中山定義中佐（五十四期）に、「次官は井上がいいな……」と漏らしていた。また同じ頃、教育局長の高木惣吉が米内に対して、「岡（敬純次官、中将、三十九期）を使いますか」と聞くと、「一夜にして放逐する！」と答えた。

　ところで、都ホテルにおける米内・井上会談では、嶋田の後任の総長人事の事も話し合われた。

「嶋田の総長は駄目だ。辞めさせるよ。あとは誰がよいだろうか？」

「長谷川（清大将、三十一期）さんでしょうね」

「長谷川は台湾総督で取れない。他に誰かいないだろうか？」

「軍事参議官に総長候補は一人もいません。仕方がなければ先任順ですな。やらせて無能だと思ったら、クビにすればいいでしょう。まだ五、六人はおります。大将がなくなれば中将ですね」

「先任順となれば及川（古志郎大将、三十一期）だが、あれの出身はやはり私と同じ岩手だ。困ったなあ……」

　井上の進言を入れた「米内人事」によって、八月二日付で及川は海上護衛総司令部司令長官から軍令部総長に転じることになったが、その及川は井上の次官就任に反対した。この辺のことについては井上も知っていた。

「昭和十九年七月、内閣更迭前後事情　左近司中将（二十八期、当時衆議院議員）談話要点（井上次官誌）」という書類の中に、次のような記述がある。

「米内大将は井上を次官にと考えしも、一部には井上は及川をやり込めたことあり（＊昭和十六年一月の井上の「新軍備計画論」を指す）。及川総長の『井上不適』とか『井上は往年軍令部の制度改正に反対せし人物なり。当時の総長たる熱海（伏見宮博恭王）が御不満ならん』等相当の非難ありしも、米内大将之を断行せり」

八月七日、井上は海軍省に着任した。八月六日付『朝日新聞』は、「海軍軍政首脳の陣容一新次官に井上中将」との見出し掲げて、井上の就任を大きく報じた。

「野村大将（直邦、三十五期、前海相）の登場と同時に軍務局長から次官に昇格して間もない岡中将（敬純）に代わって、米内海相の女房役として井上中将が新たに次官になった。井上中将は予《かね》てから一部に海軍大臣の呼び声の高かったことでも判る通り、部内外の衆望を集めた人材である。米内大将とは、その横鎮長官の下で参謀長を務め、前の海相時代にはその下で軍務局長として補佐しており、古くから深い因縁で結ばれており、部内人多しと雖《いえど》も米内海相の満幅の信頼を受けている点では、井上中将の右に出るものは無い。米内海相就任以来の腹案の人事であり、大臣級の大次官である。……頭脳明晰、判断の迅速で正確な事は部内随一といはれ、しかも果敢な実行力と向こう意気の強さは、この難局中の難局に処して海相と一体となって海軍を背負ってゆける人として、井上新次官に第一指を屈する所以であり、この人を他に措《お》いて適材を求めることは出来まい」

就任して間もない八月のある日のこと、井上は米内海相から呼ばれて、天皇から燃料の現状について御下問があったと告げられた。このため井上は早速、鍋島茂明軍需局長を呼んで資料の作成を命ずると、鍋島が「本当のことを書きますか？」と聞いてきた。

「変なことを聞くね。陛下には嘘は申し上げられない。でも何故《なぜ》そんなことを聞くのかね？」と問うと、鍋島は「じつは嶋田大臣の時は、いつでもメーキング（改ざん）した資料を作っていましたので……」と答えるではないか。

八月二十九日、井上は次官就任後二十三日目にして初めて大臣室に行った。

そして米内に向かって、「現状はまことにひどい。私の想像以上で日本は確実に負ける。したがって一日でも早く戦を止める工夫をする必要がある。今から内密に終戦の研究をしますので、ご承知置き下さい。及川軍令部総長には、私から申し上げておきます」と言った、続いて井上は、この終戦研究には高木教育局長を当てたいとし、ついては高木の身分を「海軍省出仕、次官承命服務」にしたいと述べた。

同日、井上は高木を呼んで、「事態は最悪の所まで来ている。戦局の後始末を研究しなければならんが、現在戦争遂行に打ち込んでいる局長たちには、こんな問題を命ずるわけにはいかない。そこで大臣は君にそれをやってもらいたいとの意向だがどうかね……」と切り出した。

これに対して高木は、「承りました。ご期待に沿えるか否かはわかりませんが、最善を尽くします」ときっぱり答えた。

「このことは、大臣、総長、そして私の他には誰も知らない。部内に漏れてはまずいから、君には病気休養という名目で出仕になってもらうつもりだが、いいかね」と念を押した。

高木にすれば、出仕ともなれば局長からの降格ということになるが、日本という国自体がどうなるかわからないのに、出世だの降格だのと言っておられないと思った。

高木には九月十日付で、「軍令部出仕兼海軍大学校研究部員」の肩書があたえられた。さらに昭和二十年三月には「兼海軍省出仕」の肩書も追加された。

その後、高木は熱海にある藤山愛一郎邸に籠《こも》って、密かに終戦構想を練ったが、その課題として次の項目を挙げた。

（一）、陸軍をいかにして終戦に同意させるか

（二）、国体護持と連合国側の降伏条件をいかにして調整するか

（三）、民心の動揺と不安をいかにして防止するか
（四）、天皇の決意をいかにして固めさせるか
高木は陸軍中堅層の把握と宮廷工作が鍵になると考えた。

昭和二十年三月十日、Ｂ29による東京夜間大空襲があった。そんな中で三月十三日、高木は「中間報告書」を作成して、米内海相および井上に提出した。続いて五月十五日に「研究対策」、六月二十八日には「時局収拾対策」と題する終戦研究の報告書を提出した。

高木の報告書によれば、沖縄戦が終わったら早急に和平に移るべきだと謳《うた》っていた。それには陸海の首脳同士の双方の理解が理想的であるが、陸軍の動向を事実上左右するのは中堅層であることから、この中堅との準備工作が重要であることや、最高戦争指導会議での意見の一致と部下の統制の重要性を挙げた。

しかし、もし意見の一致をみることが出来ず、政府内においても意見が分裂するような場合には、木戸内府の決意が上意を決する絶対条件になる事から、内大臣を味方に引き込み錦の御旗を手にすることで和平達成の決め手にしたいとした。

さらに国策転換の梃子として、海軍の独立的存在は絶対に必要であることから、艦艇や航空機の消耗がいかに多大であっても国軍の一元化には同意せず、例え海上艦艇を失ったとしても、兵員と兵器を陸上に移して、装備の優秀なる海兵部隊を創設すべきであるとした。

この高木の報告書は、米内や井上に留まらず、終戦を望む重臣や松平秘書官長を通して木戸内府にも影響していった。

昭和二十年四月五日、小磯首相は政戦両略の指導態勢の強化を図るため陸相兼任を要求したが、陸軍当局はこれを拒否した。このため小磯首相は、三月の繆斌《みょうひん》工作の失敗とも併せて政権維持に自信を失い総辞職した。

四月七日、鈴木貫太郎内閣が、鈴木首相、東郷茂徳外相、阿南惟幾《あなみこれちか》陸相、米内海相の陣容をもって成立した。統帥部は梅津美治郎参謀総と及川古志郎軍令部総長だった。この六者が終戦を決すべき最高戦争指導会議のメンバーだった。

六月八日、木戸内大臣は、「わが国力の研究を見るに、あらゆる方面より見て、本年度下半期において戦争遂行能力を事実上喪失すると思はしむ。……以上の観点よりして、戦争の収拾につきこの際果断なる手を打つ事は今日わが国における至上の要請なりと信ず」とし、終戦を謳った「時局対策試案」を作成した。

六月二十二日、天皇は最高戦争指導会議構成員の六名を召集し、席上「戦争完遂を謳った六月八日の御前会議の決定に捉われることなく、時局収拾についても考慮する必要があると思うがどうか」とする御下問があった。

鈴木首相は、「あくまで戦争完遂に務めるのはもちろんであるが、外交工作も必要である」と答えた。続いて米内海相が対ソ交渉について説明すると、天皇は「時期を逸してはならない」と述べた。

七月十一日と十二日の両日、鈴木首相、木戸内府、東郷外相との間で対ソ交渉についての協議がもたれた結果、特使として近衛文麿公爵を当てることにした。

七月十四日夜、近衛の連絡係として側近の富田健治が高木を訪ねて来て、対ソ特使の随員として、伊藤述史《のぶみ》（元ポーランド公使、内閣情報局総裁）、陸軍側は小野寺信《まこと》（スウェーデン公使館付、陸軍少将）、岡本清福《きよとみ》（スイス公使館付武官、陸軍中将）、松谷誠大佐（首相秘書官）のうち一名、それに海軍側から高木とし、信任後、満州を通過した後に発表することにし、すべては親政をもって断行するものとした。

第27章　海軍大将昇進に自ら反対

新聞紙上で「大臣級の大次官」と評された井上には、米内海相から都合三回にわたって大将昇進及び海相就任の話があった。

その最初は昭和十九年十二月のことである。この日は大臣官邸で会食があった。お客が退去して井上と二人だけになった時、米内は突然この問題を切り出した。

「おい、譲るぞ！」

「何をですか？」

「大臣をさ……」

「誰にですか？」

「お前に譲るぞ」

「とんでもない！　何故《なぜ》そんなことを言うんですか？」

「俺はくたびれた……」

「陛下のご信任で小磯さんと共に内閣を作った人が、くたびれたことぐらいで辞めるなんていうことはありますか！　いま国民はみな、命がけで戦をしているんではないですか……。大臣など私は絶対に引き受けませんよ！」

当時の米内は栄養失調のためげっそり痩せ細り、血圧は常時二百五十以上にもなっていた。

それから一ヵ月もたたない昭和二十年一月十日にも、井上の大将就任話はあった。

昭和二十年一月十日付の『高木海軍少将覚書』に、次のような記述がある。

「米内様（通常は米内さんと呼んだ）は冗談のように、『後は貴様がやれ』と言われるが、井上が『鰻上りに上るのは絶対にいかん。これは理屈ではなく貫録の問題だ』……大臣がどうしても残れぬ場合は、長谷川様（清、大将、軍事参議官）にでもやってもらうほかあるまい」

『高木メモ』によると、高木が二月二十六日、横須賀砲術学校教頭の高松宮（大佐）を訪れた際、内閣更迭の場合の海軍首脳の陣容について質問したのに対して、次の三案を提示している。

「第一案　米内総長、長谷川大臣、次官、次長は現在の通り。

第二案　米内総長、豊田副武大臣、次官、次長、現在通り。

第三案　井上大臣、小沢（治三郎）総長、岡敬純次官、福留（繁）次長」

続いて四月一日の日曜日の午後、人事局長の三戸寿少将が、大臣官邸で寝泊まりしている井上の所にやって来て、「官軍の最高人事についてお話がしたい」として、方眼紙に書いた人事異動案を持参してきた。それには「大臣―井上」と記されていた。

「この井上とあるのは誰か⁉」

「貴方ですよ……」

「駄目だ！　次官をやれるから大臣もやれるというものではない！　私が大臣として適当でないことは自分でもよく知っている。だから米内さんに、そのままやってもらうんだよ」

海軍首脳の人事は、通常は次官抜きで大臣が直接決めることになっていた。しかるに今回のように、人事局長がしかも日曜日にわざわざ井上を訪ねて来て人事について相談するということは、米内の指示に依っていると考えるべきであった。

記述は前後するが、一年前の昭和十九年三月七日、岡田啓介が熱海に伏見宮元帥を訪ね、米内大将の現役復帰について進言した際、井上の大将昇進問題が話題にのぼっていた。

岡田が「今の海軍の多くの人の意見として……現役大将では満点とはいえぬが、まず豊田副武であろう。中堅から選ぶとすれば、兵学校の井上ではないかと申しております」と進言したのに対して、伏見宮は「井上はいかぬ。あれは学者だ。戦には不向きだ。珊瑚海海戦の時、敵をさらに追撃すべき時に虚しく引き返した」と述べた。

三回目は、昭和二十年三月中旬のことであった。

「大将にするぞ！」

「誰の事ですか？」

「塚原（二四三《にしぞう》、横須賀鎮守府司令長官、三十六期、珊瑚海海戦時第十一航空艦隊司令長官）と君の二人だ」

「戦敗れて大将ありですか！　いま大将を二人造らないと、海軍が戦をやっていくのに困るわけではないし、この戦局なのに大将なんか出来たら国民は何と思いますか？　そのうえ私の人格、技能、戦攻のどれ一つを考えても、自ら大将などという器ではないと考えています。米内大将もやはり月並みの男だなと笑われないように、とくとお考えになられたらいかがでしょうか」

これから二、三日して、米内が次のように述べた。

「塚原も君も、今度の大将は見合わせだ」

「そうですか。私の言ったことを聞いていただいて、ありがとうございます」

井上が大将に昇進するという事は、次官は中将ポストであることから、次官を辞めることを意味した。井上にすれば、和平か玉砕か、日本民族の命運の岐路にある時に、なぜ自分の片腕とも頼む者を切ろうとするのか、という訳である。

井上は、昭和二十年一月二十日付「大将進級に就き意見」の中で、次のように記している。

「大将は中将以下と異なって軍人最高の栄誉であるから、人格、健康、識見、功績のいずれの条件をとっても最高の標準で評価されなければならない。国家社会全般が無条件で、礼遇と尊敬を払うのが常識だからである。ところで現在の海軍大将が部内から大いに尊敬を受けていないのは、数年来の大将人事が極めて遺憾であったし、そうした人事によって大将になった人物が、三代（吉田善吾、及川古志郎、永野修身を指すと見られる）も続いたためであろう。先般の大将（永野修身を指すと見られる）を元帥にしたのは、悪政の極みである。第一線で、神風隊のような無謀な作戦をさせているが、これは国力不足に無智で、驕兵を起こした開戦責任者の大罪である。なおかつ戦局不利で幾多の将兵が前線で死闘を続けている時、中央責任の地位にある井上を進級させるのは功罪と措置が一致せず、不合理である。万一大将に任ぜられるようなことになれば、『戦局不振に大将のご褒美』などという声に施すべき術がないではないか。陸軍の大将とバランスが崩れるなどという小事に引きずられて、海軍大将の大事を誤ってはならない」

二月三日にも井上は、具体的に実名を挙げて、「当分海軍大将に進級中止の件追加」と題する一文を提出している。

「戦局不振は結局『国力』問題と、その『国力の動員の立上りの遅れ』たる二点に帰す。……永野元帥は嶋田大将と共に此の双方に対する最高責任者なり。然るに昨年戦局不振の外所に自ら元帥の栄誉を拝し、何等反省する所なかりしも、今般の嶋田大将の引退（一月二十日予備）に因りては自ら感ずるところあるべき筈なるに、依然として旧来の挙措進退に変化なきは、誠に可驚（おどろくべき）良心の不感症的人物なり。此の上は更に最一つの奥の手を出し、今期の［井上らの］海軍大将進級取止めの事実を突き付け、更に反省の動機を与ふるを可と認む（［永野が］『願に依り予備役に出づべきを期待す。少なくとも謹慎の態度に出づべきことは当然なり）」

歴代の海軍大将の中で井上が「一等大将」として評価するのは、山本権兵衛（二期、海相、首相）と加藤友三郎（七期、海相、首相、元帥）の二人だけであった。吉田善吾、及川古志郎、嶋田繁太郎などは開戦責任があるとして「三等大将」の評価であったし、さらに末次信正などもロンドン海軍軍縮の批准をめぐる統帥権干犯問題の当事者であるとして「三等大将」どころか「国賊」であるとまで断言していた。

したがって井上が大将昇進に自ら反対する真意としては、一つには開戦責任のある永野がいまだに海軍内に影響力を持っていることを何とか阻止したいことがあった。さらにもう一つは、次官は中将ポストであることから、大将への昇進は自動的に次官の辞職を意味していたためである。

この頃から井上と米内の二人の間に、終戦へのプロセスに違いが見られるようになった。井上としては、敗北が明らかなこの戦を、一日でも早く終結すべきであると考えていた。したがって井上は機会あるたびに米内に対して、「手ぬるい。手ぬるい」と言って、終戦を急ぐべきことを督促した。

一方の米内は、国体護持を図る中で終戦に持ち込むべきだと考えていた。何故ならば国体護持が図られないようであれば、陸軍側が終戦に同意しないことは明らかだったからである。これに対して井上は、戦争継続の結果、日本民族が消滅して何が天皇制の存続か、国体の護持かという訳である。

米内が井上の大将昇進を図ったもう一つも理由として、米内が体調不良から海相の職務を継続できなくなった場合に備えて、井上を自分の後釜に据えるため、あらかじめ大将にしておこうと考えたためである。米内の場合は、体調不良のみならず、陸軍内の戦争継続派から暗殺される可能性も大いにあった。

四月四日の時点で、米内は井上に替えて、多田武雄軍務局長を次官に昇格することを決めていた。

この史料は『高木メモ』の中の「豊田副武大将（連合艦隊司令長官）述懐」（伏下《ふしした》主計大佐伝達）にある。

「人事　次官は決まったようで仕方がないが、この時期にあの人（多田武雄海軍中将を指す）で、A（陸軍）及び外部との折衝がテキパキやれるか、巻き込まれることになりはしないか。そうすれば軍務局長が問題になる」

実際、豊田副武は五月二十九日付で総長に親補され、多田武雄は五月十五日付で次官に任ぜられた。

昭和二十年四月五日、小磯・米内内閣は総辞職した。小磯国昭陸軍大将が総辞職を決意した直接的原因としては、繆斌《みょうひん》工作の失敗があった。

小磯内閣が危ないとの情報が井上の耳に入ったのは、昭和二十年二月末の事であった。三月に入ると、高木を通じて松平康昌内大臣秘書官長から、内閣更迭に関する情報が入るようになった。

三月二十八日、井上は高木に対して次のような考えを述べて、松平秘書官長への伝達方を指示した。

（一）、鈴木大将が総理になる事が最も望ましい。その場合同大将は政治的感覚なき故、助けるため米内大将再任の必要ありと思ふ。

（二）、もし留任が難しいならば、米内大将軍令部総長となり、とにかく現役に残る事を海軍は望む。

後継内閣組織の大命は枢密院議長鈴木貫太郎大将（十四期）にとの木戸内府の内意が、高木を通じて井上に伝えられた。その内容は、鈴木貫太郎総理就任に対する海軍側の意向であった。

井上が深憂するのは、大臣官邸で大将たちが戦況の説明を受けている時、いつも強気の発言をする鈴木の態度であった。そこで井上は高木に、「今度の内閣は戦を止める内閣でなくてはならないが、どうもわれわれの前での鈴木さんの態度はただ強がりばかり言っているようだ。『鈴木さんが一億玉砕組だったら大変だ』と私はその事だけが心配だ」と語っていた。

こうした井上の危惧は、さっそく高木を通じて木戸に伝えられた。これを受けて木戸が近衛に意見を求めたところ、「鈴木さんは大丈夫です」との返事が返ってきた。こうしたやり取りについては、翌日ふたたび高木を通して井上に知らされて来た。そこで井上は、「それでは海軍は異存ありません」と返事すると共に、次の条件を木戸に伝えるよう高木に指示した。

「鈴木大将は人物も度胸も申し分ないが、失礼だが総理として必要な政治感覚に乏しいと思う。それゆえ鈴木内閣が出来るとすれば、米内大将は是非共鈴木さんの片腕、相談役として入閣してもらう必要がある。これは絶対条件であると思う」

四月五日、鈴木貫太郎に組閣の大命が下ると、井上はすかさず高木を鈴木のもとにやって、「海軍の総意である」として米内の留任を承知させた。翌朝、次官室に現われた及川総長も、この井上案に同意した。

昭和二十年四月七日、鈴木内閣が発足した。

「無事に行ってくれればいいが……。これが倒れたら、もう出す人はいないぞ……」

「戦争終結が一日でも早ければ、それだけ犠牲者が助かる。無辜の民も、兵士も、若者も、助かるのだ。国体護持よりも罪なき民を助けるのが先決だ。民の安寧なくして国体の護持も何もあったものじゃない」

井上は、終戦工作を一層加速させねばならないと改めて思った。

そんな井上に、塚原二四三中将が「井上が大将になるのがいけないって言ったもんだから、俺損したよ」とぼやいているのが耳に入ってきた。

そこで四月二十五日、井上は、「当分大将進級を不可とする理由」を起草した。その結論には、

「戦局不振の現況においては、対部内並びに対国民自省の意味において、大将進級は之を差し控ふるを適当と認む。右海軍士気振作に必要」と書かれていた。

　五月七日か八日のこと、井上の所へわざわざ海相秘書官がやって来て、「大臣がお呼びです」と告げた。

　井上は何事かと思って大臣室に入って行くと、米内は姿勢を正して次のように語った。

「陛下が御裁可になられたよ……」

「何をですか？」

「塚原と君の大臣信任をだ」

　ハッと頭を下げた井上は、「陛下の御裁可があったのでは致し方ありません。当たり前なら大臣のお取り計らいにお礼を申しあぐべきでしょうが、私は申しません。そうなれば当然、次官は辞めさせて頂けますでしょうね⁉」

　米内は首を縦に振った。

　こうして井上の次官更迭は決まった。

「負け戦、大臣だけはやはり出来。こういう句が出来ましたよ……」と米内に皮肉を言って、井上は大臣室をあとにした。

「それで米内さんと喧嘩別れしちゃったんだ。……それっきり仲直りはしていません、その問題についてはね。他の問題では、私の先輩で尊敬する人です」。これは戦後、元毎日新聞記者の新名丈夫に対する井上の述懐である。

　なぜ井上と米内の間に、終戦工作において齟齬《そご》が生じたのかについて、ここで考察してみたい。

　昭和三十四年十一月、水交会が行なった小柳富次中将の聞き取りの席上、井上は次のように述べている。

「米内大臣は、一度何処かで米軍を一叩きした後、和平に持って行ってはどうかと考えておられたが、それはとても望みないと思っていた。それでは沖縄を取られたら日本はどうすべきかという事になるが、私は大臣に、『ソ連とは万難を排して手を握る事。アメリカが日本に上陸する前には、どんなことがあっても降伏しなければならない。敵は沖縄から本土の何れの方面に来るか解らないが、日本国民性から見て、敵が上陸したら最後、日本の法秩序は滅茶苦茶になって、国民は散りぢりばらばら、代表も何もあったものではない』との意見は申し上げておいた」

昭和四十九年春、風邪をこじらせて発熱したため入院していた井上は、身体を震わせて、「早くしないと、若者がどんどん死んでしまう。早く何とかしなければならない！」と譫言《うわごと》を発した。

近衛や木戸や原田熊雄といった天皇側近者は、国体の護持を図った上での和平を考えていたが、井上の場合は、一般国民の側に立った早期和平であった。

昭和二十年初め、井上は米内に対して、「独立という事だけが図れれば、他のどんな条件でもよいから戦を止めるべきである。米軍の本土上陸前に講和をしなければ、日本人の国民性から考えると、米軍に対して徹底的に抗戦し、ついに和平する母体まで消滅させてしまうであろう。それを防ぐためには（スウェーデン、スイスなどの）中立国や、ソ連を介して速やかに交渉を開始すべきである」と意見具申していた。

期日は定かではないが、かつて井上は、「五月に終戦のチャンスはあった。もちろん米内や私は殺されたであろうが……」と語ったことがある。

ポツダム宣言が発表された七月二十六日から八月十五日まで、天皇制の護持をめぐって二十日間も終戦が遅れたことについても、井上は、「天皇制が認められないとしても、終戦をすべきであった。そうすれば、広島、長崎の悲劇は起きなかったはずだ」と言って悔やんだ。

昭和二十年五月十五日海軍大将に親任されると同時に、軍事参議官に親補された。軍事参議官とは軍事参議院の構成員であり、帷幄の下にあって重要軍務の諮問に応ずることを任とするものである。しかし参議官会議の開催はほとんどなく閑職であった。

各軍事参議官には、それぞれ副官が配属された。井上の副官は、金谷善文大尉（機四十八期）だった。金谷はかつて、同期の萱沼洋や権藤安行らと、米内暗殺を含む海軍首脳刷新を企てた事があった。萱沼と権藤がその支援を頼むべく岡田啓介を訪ねたことから、この企てが発覚して、萱沼は船山列島へ、権藤は稚内に飛ばされた。

副官就任の挨拶に来た金谷に対して、井上は次のように言った。

「給料だけ届けてくれればよい。その時参議官にはオフィシャルな印刷物が配布されることになっているから、それをまとめて給料と一緒に届けてくれ」

井上は、次官を辞めさせられた翌日から一ヵ月間、四十年間の海軍生活で初めて長期休暇を取り、伊東の当時海軍将官保養所になっていた東郷元帥の別荘へ行った。

その途中、井上は同行の金谷に対して、日米の国力の差を詳細に説明し、工業力や自動車や飛行機、造船の生産力やエレクトロニクスの水準において比較にならないほど差があると述べた。

その際、ぶしつけとは思ったが、金谷は「珊瑚海海戦でなぜ引き返したのですか？　またなぜ次官を辞めたのですか？」と質問してみた。すると井上は、「そんなことは副官の聞くべきことではない！」と言って答えを拒んだ。

伊東から東京に戻った井上は、それ以後、芝の水交社に起居することにした。そこには中山定義軍務局員も宿泊していた。調査課員を兼務している中山は、朝夕井上と顔を合わせるたびに、さまざまな情報を提供した。

井上の帰京によって、「報告先が、次官室から水交社に代わっただけ」と高木が言っていたように、和平工作の協議は井上と高木の間で間断なく続けられた。

高木惣吉は、昭和五十四年六月、『井上成美伝記刊行会』事務局に寄せた書簡において、次のように述べている。

「井上大将は私が功労者のように述べておられますが、以前述べた如く私はお使小僧に過ぎなかったので、米内、井上両上司の考えを関係各所に浸透させるのが私の任務でした。ただ井上次官に隠して実行したことは、陸軍の課長級と直接接触して、何とか陸軍の態度を緩和させようと努力したことだけです。むろん失敗に終わりましたが……。豊田、大西の軍令部の首脳があべこべに陸軍の橋頭保になったことは足元の見落としで、人事の関係もありましたが、千秋の恨事でした。井上次官は自ら外部の嫌な奴等とは接触されなかったので、私に功を譲ろうとしておられるが、米内さんは志正しく節堅きも弁説下手で説得力がなく、井上大将の正宗のような切れ味の腕前で、終戦の大事が緒に就いたと思います。三等提督、陸軍に引きずられて大戦の渦中に入り、米内、井上の両将身命を賭して国の壊滅を危機一髪の境に食い止められたが、両将を舞台に上れるよう苦心奔走した岡田大将の隠れた恩を、国民は忘れてはならぬと思います」

第28章　ポツダム宣言の受諾

六月八日、木戸内大臣は、「わが国力の研究を見るに、あらゆる面より見て、本年度下半期以後において、戦争遂行の能力を事実上喪失すると思わしむ。……以上の観点よりして、戦争の収拾につき、この際果断なる手を打つことは、今日わが国における至上の要請なりと信ず」として、終戦を謳った「時局対策試案」を作成した。

六月二十二日、天皇は最高戦争指導会議構成員の六名を召集した。席上天皇より、「戦争完遂を謳った六月八日の御前会議の決定に捉われることなく、時局収拾についても考慮する必要があると思うがどうか」との御下問があった。

これに対して鈴木首相は、「あくまで戦争完遂に務めるのはもちろんであるが、外交工作も必要であります」と奉答した。続いて米内海相が対ソ交渉について説明すると、天皇は「時期を逸してはならない！」と述べられた。

七月十一日と十二日の両日、鈴木首相、木戸内府、東郷外相の間で、対ソ交渉について協議が持たれた結果、特使として近衛侯爵を当てることにした。

七月十四日夜、近衛の連絡係として側近の富田健治が高木の許を訪ねて来て、対ソ特使の随員として、伊藤述史《のぶみ》（元ポーランド公使、内閣情報局総裁）、陸軍側は小野寺信《まこと》（スウェーデン公使館付武官、陸軍少将)、岡本清福《きよとみ》(スイス公使館付武官、陸軍中将)、松谷誠大佐(首相秘書官)のうち一名、それに海軍側は高木とすることとして、すべては親政をもって断行することにしたいと述べた。

七月二十六日、わが国の無条件降伏を迫る米英華の対日共同宣言(ポツダム宣言)が発表された。

このポツダム宣言を通読して東郷外相が感じたことは、『我等の条件は左の如し』と書いてあるから無条件降伏を求めているものでないことは明瞭であって、これは大御心が米英にも伝わった結果、その態度を幾分緩和し得たのでないか」という事であった。

同日開かれた最高戦争指導会議および閣議において、東郷外相の説明に対して、陸相と両総長は、「この宣言は不都合だ」として、本土決戦の大号令を発するべきだと主張した。

しかし閣議は、この際、何の意思表示もしない事にした。また新聞発表にあたっては、ただのニュースとして「ノーコメント」で掲載し、なるべく小さく扱うよう指導する事を決定した。

二十八日、鈴木首相は記者会見において、「この宣言はカイロ宣言の焼き直しで、……ただ黙殺するのみである!」と断言した。これが三十日の新聞に大きく掲載され、さらに放送されてしまった。

連合国側は、この鈴木首相の「黙殺声明」をもってポツダム宣言を拒否したものと解釈して、米国の原爆投下とソ連の参戦の口実にした。後日、鈴木は、「この一言は後々までも余の遺憾」と悔やむことになった。

そうこうしているうちに八月六日、広島に原爆が投下された。一刻の猶予もなくなった八日午後、東郷外相は宮中の地下室において天皇に拝謁して、原爆について詳細に説明するとともに、「これを契機に戦争終結すべきである」と上奏した。

八月九日、ソ連軍は日本軍に対する攻撃を開始した。この日の午前十一時から、六首脳による最高戦争指導会議が開催された。

しかし、東郷外相の国体護持のみを条件とする案と、阿南陸相、梅津美治郎参謀総長、豊田副武軍令部総長の保障占領、武装解除、戦犯処理についても条件を付けるべきだとする案が真正面から対立した。この会議の最中の午前十一時三十分、二回目の原爆が長崎に投下された。

即時和平か、それとも抗戦継続かを協議する閣議は、午後二時半から始まった。閣議はいったん休止し、午後六時半から再開された。しかし午後十時を過ぎても、意見の一致をみることは出来なかった。

九日午後十一時五十分、宮中防空壕内の御文庫付属室において、歴史的な御前会議（最高戦争指導会議）が開催された。この会議には、六首脳の他に、平沼騏一郎枢密院議長が特指をもって列席し、その他幹事として、迫水久常書記官長、池田純久総合計画局長官、吉積正雄陸軍軍務局長、保科善四郎海軍軍務局長らが出席し、また蓮沼蕃侍従武官長も陪席した。

議案として、「天皇の国法上の地位を変更するの要求を包含し居らざることの了解の下に」ポツダム宣言を受諾したいとする東郷外相の案（甲案）と、前述の四条件を併記した阿南陸相の案（乙案）とが提出された。

米内海相と平沼枢相は東郷外相案に賛成し、梅津・豊田の両総長は阿南陸相案に賛成した。このため会議は首相を除く六人の出席者が、賛否三対三をもって譲らず、翌十日午前二時を過ぎることになった。

ここに至って鈴木首相はスッと立ち上がり、「事態は緊迫しておりまして、全く遷延を許しません。誠に畏れ多い事でございますが、ここに天皇陛下の思し召しをお伺いして、それによって私どもの意見をまとめたいと思います」と述べ、静かに御前に進んだ。

鈴木首相の奏請を受けて天皇は、「それならば自分の意見を言おう。自分は外務大臣の意見に同意である」と述べられた。時に八月十日午前二時三十分のことであった。

八月十日午前十一時、海軍元帥、軍事参議官らが大臣室に招かれ、米内から前日来の閣議、最高戦争指導会議および御前会議におけるポツダム宣言受諾決定の説明を受けた。居並ぶ大将連が、いずれも残念そうな顔つきをしていたが、井上だけはすがすがしい顔をしていた。

八月十五日正午、天皇の玉音放送が流され、日本国民は万感無量の涙を流した。

同日未明、陸相の阿南惟幾大将が割腹した。同日午後四時、第五航空艦隊司令長官宇垣纏中将は、部下の艦爆十一機を引き連れて最後の特攻遂げた。翌十六日には、軍令部次長大西瀧次郎中将も割腹して果てた。

しかし井上は、八月十六日の大将会で、次のように発言して、取り乱した自決を戒めた。

「事態がかくなること及びその他に付、それぞれ責任のある人が自殺しているようであるが、なるほど自殺すれば当人の気持ちとしては満足であろうし、また自己の生涯を飾ることは出来るであろうが、しかしこの大事な重要なる人々が、次々とこのようにいわゆる自殺流行にして後を顧みぬということは、じつに国家の損失である」

海軍省および各鎮守府、各警備府勤務以外の内地在勤将官は、十月十五日までに予備役編入となった。

井上も昭和二十年十月十日付で待命を仰せ付けられ、十月十五日に予備役に編入された。この時、井上は五十五歳だった。

第29章　『聖書』を糧に生きた井上

昨年（二〇一七年）十二月、筆者が『海軍大将井上成美』の執筆に着手し始めて一ヵ月ほどした頃、編集担当から電話があって、「じつはフジサンケイグループに『エフシージー総合研究所』という会社がありまして、昨年までこの研究所で会長を務めておられた境政郎《さかいまさお》様が、ぜひ先生にお会いしたいと言われています」と言って来られた。

後日、境氏みずからが、わざわざ私の事務所に御挨拶に来られ、「先生とのご紹介を頼んだのは、じつは私でした」と明かされた。

これは境氏と話をしてみて初めてわかった事であるが、境氏ご自身が横須賀市のご出身であることから、井上成美記念館を再開したいとのご希望を抱いておられることがわかった。筆者には、そのための支援を期待されていることもわかった。

筆者はそこで今年一月末、境氏の運転する車に同乗して、横須賀市長井の荒崎岬にある旧井上邸を訪ねることにした。筆者がここを訪ねるのは都合四回目であり、じつに二十五年ぶりの再訪となる。

二十五年前、井上邸の周りには目立つ建物などは全くなかったが、今ではこの荒崎一帯は、『荒崎シーサイド』と名付けられていて景勝の地となっていた。旧井上邸から数百メートルという所に

『長井海の手公園ソレイユの丘』や『神奈川県立三浦ふれあいの村』などが建っていて、荒崎公園内には、『夕日の丘』や『展望デッキ』なども整えられている。

筆者を乗せた車は、ＪＲの横須賀中央駅前を出発すると、横浜横須賀道路を南下し、「衣笠ＩＣ」で三浦縦貫道路へ入り、終点の「林」から国道一三四号線を南下、『ソレイユの丘』を通り過ぎた辺りで細い道に入った。左右がキャベツ畑の真ん中の畦道を徐行しながら上がった所に旧井上邸が建っている。

車を降りると旧邸の前には鉄柱が立っていた。そこには、「これより私有地　立ち入り禁止」と「井上記念館は閉館しました」とマジックインキで書かれたプレート二枚が無造作に括《くく》りつけられていた。

昭和二十八年、軍人恩給が復活したため、井上の生活はそれまでよりも数段楽になったものの、それでも生活は不安定だった。

ここを売却してアパートでも移りたいとの井上の話を聞いた元兵学校教官の小田切政徳氏は、早速この事を深田秀明氏に相談した。その結果、井上には深田の経営する会社の顧問になってもらって、顧問料を支払うという案が浮上した。こうしたことから井上は、顧問料の見返りに、深田の経営する会社に土地建物を無償壌渡することになった。

昭和五十年に井上が他界、さらに五十二年に後妻の富士子が亡くなるまで、二人はこの建物の「管理人」となって、深田の会社である「古鷹商事」から管理料を受け取った。しかし井上は振り込まれた金にはまったく手を付けず、富士子のためにそのまま残した。

現在、無人となっている旧井上邸の郵便受けには、『ＦＵＫＡＤＡ』、その下には『(株)リゾート・コンベンション企画』と書かれたプレートが掲げられていた。

窓の隙間からは、無人の家屋の内部をわずかに覗くことが出来た。

戦後、横須賀市郊外に隠棲した井上の消息については、ほとんど不明だった。

ところが、昭和二十六年（一九五一年）十二月十日付の『東京タイムズ』は、【ギターを弾く老提督沈黙を破る　無心の子供が生命　淡々と語る軍備の核心　一人行く孤高の道】と題して、井上成美元海軍大将の消息を伝えた。

「打ち寄せる波しぶきは届かぬが、吹きつける潮風はさすがに冷たい十二月の陽射しに、崖上の掘立て小屋から、この場所には不釣り合いな楽器を抱えた老人が一人。すると何処からともなく集まったる子供たちに囲まれて、その円陣が次第に大きくなると、一緒に和やかな歌声が寒空の中に温かく溶け込んでゆく。……さして変哲もない情景であるが、この老人こそ、かつて帝国海軍最後のホープといわれた井上成美元大将が浮世を捨てた隠棲の姿であった。

場所は三浦半島の南端、横須賀市長井町荒崎。土地の人が箕輪と呼んでいる小湾の崖上にポツンと建った陋屋、今日九日の誕生日を迎えて満六十一歳になる井上氏は、さすが海軍部内でその人格識見を謳われ、艦隊長官として麾下《きか》に号令しただけあって毅然とした高僧のような面持ちではあるが、深い年輪の刻み込まれた双頬には二十年前に夫人を喪い、ただ一人の愛娘の夫君を戦死させた孤独の影が見え、その居間兼客間に雑然と置かれたヤカン、魚を焼くアミ、空き缶に一人暮らしの不自由さが偲ばれた。机の上には手作りの本箱に二十数冊の英仏の原書が並べられ、昔の雄姿を知る人にはあまりにも質素な侘び住居、ただ記章を取った帽子だけが、わずかに海軍生活の名残を偲ばせるだけだった」

昭和二十年暮れ、戦争未亡人となった靚子は、夫の忘れ形見の研一を連れて、井上の所に身を寄せた。

靚子はもともと身体が丈夫ではなかったが、栄養失調も重なって結核が再発し、ベッドに臥せる日が多くなった。収入の道も途絶えたうえに、病床の娘と幼い孫を抱えた井上の生活は、並大抵なものではなかった。

海兵七十五期の竹村俊彦氏の調査によれば、当時の井上の窮乏ぶりがわかる。

それによれば、昭和二十年の終戦時の井上の収入は不明だが、昭和十年頃の大将の年俸は六千六百円（月額五百五十円）であったそうである。ちなみに少佐の年俸は七百五十円（月額六十二円五十銭）、一般サラリーマンの月給の平均は約五十～六十円で、古参の小学校長で百円に届くか届かないかという額だった。戦争に入ると、軍人には戦時加給が付いた。こうしてみると、終戦直後の井上家には多少の貯えもあったようである。

ところが昭和二十一年に入ると、思わぬことが起こった。それは、(一) 国債の棚上げ、(二) 預金の封鎖、(三) 旧円と新円の切り換え、などの矢継ぎ早の金融措置の発令だった。

(一) の国債の棚上げとは、戦時中に国民に押し付けた国債について、国の債務の支払いを停止することである。このため愛国心と国への信頼で買った債権者である国民は、大打撃を受けることになった。

(二) の預金の封鎖とは、国民の手元に残っている現金は、一定額（一世帯五百円）を限度として新しい紙幣と交換し、残りは預金に入れさせるという措置である。

(三) の新円の切り換えとは、預金を封鎖して月々一定額までしか引き出しを許さない制度の事である。

これらの措置によって、預金を当てに暮らしていた有産階級や定年過ぎの老人たちは、一気に生活難に陥ることになった。井上の場合も同様だった。これにさらに食糧難があった。

日中戦争に入って以降、食糧は配給制となっていたが、敗戦後これが一段と悪化した。一番酷い時には、米の配給は毎月三～五日分しかなかった。しかも玄米で支給され、さらに遅配や欠配がつきまとった。一般庶民は、トウモロコシ、高粱、サツマイモなどで補わざるを得なかった。インフレの進行も深刻だった。物価が急上昇し、食べ物などは、初めの一年間で百倍以上にも跳ね上がった。

こうした状況の中で、働かず、ヤミもやらずの井上が困窮したのは言うまでもない。

昭和二十三年秋には娘の靚子が病死し、その年の暮れには孫の研一が丸田家に引き取られていった。

昭和二十四年からは、英語を習いに来る生徒が増えたが、月謝の額は一人百円にも満たなかった。井上の収入は、当時の労働者の月給の半額程度で、一人の口を糊するのに精一杯だった。

昭和二十六年、井上は親戚の八巻順子への手紙の中で、「妻の長年の病気、靚子の病気の折、人知れず泣いた事が幾度あったか知れません。しかし『自分に授かった神命、自分でなくて誰に出来るか』と考えて耐えて来ました事を申し上げておきます」と認《したた》めていた。

長井に隠棲して世に出なかった理由の一つに、井上には、戦争に敗れたとはいえ日本国の海軍大将としての名誉と誇りを守らなければならぬとの強い責任感があった。

敗戦で混乱した世の中であれば、なおさらその名誉と面目を守り通さねば、陛下と国民に対して申し訳が立たないと考えた。井上には、幕臣の末裔としての誇りと仙台人の誇りの血が流れていた。井上は、サムライの行動規範と同一次元で、ジェントルマンシップを捉えていた。

ちなみにジェントルマンシップとは、中世ヨーロッパの騎士階級の精神的規範である。キリスト教および団結精神のの影響下で発達し、敬神、忠誠、武勇、礼節、名誉、および婦人への奉仕などの徳を理想としていた。

兵学校の【五省】、すなわち「一、至誠に悖るなかりしか、一、言行に恥ずるなかりしか、一、気力に欠くるなかりしか、一、努力に憾みなかりしか、一、不精に亘るなかりしか」そのものが、じつはプロテスタントの徳目でもあった。

極限の生活にあって、井上の心の支えとなったのが『聖書』だった。

海兵七十五期で元群馬大学教養部教授だった一柳高明氏には、【群馬大学教養部紀要】（昭和六十年、第十九巻）に掲載された、『人と思想研究―井上成美と聖書―』と題する論文がある。

その論文の中で一柳氏は、「井上はイエスの真の弟子であった」と断定している。

井上のクリスチャン説はこれまでも関係者から指摘されたことはあったが、本格的研究によって検証されたものはこれまでなかった。この意味で一柳氏の論文は、井上成美の人間像の理解で非常に注目される。

ここで一柳氏の論文に立脚しながら、井上成美のクリスチャン説の真偽を探ることにしてみたい。

一柳氏は論文の冒頭で、「昭和五十一年十二月三日、NHKによる『沈黙の提督』というテレビ番組の放映があった。その中に、残された故人の蔵書が大きく映し出される一コマが現われた。人はその愛読書によって知られ得る。この人を知りたいという切望に緊張感が全身に漲《みなぎ》り、画面に意識を集中して凝視していると、側面にインデックスをつけた異常に部厚い書物が、クローズアップされて見えた。聖書である。黒い表紙の背に鈍い銀色でキリストと書かれた画集の様なものも見える。インデックスを開く面に付けることは、古い世代の人の辞書などの場合によくあるように、所有者の頻用を意味する。永遠のベストセラーと称され、最高の古典の一つであるといわれる聖書を、よく見られるように、ただの装飾品の一部として備えて置く事とは意義を異にする。……書入れのある聖書に加えて『讃美歌』まであるとなると、事はまた一層重大である。いかに音楽を愛好し、それに堪能な人であっても、その人が真摯な人柄であればあるほど、その歌詞の訴える信仰というものを無視して、ただその詩的表現と旋律とを楽しむためにのみ讃美歌を奏で、あるいは誦することは不可能だからである」と述べている。

NHKテレビの『沈黙の提督』を観た一柳氏は、早速、深田秀明氏の「古鷹ビル」にある『井上成美伝記刊行会』に赴いて、井上が使用していた聖書を実際に見分することにした。

その結果、一柳氏は、「問題の聖書を見て一驚した。聖書は一九五五年改訳の日本聖書協会版の大型口語訳聖書であるが、聖書六十六巻のインデックスがすべて英語の略語で書かれているのである。さらに他のキリスト教信仰書中の書入れを調べて判明したことであるが、該当する聖書の言葉の引照、およびキリスト教の特殊用語までが、ごく自然に英語で書かれている。これは明らかに所有者のこの種用語に対する慣熟を示し、六十六個の、しかもその大部分が人名地名等である固有名詞である英語が、略語で頭の中に入っており、頻用に抵抗を感じない便利なものになっている」との印象を持った。

一柳氏は、井上のクリスチャン説を裏付けるためのさらに調査を進めると、井上と同期の木幡行《こはたつよし》少将からの賀状と短信を発見した。

その賀状には、次のように記されていた。

「謹んで信望愛の新年を賀す　天の父の全きが如く　汝も全かれ　三十六年元旦　木幡行
うしと見し世ぞ　今は楽しき　光輝く　前途悠久」

この賀状には、木幡行の井上への、嘉悦と激励のメッセージが認められていた。

一柳氏は、この時すでに行氏が他界していたため、三男で海兵七十五期の木幡敦《あつし》氏に連絡をして、その辺の事情を聞いてみることにした。

数日後に敦氏から一柳氏のもとに、母堂に井上の事を聞いてみた結果の報告があった。

それによれば母堂は、即座に「井上さんは若い時に洗礼を受けており、キリスト教徒です！」と言われたとのことであった。

後日、敦氏から、母堂の話の詳しい内容が送られてきた。

それには、「父（木幡行）は兵学校在学中、横須賀の伝道団体から江田島に来ていた日本名星田光代なる外人宣教師の指導によりキリスト教徒となった。この人はとくに海軍が好きで、自ら江田島に来たとの事である。兵学校卒業後も横須賀でマザーと呼んで尊敬していた。井上成美も若い頃洗礼を受けているが、キリスト教徒となったのは、江田島時代かその後であるかは不明である。恐らく同じマザーの指導によるものと思う。二人は青年士官時代、遊び好きの仲間と付き合わず、まじめな信徒として、親しかったと聞いている。晩年、井上が病気になってから、父が何か本を送ったと聞いたが、何の本であったか覚えていない」と記されていた。

一柳氏は、木幡家で、井上から行氏に宛てた書簡を見出すことが出来れば、この間の事情が一層明らかになると考えて、早速、玉川学園にある木幡邸を訪問する事にした。

書簡類は惜しくも焼却された後だったが、【信者生徒】と説明のある行氏の生徒時代の写真を発見することが出来た。

それには、【豊田教官】と名前を記されている若い士官を中心にして、おのおの聖書を手にして撮った一枚の写真があった。しかしこの中には、井上はいなかった。

さらに一柳氏は、江田島における当時のキリスト教伝道について調べてみると、兵学校へ当時著名な伝道者であった植村正久が招かれ、キリスト教講習会が開かれていたことがわかった。

一柳氏は、この時代の兵学校の雰囲気の一端を物語る挿話を紹介している。

高山貞三郎（三十四期）が一号時代、同氏所属分隊の一号の先任伍長は津留信人であった。月曜日の朝、挙手の礼をもってする軍艦旗掲揚が終わるや、津留はクルリと分隊員の方に向き直って、「俺は軍艦旗掲揚の時、『君が代』なんかをラッパで吹かんで、讃美歌を吹いてもらった方が気持ちがいい！」と言い放った。分隊員一同はこれに憤激し、津留を夜、八方園神社に引き出して、「伍長、貴様ヤソだな！」と言って散々に鉄拳制裁を加えた。剣道で三十四期随一の猛者で国粋主義者の高山生徒も、二号生徒の分際でこの制裁に加わった。後年、戦後キリスト教に入信して全国を伝道行脚した高山は、「今考えると、津留氏には誠に申し訳ないことをした」と言って心から詫びたそうである。

昭和三十四年、井上は海兵三十七期クラス会に、「毎日平凡ながら満ち足りた生活をしている。最近読んだ本で私が気に入った本は、『積極的考え方の力』ですが、クリスチャンでない私も面白くためになりました」との一文を寄稿した。

この『積極的考え方の力』は、シューラー牧師の師でもあったピール牧師の著書にある。いずれにしても洗礼を受けていた井上が、「クリスチャンでない私」という不思議な表現をしている。

筆者はこの井上の記述に関して、今年四月一日の日曜日、イースターの日とそれから三日後の二回にわたって、『牛込キリスト教会』の佐藤順牧師のもとを訪れて、その解釈をお願いすることにした。

ちなみにこの『牛込キリスト教会』は、プロテスタントのどの宗派にも属さない独立教会であり、昭和三十二年、順牧師の父親である海兵七十五期の佐藤陽二牧師が創立したものである。

四月一日、筆者は午前十一時から始まるイースター（復活祭）のミサに参列すべく、大江戸線『若松河田』で下車し、国立国際医療研究センター脇にある牛込キリスト教会を目指した。歩くこと七分。途中、某宅配便の事務所に立ち寄って教会の場所を聞き、所定の時間までに到着することが出来た。

教会の入り口前には日章旗と軍艦旗は掲げられていた。「今日は祝日だったかな？」と一瞬思っていると、そこに佐藤順牧師が現われ、「おはようございます。先生がお越しになる事は、奥田四郎先生から昨日電話で伺っております」と快活に言われた。

その出で立ちが、エルビス・プレスリーばりであることに、筆者は驚いた。ここに至って筆者は、この教会が一般にイメージされているようなキリスト教会とはだいぶ趣が異なっていることに気付くことになった。

午前十一時きっかりに「聖日礼拝」は始まった。信者一同で讃美歌『うるわしの白百合』を歌ったのち、佐藤牧師による聖書朗読があった。驚いたのはその後だった。

何と佐藤牧師自らが、『Amazing Grace』と『Old Shep』を歌われたのである。ピアノ伴奏は夫人の有希子さんが務められた。コーラスは定方朱里さんと佐藤絵美さん、ドラムスは佐藤知香さん、そしてウッドベースは菊田茂伸さんという構成であった。

ミサの最後にも、佐藤牧師は、『How Great Thou Art（偉大なるかな神）』を演奏された。後に佐藤順牧師は、米国UCLAで音楽学部を卒業されていることがわかった。また、佐藤牧師の講話から、エルビスが敬虔なプロテスタント信者であり、ゴスペルを中心に歌手活動をしていたこともわかった。

筆者にとっては生涯初めての経験であったが、じつに感動的なミサだった。

ところで、井上のクリスチャン説についての佐藤牧師の解釈は、次のようなものであった。

「井上はクリスチャンでなくても、自分は『イエスの弟子』だと認めています。『クリスチャン』というと、毎日曜、教会通いし、讃美歌を歌い聖書を読み、祈るという事をイメージしがちですが、しかしそれだけで真に『イエスに従っている』という事にはなりません。実生活の中で神の愛と義とを実践してこそ、真の弟子と言えます。したがって『クリスチャン』でなくとも、井上は忠実な『イエスの弟子』なのです。

『イエスの弟子』という表現は、『生きる道』であり、脱宗教を意味します。したがって、勧明寺で井上成美の葬儀が行なわれたとしても何ら怪しむことではないのです。井上は、キリストの教理を人生の指導原理として、『単なるクリスチャン』から、さらに『イエスの弟子』に昇華し、信仰によって多くの苦難に耐えたのです。それゆえに鍛えられ、若き日にその始めを持ったところの信仰の生涯を貫き通すことが出来たのです」

錨のマークが描かれたコーヒーカップを手にしながらの佐藤牧師の話はさらに続いた。

「戦後井上は、横須賀でひっそりと暮らし、近所の子供たちを集めて英語を教えていました。当時の教え子たちは、英語讃美歌の『What a friend We have in Jssus』(『いつくしみ深き友なるイエスよ』)を教えていただいたことを記憶しているようです。井上自らケーキを作っての塾生のためのクリスマス・パーティーも行なっていました。また井上は、『たった一人の生活で形は寂しいようでも心は常に豊かです。六十人を超えた大勢の生徒たちから信頼、尊敬を受けていると思うと、いつも心は常に豊かです』と手紙に書いています。

生徒の一人は、『井上先生は、しばしば神様はどこにいらっしゃるというのではないが、どこかにいらっしゃる。必ず見ておられるから祈りなさい。感謝しなさい。財産など残してはいけませんとよく教えて下さった』と記憶しています。また井上の聖書の、『ああ、私の幼子たちよ。あなた方の内にキリストの形が出来るまでは、私はまたもやあなた方のために産みの苦しみをする』という一節に、明確に青線が引かれています」

国立音楽大学付属図書館には、横田エベリン助教授による『井上成美の人生観における聖書とキリスト教思想の影響』と題する論文があるが、四月中旬、この論文のコピーを、佐藤牧師は筆者に送って下さった。

エベリン助教授の研究(The Influence of the Bible and the Ideas of Christianity on Inoue Shigeyoshi's Outlook on Life『井上成美の人生観における聖書とキリスト教思想の影響』)によって、井上が通っていた仙台の旧制中学の英語教師のうち何人かは宣教師であり、その頃から井上は聖書の教えに触れていた。また井上の兵学校時代にもクリスチャンの英語教師がおり、生徒たちにキリスト教を理解させるために、外部からクリスチャン講師を招くと共に、「権威はすべて神によって立てられている」ことから、軍人にはキリスト教が必要ということになり、明治三十七年に「陸海軍ミッションクラブ」が設立された。

そこでは、武士道に根付いたキリスト教を教える聖書研究会が行なわれ、井上も何度かここに出席したことなどが明らかになっている。

第30章　落日の海

昭和五十年十二月十五日の夕方五時、荒崎岬の井上邸には落日の光が射していた。初冬の穏やかな波音が室内にも聞こえてきた。

八十六歳の井上成美は、かつて靚子が横たわっていた部屋に上半身を少し起こして休んでいた。

室内はうら寂れているが、ただ暖炉の上には妻喜久代、ロココ調のポートレートに入っている娘靚子、その夫丸田吉人の三人の遺影が置かれている。

喘ぎながらも井上は、最後の力を振り絞って、黙読していた聖書のページをめくって、新しい一節を音読した。

「あなた方のあった試練の中で、世の常でないものはない。神は真実である。あなた方を耐えられないような試練にあわせることはないばかりか、試練と同時に、それに耐えられるように、逃げる道も備えて下さるのである」

「そうだ。……その通りだよ」

井上は深々と頷《うなず》いて、この一節に傍線を引いた。

井上は、ふと亡き靚子に声をかけられたように感じて、隣室の暖炉の上にある遺影に気付いた。

井上は寝台を降りて、喘ぎながら足を運んで、靚子の写真を手に取って語りかけた。

「そう、お前なら、こうして聖書に親しんでいる私の姿を奇異に感ずるかも知れないね。自分でも、人間、変われば変わるものだと思うくらいだからね。言いついでといっては悪いが、この際、お前なら安心して聞いてもらえるから、言って置こうかね。私の父の嘉矩《よしのり》は、私が生まれた時、「人ノ美ヲ成ス」人生を送って欲しいとの願いを込めて、「成美」と名付けたのだが、自分の一生を振り返ってみると、この名に恥じなかったとわれながら納得できる気持と、いやそうじゃない、違う生き方があったかも知れないと悔やまれる気持ちとが交錯している。自分は今までの私の人生の最大の矛盾というものから、意識的に避けてきたのではないかとも思う。それは、私がアメリカとの戦争に断固反対していながら、戦が始まると第四艦隊司令長官として参加したことだ。

アメリカと戦をすれば、敗北することは初めからわかり切っていた。そうだとすれば、御前会議で開戦が決定した時、私は海軍軍人を辞めるべきだった。無謀な主戦派と刺し違えてでも、開戦を阻止すべきだったのだ。大義名分のない戦争に前途有望な青年を駆り立てて、結果的には大勢の若い生命を失わせてしまった。私が最初に先陣に散らなければならなかったというのに……。自分がこうして生きていることは、自分にとっても、死んだお前にとっても、吉人君にとっても、さらには人類にとっても、決して許されるものではない。……私は決して強い人間などではない。弱い人間だ。弱い人間だと気が付いたからこそ、聖書を通して自分の生き方を、今日まで考え続けて来たんだよ。……神はすべての人間に対して、耐え難い試練と同時に必ず救いというものを与えて下さるのだとね」

井上の視線は、落日の海へ向いた。

「きれいだ！　燃え上がらんばかりの太陽も美しいが、私にはいま燃え尽きんとして一瞬光線を放っているこの残照が好きだ……」

井上はポートレートを元に戻し、よろめきながらベランダに出た。穏やかな波音と汽笛が聞こえてきた。

なおも井上は聖書の一節を口ずさんだ。

「主は幼児《おさなご》を、救い賜いけり。今は悩みの、あとだに留めず。御手のふしどに、易く眠れり」

最期を迎えた井上の耳には、讃美歌『主よ御手もて』の曲が聞こえてきた。さらに井上の耳に、『巡検ラッパ』が冴え冴えと響き渡った。

井上の眼下には、穏やかな初冬の海が静かに広がっていた。落日の太陽が、井上を一瞬、燃え上がらんばかりに包み込んだ。だがしかし、やがてそれは去り、残照の中で井上はただ茫然として海を眺め続けていた。

【完】

あとがき

今から四十数年前、私は『日本海軍・太平洋戦争開戦原因論』のテーマで学位論文に取り組んでいた。この時、私は当時自衛隊市ケ谷駐屯地敷地内（現防衛省）にあった「戦史史料庫」において、太平洋戦争開戦直前の昭和十六年一月、井上成美が及川古志郎海相に宛てた、対米戦争絶対反対を説いた「新軍備計画論」に初めて接した。

私は、太平洋戦争開戦直前、対米戦争必敗を見通した提督がいたことに非常に驚いた。

早速私は、この井上の「新軍備計画論」の世界史的意義について軍事史学会機関誌において発表した。その後筆者は、平成二年、戯曲『劇物語・井上成美　残照』を刊行した。

今回、歴史の残照を背にして立つ、温顔の勇者・最後の海軍大将井上成美の愛と苦悩の全生涯を描くことが出来たことは、筆者の大きな喜びである。

今回の執筆に当たっては、とくに、奥田四郎様、小倉成美様、三好達様、山内孝郎様、佐藤順牧師、境政郎様より、さまざまな助言と励ましをいただいた。ここに心より感謝を申し上げる次第である。

最後に拙著の編集を担当してくださった潮書房光人新社第一書籍編集部長の川岡篤様に衷心より御礼申し上げたい。

平成三十年七月

工藤美知尋

井上成美略年譜

年号	略歴	内外情勢
明治22年	12月9日　宮城県仙台市に生まれる	2月11日　大日本帝国憲法発布
明治39年	11月24日　海軍兵学校入校（37期）	（明治37～38年　日露戦争）
明治42年	11月19日　海軍兵学校卒業。海軍少尉候補生	10月26日　伊藤博文、暗殺される
明治43年	2月～7月　オーストラリア方面「遠洋航海」	8月22日　韓国併合につき日韓条約調印
	12月15日　海軍少尉	
明治44年	4月～11月　遣英艦隊として「鞍馬」欧州回航。	10月10日　中国に辛亥革命始まる
明治45年	4月24日　海軍砲術学校普通科学生。教官米内・山本五十六両大尉	7月30日　明治天皇没。大正と改元
大正元年	8月9日　海軍水雷学校普通科学生	
	12月1日　海軍中尉	
大正2年	9月26日　「比叡」乗組。副長山梨勝之進中佐	
大正3年	9月～10月　「比叡」青島攻略部隊間接掩護作戦参加	7月28日　第一次世界大戦始まる
大正4年	12月13日　海軍大尉。「扶桑」分隊長	
大正5年	12月1日　海軍大学校乙種学生	5月31日　ジュットランド沖海戦
大正6年	1月19日　原喜久代と結婚	3月15日　ロシア二月革命。
	5月1日　海軍大学校専修（航海）学生	11月7日　ロシア十月革命
	12月1日　第一特務艦隊「淀」航海長	
大正7年	1月～5月　インド洋方面等作戦行動	8月2日　日本、シベリア出兵宣言
	7月～12月　「淀」警備艦としてドイツ領南洋群島の占領地整備に従事	
大正8年	2月8日　娘・靚子《しずこ》出生。同月、欧州駐在のため神戸出帆	6月28日　ベルサイユ講和条約調印
大正10年	12月1日　海軍少佐。同月、帰朝を命ぜられアメリカ経由で帰途につく	11月12日　ワシントン海軍軍縮会議開催

大正11年	3月1日	第一艦隊「球磨」航海長	2月6日	ワシントン海軍軍縮条約調印
	12月1日	海軍大学校甲種学生	10月31日	ムッソリーニ内閣成立
				(大正12年9月1日、関東大震災)
大正13年	12月1日	海軍省軍務局員(第一課B局員)		
大正14年	12月1日	海軍中佐		
昭和元年			12月25日	大正天皇没。昭和と改元
昭和2年	10月1日	海軍軍令部出仕	3月24日	南京事件
	11月1日	イタリア駐在武官	5月28日	日本、山東に出兵を声明
昭和4年	11月30日	海軍大佐。12月に帰国	10月24日	世界経済恐慌始まる
昭和5年	1月10日	海軍大学校教官(戦略教官)	1月〜4月	ロンドン海軍軍縮会議　軍縮条約調印
昭和6年			9月18日	満州事変始まる
昭和7年	10月1日	海軍軍令部出仕兼海軍省出仕	1月28日	上海事変始まる
	11月1日	海軍省軍務局第一課長。同日、妻喜久代没	5月15日	五・一五事件
昭和8年	11月15日	練習戦艦「比叡」艦長	3月27日	日本、国際連盟脱退通告
昭和9年		横須賀・長井の自宅完成	3月1日	満州国成立
昭和10年	11月15日	海軍少将。横須賀鎮守府参謀長	12月9日	第二次ロンドン海軍軍縮会議開催
昭和11年	11月16日	軍令部出仕兼海軍省出仕	2月26日	二・二六事件
昭和12年	10月20日	海軍省軍務局長(大臣米内大将、次官山本中将)	7月7日	盧溝橋事件勃発　第二次上海事変—支那事変へ拡大
昭和14年		日独伊三国軍事同盟締結阻止に全力を挙げる	5月11日	ノモンハン事件
	10月10日	靚子結婚(夫・丸田吉人海軍軍医大尉)。同月、支那方面艦隊参謀長兼第三艦隊参謀長	9月1日	ドイツ軍ポーランドに侵攻。第二次世界大戦始まる

	11月15日	海軍中将		
昭和15年	10月1日	海軍航空本部長	9月27日	日独伊三国同盟条約調印
	12月16日	孫・丸田研一出生		
昭和16年	1月30日	「新軍備計画論」を及川古志郎海相に提出	12月8日	太平洋戦争開戦
	8月11日	第四艦隊司令長官。21日、「鹿島」に着任		
昭和17年	5月4日	旗艦「鹿島」ラバウルへ進出	5月7～8日	珊瑚海海戦
	10月26日	海軍兵学校長。31日、第四艦隊司令部退任	6月5日	ミッドウェー海戦
	11月14日	第71期生徒卒業	8月7日	アメリカ軍、ガダルカナル島上陸
	12月1日	第74期生徒入校	8月8日	第一次ソロモン海戦
			8月24日	第二次ソロモン海戦
			10月26日	南太平洋海戦
昭和18年	9月15日	第72期生徒卒業	4月18日	山本連合艦隊司令長官戦死
	12月1日	第75期生徒入校	9月8日	イタリア、無条件降伏
昭和19年	3月22日	第73期生徒卒業	6月19～20日	マリアナ沖海戦
	8月5日	海軍次官。29日、終戦工作を開始。教育局長高木惣吉少将に密命	7月7日	サイパン島陥落
	10月27日	靚子の夫、丸田吉人海軍軍医少佐、比島沖で戦死	10月24～25日	比島沖海戦　神風特別攻撃隊初出撃
昭和20年	1月20日	「大将進級ニ就キ意見」を米内海相に提出、自らの進級に反対する	4月1日	アメリカ軍沖縄上陸
	5月	「大将進級を天皇御裁可」の旨米内より告げられ、次官退任を確認	4月5日	「大和」沖縄特攻に出撃

	5月15日	海軍大将。軍事参議官。伊東の海軍将官保養所に逗留。以後東京・芝の水交社に起居し、和平工作に関し高木惣吉少将と連絡	5月7日	ドイツ、無条件降伏
	9月	第五航空艦隊終戦事務査閲	8月6日	広島に原爆投下
	10月15日	予備役。横須賀市長井の自宅に隠棲	8月8日	ソ連、対日参戦
	12月	「井上英語塾」始まる	8月9日	長崎に原爆投下
			8月14日	ポツダム宣言受諾
			8月15日	終戦
			11月30日	陸海軍解体
昭和21年			5月3日	極東国際軍事裁判所開廷
昭和22年	4月	研一、長井小学校へ入学	5月3日	日本国憲法施行
昭和23年	10月16日	靚子没。研一、丸田家へ引き取られる	4月20日	米内光政大将没
昭和28年	6月	横須賀市立病院に入院、胃潰瘍手術。秋、田原富士子（53歳）と再婚。「井上英語塾」閉鎖		
昭和39年		兵学校長時代の教え子たちとの交流深まる	10月10日	オリンピック東京大会開会
昭和46年	春	横須賀市民病院に入院、鼻腔の良性腫瘍（6月退院）	6月17日	沖縄返還協定調印
昭和49年	3月15日	横須賀市民病院に入院（風邪。8月退院）		
昭和50年	12月15日	一七五五　長井の自宅で没。86歳		

【主要参考文献】

阿川弘之『井上成美』昭和六十一年、新潮社
池田清『海軍と日本』昭和五十六年、中公新書
池田清『日本の海軍（上下）』平成五年、朝日ソノラマ
一柳高明「人と思想研究―井上成美と聖書」『群馬大学教養部紀要』第十九巻、昭和六十年
一柳「井上成美の思想管見（其の一）」（『古鷹』第三十六号）平成十二年
一柳「井上成美の思想管見」（『古鷹』第三十七号）平成十三年
一柳「井上成美の思想管見」（『古鷹』第三十八号）平成十四年
伊藤隆・工藤他編『高木惣吉・日記と情報（全二巻）』平成十二年、みすず書房
井上成美「海軍の思い出」（『朝日ジャーナル』）昭和五十一年一月十六日号
井上「元海軍兵学校の教育」（『海幹校評論』第一〇巻第四号、昭和四十七年）海上自衛隊幹部学校
井上成美伝記刊行会編『井上成美』昭和五十七年、同伝記刊行会
「思い出の記（続編）」同資料編所載
「海外駐在員報告書」同資料編所載
「戦闘勝敗ノ原理ノ一研究」同資料編所載
「軍令部令改正ノ経緯」（高木惣吉筆）同資料編所載
「昭和八年軍令部令、省部業務互渉規定改正ノ経緯ニツイテ」同資料編所載
「勅論衍義」同資料編所載
「北部仏印進駐反対の進言電報」同資料編所載
「航空本部長申継（新聞部計画論）」同資料編所載
「珊瑚海海戦（経過）概要」同資料編所載
「鈴木貫太郎内閣成立・米内海軍大臣留任経緯」（井上次官口述）同資料編所載
「大将進級反対の意見書三通ほか」同資料編所載
「第七十四期・第七十五期生徒ノ入校式ニ際シ校長訓示」同資料編所載
「第七十三期生徒卒業ニ際シ校長訓示」同資料編所載

「教育漫語」同資料編所載
「青年士官教育資料」同資料編所載
「七十五期の諸君へ」（『古鷹』八号）同資料編所載
「榎本重治宛手紙三通」同資料編所載
「小倉成美宛手紙一通」同資料編所載
「八巻順子宛手紙一通」同資料編所載
「長井中学新聞への寄稿」同資料編所載
「元海軍大将井上成美談話収録」（小柳冨次中将筆録）同資料編所載
「太平洋戦争への道―角田順に宛てた読後所見」同資料編所載
生田寿『反戦大将・井上成美』昭和五十九年、徳間書店
生田寿他『井上成美のすべて』昭和六十三年、新人物往来社
野村實「珊瑚海海戦は果たして失敗だったか」同上所載
千早正隆「情報・戦略に見る井上成美」同上所載
大井篤「昭和海軍の軍政と井上成美」同上所載
深田秀明「教育家としての井上成美」同上所載
大井篤『統帥乱れて―北部仏印進駐事件の回想』昭和五十九年、毎日新聞社
大井『海上護衛参謀の回想』昭和五十年、原書房
大分先哲史料館編（芳賀徹他）『堀悌吉（評伝）』平成二十一年、大分県教育委員会
岡田貞寛編『岡田啓介回顧録』昭和五十二年、毎日新聞社
緒方竹虎『一軍人の生涯』昭和五十七年、光和堂
小倉成美『出港用意―佐藤陽二牧師　五十年の航路』平成八年、アンカークロス出版
小倉「名前負けの一生」（海兵七五期クラス会会報『古鷹』）平成七年
加野厚志『反骨の海軍大将　井上成美』平成十一年、ＰＨＰ研究所
鎌田芳朗『海軍兵学校物語』昭和五十四年、原書房
木戸幸一『木戸幸一日記（上下）』昭和四十一年、東京大学出版会

工藤美知尋『日本海軍と太平洋戦争（上下）』昭和五十七年、南窓社
工藤『劇物語・井上成美』平成二年、光人社
工藤『海軍良識派の支柱・山梨勝之進―忘れられた提督の生涯』平成二十五年、芙蓉書房出版
工藤『海軍良識派の研究』平成二十一年、光人社NF文庫
工藤『海軍大将加藤友三郎と軍縮時代』平成二十三年、光人社NF文庫
工藤『東条英機暗殺計画―海軍少将高木惣吉の終戦工作』平成十七年、光人社NF文庫
工藤『高松宮と終戦工作』平成二十六年、光人社NF文庫
工藤『日本海軍の歴史がよくわかる本』平成十九年、PHP文庫
工藤『山本五十六の真実』平成二十七年、潮書房光人社
工藤「終戦工作と高木惣吉」（『丸』平成二五年八月別冊『終戦と本土決戦』所載）
後藤新八郎「米内さんと井上さんの思い出―元海軍大臣秘書官・麻生孝雄氏回想」（『古鷹』第一号）昭和六十年
佐藤陽二『魂の神学』平成十九年、アンカークロス出版
実松譲『大海軍惜別記』昭和五十四年、光人社
実松『ああ日本海軍』昭和五十二年、光人社
実松『米内光政―山本五十六が最も尊敬した一軍人の生涯』平成二年、光人社
実松『米内光政秘書官の回想』昭和六十九年、光人社
杉本健『海軍の昭和史　提督と新聞記者』昭和五十七年、文藝春秋
新人物往来社戦史室編『海軍江田島教育』平成八年、新人物往来社
藤井哲博「海軍兵学校で見せた教育者井上成美」
藤井「英国人教師の見た江田島」
池田清「江田島教育は何を目指したか」
妹尾作太男「海軍兵学校英人教師の願い」
妹尾「アナポリスとダートマス」
新人物往来社『別冊歴史読本　第二十三号　海軍の名参謀井上成美』
池田清「日本海軍史から見た井上成美」

市来俊男「海軍軍令部強化問題と井上課長の抵抗」
生出寿「井上成美の珊瑚海海戦指揮」
妹尾作太男「井上成美校長の最期を看取る」
野村實・新名丈夫「戦争終結の主役・海軍―井上成美・高木惣吉提督に聞く」
竹村俊彦「清貧に徹した井上成美の真骨頂」
新名丈夫『沈黙の提督　井上成美　真実を語る』平成二十一年、新人物文庫
セシル・ブロック（西山真雄訳）『江田島　イギリス人教師が見た海軍兵学校』平成八年、文殊社
瀬名堯彦「連合艦隊海戦史・進攻編―珊瑚海海戦」（『別冊歴史読本』）昭和六十一年夏季特別号
妹尾作太男「アメリカ海軍が見た井上成美」同上所載
篠田英之介『わが師父井上成美―残照の海の提督』昭和六十三年、マネジメント社
新名丈夫『海軍戦争検討会記録』昭和五十年、毎日新聞社
鈴木一編『鈴木貫太郎自伝』昭和四十三年、時事通信社
高木惣吉『山本五十六と米内光政』昭和二十五年、文藝春秋新社
高木『私観太平洋戦争』昭和四十四年、文藝春秋
高木『自伝的日本海軍始末記―帝国海軍の内に秘められたる栄光と悲劇の事情』昭和四十六年、光人社
高木『自伝的日本海軍始末記（続編）』昭和五十四年、光人社
高木『高木惣吉日記』昭和六十年、毎日新聞社
富岡定俊『開戦と終戦―人と機構と計画』昭和四十三年、毎日新聞社
中山定義『一海軍士官の回想』昭和五十九年、毎日新聞社
日本国際政治学会・太平洋戦争原因研究部『太平洋戦争への道（全七巻・別冊）』昭和三十七年、朝日新聞社
原田熊雄『西園寺公と政局（全八巻）』昭和二十七年、岩波書店
野村實『太平洋戦争と日本軍部の研究』昭和五十八年、山川出版社。
樋口陽一「少数意見の名誉―井上成美先輩に学ぶ」（仙台一高創立百周年記念講演集）平成五年
保科善四郎『大東亜戦争―失われた和平工作』昭和五十年、原書房
堀悌吉君追悼録編集会『堀悌吉君追悼録』昭和三十四年、非売品

丸田研一『わが祖父井上成美』昭和六十二年、徳間書店
宮野澄『最後の海軍大将井上成美』昭和五十七年、文藝春秋
森元治郎『ある終戦工作』昭和五十五年、中公新書
『歴史と旅』平成十一年九月号。【海軍三提督―米内光政・山本五十六・井上成美】、秋田書店
岩田友男「江田島教育と生徒たち」同上所載
深田秀明「井上成美と仙台時代」同上所載
妹尾作太男「孤高・沈黙の老提督―晩年の井上成美」同上所載
横田エベリン "The Influence of Bible and the Ideas of Christianity on Inoue Shigeyoshi's Outlook on Life（井上成美の人生観における聖書とキリスト教思想の影響）"
"Inoue Shigeyoshi as Educator（1）（2）（3）」（教育者としての井上成美）" 国立音楽大学研究紀要第三十二号

海軍大将井上成美

2018年8月15日　第1刷発行

著　者　工藤美知尋

発行者　皆川豪志

発行所　株式会社　潮書房光人新社

〒100-8077
東京都千代田区大手町1-7-2
電話番号／03-6281-9891（代）
http://www.kojinsha.co.jp

印刷製本　サンケイ総合印刷株式会社

定価はカバーに表示してあります。
乱丁、落丁のものはお取り替え致します。本文は中性紙を使用
　ISBN978-4-7698-1662-1 C0095